Bescherelle

Maîtriser la grammaire française

Nicolas Laurent

Bénédicte Delaunay

Édition : **Luce Camus**
Illustrations : **Stéphane Mattern**
Conception graphique : **Marc & Yvette**
Mise en page : **Ici & ailleurs**

© Hatier, Paris, 2018   ISBN 978-2-218-99206-3

Sous réserve des exceptions légales, toute représentation ou reproduction intégrale ou partielle, faite, par quelque procédé que ce soit, sans le consentement de l'auteur ou de ses ayants droit, est illicite et constitue une contrefaçon sanctionnée par le Code de la Propriété Intellectuelle. Le CFC est le seul habilité à délivrer des autorisations de reproduction par reprographie, sous réserve en cas d'utilisation aux fins de vente, de location, de publicité ou de promotion de l'accord de l'auteur ou des ayants droit

Sommaire

LES 75 FICHES

Notions de base
- 01 La phrase 6
- 02 Mots et groupes de mots dans la phrase 8
- 03 Nature et fonction 10

Les fonctions dans la phrase
- 04 Le sujet 12
- 05 Le sujet inversé 14
- 06 Le groupe verbal 16
- 07 Les constructions du verbe 18
- 08 Les compléments essentiels du verbe : COD, COI, COS 20
- 09 L'attribut du sujet 22
- 10 L'attribut du COD 24
- 11 Les autres compléments essentiels du verbe 26
- 12 Les compléments circonstanciels de temps et de lieu ... 28
- 13 Les compléments circonstanciels de manière, de moyen, d'accompagnement et de comparaison 30
- 14 Les compléments circonstanciels de cause, de conséquence et de but 32
- 15 Les compléments circonstanciels d'opposition, de concession et de condition .. 34
- Bilan 1 Le sujet et le groupe verbal 36

Le nom et le groupe nominal
- 16 Le groupe nominal 38
- 17 Les déterminants du nom (1) : l'article 40
- 18 Les déterminants du nom (2) : les déterminants possessifs et démonstratifs 42
- 19 Les déterminants du nom (3) : les déterminants indéfinis 44
- 20 Les autres déterminants du nom et l'absence de déterminant 46
- 21 Les expansions du nom et du groupe nominal 48
- 22 Le nom propre 50
- 23 Le genre des noms 52
- 24 Le pluriel des noms 54
- 25 Les noms composés 56
- Bilan 2 Les déterminants du nom 58
- Bilan 3 Le groupe nominal 60

L'adjectif et le groupe adjectival
- 26 L'adjectif 62
- 27 Les fonctions de l'adjectif 64
- 28 Le féminin et le pluriel de l'adjectif 66
- 29 Les degrés de signification de l'adjectif 68
- Bilan 4 L'adjectif 70

Le pronom
- 30 Pronoms représentants et pronoms nominaux 72
- 31 Qu'est-ce qu'un pronom personnel ? 74
- 32 Les formes du pronom personnel 76
- 33 Les pronoms possessifs, démonstratifs et numéraux 78
- 34 Les pronoms indéfinis, interrogatifs et relatifs 80
- Bilan 5 Les pronoms 82

Le verbe

- 35 Le verbe 84
- 36 L'infinitif 86
- 37 Le participe 88
- 38 Les formes associées au participe présent : l'adjectif verbal et le gérondif 90
- 39 L'indicatif 92
- 40 Le présent de l'indicatif 94
- 41 L'imparfait et le passé simple de l'indicatif 96
- 42 Les autres temps de l'indicatif 98
- 43 Le conditionnel 100
- 44 Le subjonctif : formes et valeurs 102
- 45 Le subjonctif dans les subordonnées 104
- 46 Les formes pronominales 106
- 47 L'accord du verbe avec un sujet unique 108
- 48 L'accord du verbe avec plusieurs sujets 110
- 49 L'accord du participe passé 112
- 50 L'accord du participe passé d'une forme pronominale 114
- **Bilan 6** Le verbe 116

Les mots invariables

- 51 L'adverbe 118
- 52 Les conjonctions 120
- 53 La préposition 122

Types et formes de phrases

- 54 Les types de phrases : vue d'ensemble 124
- 55 La phrase interrogative 126
- 56 La phrase injonctive 128
- 57 La phrase exclamative 130
- 58 La forme négative 132
- 59 La forme passive 134
- 60 La forme impersonnelle 136
- 61 La forme emphatique et les présentatifs 138
- 62 La phrase nominale et autres cas particuliers 140
- **Bilan 7** Types et formes de phrases 142

Les propositions subordonnées

- 63 La phrase complexe : vue d'ensemble 144
- 64 La subordonnée complétive conjonctive 146
- 65 Les autres subordonnées complétives 148
- 66 La proposition subordonnée relative 150
- 67 La proposition subordonnée circonstancielle 152
- 68 Les subordonnées circonstancielles conjonctives (1) : temps, cause, conséquence . 154
- 69 Les subordonnées circonstancielles conjonctives (2) : but, concession, opposition . 156
- 70 Les subordonnées circonstancielles conjonctives (3) : comparaison, condition 158
- **Bilan 8** Les propositions subordonnées 160

Texte et discours

- 71 De la phrase à l'énoncé 162
- 72 L'anaphore 164
- 73 Les connecteurs 166
- 74 Les marques de l'énonciation 168
- 75 Le discours rapporté : discours direct et discours indirect 170
- **Bilan 9** Texte et discours 172

LES CORRIGÉS DES EXERCICES

.... 174

Les 75 fiches

01 La phrase

En 1955, Neil Armstrong commence sa carrière dans la Nasa, l'agence spatiale américaine. Sept ans après, il est sélectionné pour devenir astronaute. Puis il est chargé de commander la première mission lunaire américaine à bord de la capsule Apollo 11.

■ D'après *Le Monde*, 26 août 2012

Ce court texte est composé de trois phrases, séparées par des points.

A Qu'est-ce qu'une phrase ?

1 Une phrase **relie un sujet et un prédicat**, c'est-à-dire ce qui est dit à propos de ce sujet.

- Le **sujet** est souvent un groupe nominal organisé autour d'un nom.
- Le **prédicat** est en général un groupe verbal organisé autour d'un verbe conjugué.

Neil Armstrong commence sa carrière dans la Nasa, l'agence spatiale américaine.
    GN sujet   GV prédicat

À NOTER

Les phrases non verbales
Neil Armstrong, quel astronaute !
Dans certaines phrases non verbales, le prédicat n'est pas un groupe verbal.

2 Un ou plusieurs groupes de mots peuvent être ajoutés pour apporter une précision sur la phrase. Ils ne font partie ni du sujet ni du prédicat. C'est le cas de certains compléments circonstanciels, qui sont des **compléments de phrase**.

En 1955, Neil Armstrong a commencé sa carrière dans la Nasa, l'agence spatiale américaine.
[*En 1955* est un complément de phrase.]

3 La phrase est délimitée à l'écrit par une majuscule et par un signe de ponctuation forte (point, point d'exclamation, point d'interrogation) et à l'oral par deux pauses importantes.

B Phrase simple et phrase complexe

1 La **phrase simple** comporte une seule proposition, composée d'un sujet et d'un prédicat.
En 1955, Neil Armstrong a commencé sa carrière dans la Nasa, l'agence spatiale américaine.

2 La **phrase complexe** comporte au moins deux propositions, ce qui implique le plus souvent qu'elle présente plusieurs verbes conjugués.

- Les propositions peuvent être **juxtaposées** ou **coordonnées**.
Elles conservent alors une certaine autonomie.

Christine Arron détient le record d'Europe du 100 m, elle est la reine du sprint français.
[juxtaposition]

Christine Arron détient le record d'Europe du 100 m et elle est la reine du sprint français.
[coordination]

- Une proposition peut aussi être **subordonnée** à une autre proposition, dite **principale**.

Christine Arron, qui détient le record d'Europe du 100 m, est la reine du sprint français.
[La proposition *qui détient le record d'Europe du 100 m* est subordonnée à la proposition principale *Christine Arron […] est la reine du sprint français.*]

REPÉRER

1. Combien de phrases y a-t-il dans ce texte?

Ici, à New York, j'ai fait partie d'une troupe de ballet pendant quelques années. Ensuite, j'ai dirigé avec ma mère un cours de danse. Puis elle a pris sa retraite et j'ai continué sans elle. C'est maintenant avec ma fille que je travaille.

■ Patrick Modiano, *Catherine Certitude* (1988)

2. Soulignez en bleu les phrases simples, en rouge les phrases complexes.

Bien des légendes courent sur la violence et la férocité des gorilles. En fait, ce sont de pacifiques herbivores. Les chimpanzés tuent parfois des faons pour les manger, mais les gorilles ne sont pas considérés comme des carnivores. Les gorilles vivent habituellement en groupes dont les chefs sont des mâles adultes. Le groupe se compose de plusieurs femelles et de jeunes de tous âges.

■ D'après *Les Animaux sauvages* (1995), Time Life Jeunesse

ANALYSER

3. Reliez le sujet à son prédicat.

1. Le train
2. Le prix de la boîte d'œufs
3. « Venise »
4. Vous

a. n'oubliez pas de prendre le courrier.
b. est un nom propre.
c. est de deux euros.
d. est arrivé avec une heure de retard.

4. Surlignez le sujet en bleu, le prédicat en rouge.

1. Cette couronne appartient à la reine d'Angleterre.
2. Tous les soirs, le restaurant vous accueille pour une cuisine gourmande et inventive.
3. Nous aurions préféré que le projet ne soit pas voté en l'état.
4. L'année dernière, grâce à l'intervention du directeur de l'école, les classes de CM2 ont pu bénéficier de cours d'allemand.

👍 *Attention! trois groupes de mots ne sont ni sujet ni prédicat.*

EMPLOYER

5. Ajoutez la ponctuation et les majuscules manquantes pour faire apparaître trois phrases.

relativement préservée du tourisme de masse, la plus orientale des Cyclades offre des paysages austères et spectaculaires les amoureux de nature sauvage tomberont sous le charme d'une île rendue célèbre par *Le Grand Bleu*, de Luc Besson Amorgos compte peu de plages, principalement des criques de galets accessibles en bateau

■ D'après le Guide vert, *Îles grecques. Athènes* (2017)

6. Ajoutez un prédicat de manière à former quatre phrases non verbales.

Ton tiramisu, ...! → Ton tiramisu, un délice!

1. Le dernier film de Steven Spielberg : ....
2. ...., ton histoire!
3. Ce festival, ...!
4. 20 cm de neige à Paris : ....

01 – La phrase

02 Mots et groupes de mots dans la phrase

> *Pour son anniversaire, son mari offre à Laurence le voyage de ses rêves.*
> Les mots qui se succèdent dans cette phrase sont organisés en groupes de mots : *pour son anniversaire, son mari…*

A Qu'est-ce qu'un groupe de mots ?

1 Un groupe de mots exerce dans la phrase une fonction précise (sujet, prédicat, COD, etc.).

- Les deux groupes de mots fondamentaux sont :
  - le **groupe nominal** (GN), organisé autour d'un nom ;
  - le **groupe verbal** (GV), organisé autour d'un verbe.

- Ils suffisent pour construire une phrase.
  Son mari offre à Laurence le voyage de ses rêves.
  GN (sujet)   GV (prédicat)

2 Un groupe de mots possède un mot principal appelé **noyau** : le nom pour le GN, le verbe pour le GV.

- Des groupes de mots peuvent être ajoutés qui forment l'**expansion** du noyau.
  le voyage → le voyage de ses rêves
  [Le groupe prépositionnel *de ses rêves* est l'expansion du nom *voyage*, noyau du GN *le voyage de ses rêves*.]

- Un groupe de mots peut consister en un seul mot.
  Laurence est partie en vacances. [Le nom propre *Laurence* est un GN.]

3 Les principaux types de groupes de mots

Groupe de mots	Exemple	Noyau du groupe de mots
Groupe nominal	*Son mari…*	un nom : *mari*
Groupe verbal	*…lui a offert le voyage de ses rêves.*	un verbe : *a offert*
Groupe prépositionnel	*de ses rêves.*	une préposition : *de*
Groupe pronominal	*Celui de Pierre est délicieux !*	un pronom : *celui*
Groupe adjectival	*Elle est heureuse de partir.*	un adjectif : *heureuse*
Groupe adverbial	*Il est venu très rapidement.*	un adverbe : *rapidement*

B Comment repérer les groupes de mots dans une phrase ?

Pour repérer les groupes de mots dans une phrase, on utilise différents tests.

- Le **remplacement** d'un groupe de mots par un mot unique.
  Son mari [GN] *offre à Laurence…* → *Il offre à Laurence…*
  Son mari offre à Laurence le voyage de ses rêves. [GV] → *Son mari sourit.*

- L'**addition** au groupe de mots d'un autre groupe de mots.
  Son mari et ses enfants lui offrent le voyage de ses rêves.

- Le **déplacement** ou l'**effacement** de certains groupes de mots, notamment les compléments circonstanciels.
  Pour son anniversaire, il lui offre un voyage. → *Il lui offre, pour son anniversaire, un voyage.*
  → *Il lui offre un voyage.*

REPÉRER

1 Soulignez le GN sujet en bleu et le GV en rouge.

1. La musique est un peu trop forte. – 2. Cette semaine, le musée ouvrira à midi. – 3. Les enfants aiment bien cuisiner avec leurs parents. – 4. Cette île, l'été, est bondée.

👍 *Attention ! D'autres groupes de mots peuvent figurer dans la phrase.*

2 Certaines suites de mots en couleur forment des groupes de mots. Lesquelles ?

1. L'architecte a dessiné les plans du pont. – 2. Dimanche, ils sont allés au cinéma avec leurs voisins. – 3. Il a reçu les autorisations nécessaires pour la mise en service de l'installation électrique. – 4. Le voisin fait son ménage tous les jeudis. – 5. Vous n'avez pas encore répondu au questionnaire.

ANALYSER

3 Supprimez les expansions des groupes de mots soulignés.

Lucie et Marie restaurent une vieille maison qu'elles ont achetée sur le Larzac.
→ *Lucie et Marie restaurent une maison.*

1. On traverse alors une grande cour pavée de marbre. – 2. Xavier te trouvera les informations encore plus efficacement. – 3. Ces fréquences sont trop faibles pour être perceptibles par l'oreille humaine. – 4. Les enfants jouent au foot dans la cour.

4 Remplacez les groupes de mots en couleur par un mot unique.

La clef de la cave est dans le tiroir. → *Elle est dans le tiroir.*

1. Les membres du jury écoutent l'exposé du candidat. – 2. Est-ce que tu as acheté des pommes de terre ? – 3. Alors, tout d'un coup, les deux jeunes gens prirent la décision de partir. – 4. Nous vous répondrons dans les meilleurs délais.

5 Ajoutez aux groupes de mots en italique un autre groupe de mots de votre choix.

Prends bien tes gants avant de sortir. → *Prends bien tes gants et ton bonnet avant de sortir.*

1. Il a préparé *une quiche lorraine*. – 2. *Le responsable de la poste* a téléphoné ce matin. – 3. Le président *a ouvert la séance*. – 4. Ils louent un chalet *à Noël*. – 5. *Le matin*, le bébé prend un biberon de lait.

6 Cinq groupes de mots peuvent être déplacés en bloc dans ces phrases. Encadrez-les.

1. Le dernier jour, les enfants ont visité la Cité des sciences et de l'industrie. – 2. Le soir, après être rentrée, elle a besoin de prendre un peu de repos. – 3. Le voyageur a acheté cette magnifique jarre bleue et blanche dans une ruelle de la médina de Fès. – 4. Les cosmonautes ont filmé, depuis leur vaisseau spatial, un magnifique coucher de soleil.

EMPLOYER

7 Ajoutez au moins une expansion aux mots ou groupes de mots en couleur.

1. À qui appartient cette bicyclette ? – 2. Le spectacle nous a beaucoup plu. – 3. Même au cinéma, ils n'arrêtent pas de manger ! – 4. Ce guide n'est en fait pas utile. – 5. Je vais bien finir par trouver quelque chose !

Nature et fonction

Un chat gris poursuit une souris sur les toits de Paris.
Dans cette phrase, les mots et les groupes de mots n'ont pas tous la même nature ni la même fonction.

A La nature du mot

On distingue neuf **catégories** ou **natures de mots**.

- Le **nom** désigne un être ou une chose : *un chat, une souris, les toits, Paris.*
- Le **déterminant** précède le nom dans le groupe nominal : *un chat, une souris, les toits.*
- L'**adjectif** exprime une propriété de l'être ou de la chose : *un chat gris.*
- Le **verbe**, pivot de la phrase, sert à dire quelque chose à propos du sujet : *Un chat gris poursuit une souris sur les toits de Paris.*
- Le **pronom** équivaut en général à un groupe de mots : *Un chat gris poursuit une souris.*
→ *Il la poursuit.*
- L'**adverbe** modifie souvent le sens d'un verbe : *Il la poursuit vivement.*
- La **préposition** rattache un élément, en général un groupe nominal, au mot, au groupe de mots ou à la phrase dont il dépend : *Le chat poursuit la souris sur les toits de Paris.*
- Les **conjonctions** :
– la conjonction de **subordination** rattache une proposition à une autre proposition, dite principale, dont elle dépend : *Je vois que le chat la poursuit.*
– la conjonction de **coordination** relie des éléments ayant la même fonction :
   Un chat et un rongeur ne cohabitent pas facilement.
- L'**interjection** constitue une phrase à elle seule : *Chut ! Aïe !*

B La nature du groupe de mots

Dans une phrase, les mots sont organisés en groupes de mots. Chaque groupe de mots possède une nature qui correspond à celle de son noyau :

– **groupe nominal** (organisé autour d'un nom) : *un chat gris, une souris, les toits de Paris* ;
– **groupe verbal** (organisé autour d'un verbe) : *poursuit une souris sur les toits de Paris* ;
– **groupe prépositionnel** (organisé autour d'une préposition) : *de Paris.*
(Pour les autres groupes de mots → 02.)

C La fonction du groupe de mots

1 Un groupe de mots possède une fonction dans la phrase : sujet, COD, COI, attribut, etc. Un même groupe de mots peut avoir différentes fonctions.
   Un chat gris se promène. [GN sujet]   *Je vois un chat gris.* [GN COD]

2 Inversement, une même fonction peut être exercée par des groupes de diverses natures.
   Un chat gris se promène. [GN sujet]   *Il se promène.* [pronom sujet]

3 La fonction du groupe verbal est d'être le prédicat de la phrase.

REPÉRER

1 Classez en deux colonnes les natures et les fonctions. [A] [B] [C]

a. sujet • b. groupe nominal • c. préposition • d. attribut du sujet • e. conjonction de coordination
f. adverbe • g. prédicat • h. verbe • i. groupe prépositionnel • j. COD.

ANALYSER

2 Quelles sont la nature et la fonction des groupes de mots en couleur ?
Reliez comme il convient. [B] [C]

1. Nous avons acheté cette soupe de poisson sur l'Île de Ré.
2. Chaque soir, la tour Eiffel est illuminée.
3. Il se prépare à partir en Grèce le mois prochain.
4. Elle a été déclarée apte à conduire un camion de pompier.

a. groupe nominal, complément circonstanciel de temps de la phrase
b. groupe prépositionnel, COI du verbe *se prépare*
c. groupe adjectival, attribut du sujet *elle*
d. groupe nominal, COD du verbe *avons acheté*

3 Remplacez le groupe nominal « l'auteur de *L'Assommoir* » par l'un de ces pronoms personnels : *il, le, lui*. Pourquoi la forme du pronom change-t-elle ? [C]

1. L'auteur de *L'Assommoir* est mort en 1902. – 2. « Arlette Zola n'a aucun lien de parenté avec l'auteur de *L'Assommoir* » (Internet). – 3. Ils rencontrèrent alors l'auteur de *L'Assommoir* à Paris.

4 Reliez chaque groupe de mots souligné à la bonne analyse. [B] [C]

GN = groupe nominal • GV = groupe verbal • GA = groupe adjectival • GP = groupe prépositionnel •
CC = complément circonstanciel.

1. Cette bague coûte vraiment trop cher.
2. Dans le salon, j'entends parfois des bruits.
3. Ils ferment la porte pour ne pas être dérangés.
4. Il est prêt à tout pardonner.

a. GV, prédicat de la phrase
b. GA, attribut du sujet
c. GN, sujet du verbe
d. GP, CC de lieu de la phrase

EMPLOYER

5 Complétez les phrases en respectant la nature indiquée. [A] [B]

1. (groupe nominal) s'est effondré.
2. Il a mangé (adverbe) un bout de pain.
3. Gabrielle (conjonction de coordination) Ariane sont ses deux filles.
4. (groupe prépositionnel), il fait souvent très chaud.
5. (interjection), qui est à l'appareil ?

6 Deux fonctions pour un même groupe nominal !
Construisez une phrase pour chaque fonction indiquée entre parenthèses. [B] [C]

1. a. le canari de Zoé (sujet) b. le canari de Zoé (COD)
2. a. toute la journée (sujet) b. toute la journée (complément circonstanciel de temps)
3. a. la reine d'Angleterre (COD) b. la reine d'Angleterre (attribut du sujet avec le verbe *être*)

04 Le sujet

Le paquebot quitte le port. Depuis le quai, nous saluons les passagers qui se sont amassés sur le pont.

Le paquebot, *nous* et *qui* sont sujets des verbes *quitte*, *saluons* et *se sont amassés*.

A Qu'est-ce qu'un sujet ?

1 Dans une phrase, on peut distinguer le **sujet** et le **prédicat**.
Le prédicat est ce que la phrase dit à propos du sujet.

Le paquebot quitte le port.
[La phrase dit, à propos du paquebot, qu'il quitte le port. *Le paquebot* est le sujet, *quitte le port* est le prédicat.]

2 Comment reconnaître le sujet ?

- Il ne peut pas être supprimé.

   Le paquebot quitte le port. La suite de mots **quitte le port* n'a pas de sens.

- Il donne sa personne, son nombre, et parfois son genre au verbe.

   Quitte est à la troisième personne du singulier.

- On peut l'isoler au moyen du présentatif *c'est … qui*.

   C'est le paquebot qui quitte le port.

B Quelle peut être la nature du sujet ?

Le sujet peut avoir **différentes natures**.

Nature du sujet	Exemple	Critère d'identification
Nom ou groupe nominal	*Nathan organise des croisières.* *Son frère organise des croisières.*	Le noyau du groupe est un nom.
Pronom ou groupe pronominal	*Chacun rêve de nouveaux horizons.* *Chacun de nous rêve de nouveaux horizons.*	Le noyau du groupe est un pronom.
Infinitif ou groupe infinitif	*Voyager n'est pas guérir son âme.* *Voyager en Asie reste une aventure.*	Le noyau du groupe est un infinitif.
Subordonnée conjonctive	*Qu'elle s'offre des vacances me ravit.*	La proposition est introduite par la conjonction *que*. Elle est en tête de phrase.
Subordonnée relative (substantive)	*Qui veut voyager loin ménage sa monture.*	La proposition est introduite par *qui*, *quiconque*…

À NOTER

- **Faut-il parler de « sujet réel » et de « sujet apparent » ?**
- *Il est arrivé un malheur.*

   Dans cette phrase, le sujet est le pronom impersonnel *il*. La grammaire traditionnelle dit que *il* est le « sujet apparent » et *un malheur* le « sujet réel ». Il est plus juste de dire qu'*un malheur* est le complément (ou la séquence) de la construction impersonnelle.

REPÉRER

1. Sur chaque affiche, repérez le sujet du verbe.

2. Encadrez le sujet en bleu et le prédicat en rouge.
1. Vivre à New York est son rêve depuis toujours.
2. Vous pouvez revenir au menu principal en appuyant sur la touche étoile.
3. Excursions, visites culturelles et découvertes gastronomiques sont au menu de ce séjour.
4. Le prix qu'elle annonce est exorbitant.
5. Qu'il t'appelle pour te prévenir serait la moindre des choses !

ANALYSER

3. Surlignez les sujets des verbes en couleur, puis reliez-les à leur nature.

1. Chacun a contribué à la victoire.
2. Changer d'opérateur mobile est parfois difficile.
3. Faute avouée est à moitié pardonnée.
4. Qui voyage sans ticket s'expose à une amende.
5. Voyager n'est pas donné à tout le monde.

- a. groupe nominal
- b. infinitif
- c. groupe infinitif
- d. proposition relative
- e. pronom

4. Encadrez les sujets des verbes conjugués et donnez leur nature.

Rien de plus désagréable en France que le moment où le bateau à vapeur arrive : chacun veut saisir sa malle ou ses paquets, et renverse sans miséricorde la montagne d'effets de tous genres élevée sur le pont. Tout le monde a de l'humeur, et tout le monde est grossier. Ma pauvreté m'a sauvé de cet embarras : j'ai pris mon sac de nuit sous le bras, et j'ai été un des premiers à passer la planche qui m'a mis sur le pavé de Nantes.

■ Stendhal, *Mémoires d'un touriste* (1838)

Commencez par repérer les verbes conjugués. Deux de ces verbes ont le même sujet.

EMPLOYER

5. Complétez les phrases suivantes par un sujet de la nature demandée.
1. (nom) achète tous ses livres sur Internet.
2. (groupe infinitif) est la dernière de mes préoccupations.
3. (groupe pronominal) a le droit au bonheur.
4. (subordonnée relative) doit être conscient de ses limites.
5. (subordonnée conjonctive) m'étonnera toujours.

05 Le sujet inversé

Sous le pont Mirabeau coule la Seine.
  ■ Guillaume Apollinaire, « Le Pont Mirabeau », *Alcools* (1913)
Le sujet du verbe *coule* est *la Seine*. De façon inhabituelle, il est placé après le verbe : c'est un sujet inversé.

A   Qu'est-ce qu'un sujet inversé ?

1 Le sujet est généralement placé avant le verbe : *La Seine coule sous le pont Mirabeau.* Mais il arrive qu'il soit placé après le verbe. On dit alors que le sujet est « inversé ».

2 On distingue :
– l'**inversion simple** ;
  As-tu un compte Facebook ? Quel est ton mot de passe ?
– l'**inversion complexe** : le sujet reste placé avant le verbe, mais il est repris après le verbe par un pronom.
  Combien Solène a-t-elle d'amis sur Facebook ?

B   L'inversion du sujet dans les interrogations

1 Dans l'**interrogation directe**, le sujet :
– est généralement inversé : *Que faisons-nous dimanche ?*
– n'est pas inversé avec *est-ce que, qu'est-ce que, à qui est-ce que…* Ces tournures relèvent du langage courant. *Est-ce que tu viens dimanche ? Qu'est-ce que tu fais dimanche ?*

2 Dans l'**interrogation indirecte**, le sujet est obligatoirement inversé avec *qui* ou *quels* attributs : *Il demande qui sont les organisateurs. J'ignore quels sont ses projets.*

C   Autres cas d'inversion du sujet

1 L'inversion est **obligatoire** :
– dans les propositions incises : *« C'est décidé, dit-elle, je pars ! »*
– avec l'adverbe *encore* en tête de phrase : *Encore devras-tu t'en assurer.*

2 L'inversion est **fréquente** avec certains adverbes en tête de phrase : *sans doute, à peine, peut-être, tout au plus, ainsi, aussi.*
  Peut-être s'est-il perdu. Sans doute est-ce mieux ainsi.

3 L'inversion est **possible** notamment :
– avec en tête de phrase certains compléments circonstanciels, un verbe intransitif du type *reste, entre, survient, arrive,* etc., ou un attribut du sujet ;
  Dans cet hôtel vécut un célèbre musicien. Arrive le principal intéressé. Remarquable est sa curiosité.
– dans une subordonnée circonstancielle de temps, de but ou de comparaison.
  Elle revit dès que revient le printemps.

À NOTER

- **Quand faut-il placer un trait d'union entre le verbe et le sujet inversé ?**
- Le trait d'union entre le verbe et le pronom personnel sujet inversé est obligatoire : *Quand pars-tu ?* À la 3ᵉ personne du singulier, lorsque le verbe se termine par *a, e* ou *c* et que le pronom personnel commence par une voyelle, on intercale un *t* entre le verbe et le pronom : *Quand arrivera-t-elle ?*

REPÉRER

1. Encadrez les sujets inversés.

1. À chaque jour suffit sa peine. – 2. À l'horizon se dessine la côte. – 3. Préfères-tu rentrer à pied ? – 4. « Pas question ! », s'exclama la journaliste.

2. Reliez chaque phrase à l'une des trois affirmations a, b ou c.

1. Comment peux-tu la regarder en face ?
2. Est-ce qu'il a porté plainte ?
3. Où ta sœur a-t-elle appris à conduire ?
4. Je me demande où sont passées les clefs.
5. Quand vous êtes-vous rencontrés ?

a. pas d'inversion
b. inversion simple
c. inversion complexe

3. Dans cet extrait du poème d'Apollinaire, « Le Pont Mirabeau » (*Alcools*, 1913), soulignez les sujets inversés.

Sous le pont Mirabeau coule la Seine
    Et nos amours
   Faut-il qu'il m'en souvienne
La joie venait toujours après la peine

   Vienne la nuit sonne l'heure
   Les jours s'en vont je demeure

Les mains dans les mains restons face à face
    Tandis que sous
   Le pont de nos bras passe
Des éternels regards l'onde si lasse

ANALYSER

4. Dans les phrases suivantes, justifiez l'inversion du sujet.

1. Peut-être en achèterai-je demain. – 2. Étrange est sa réaction. – 3. Qu'attends-tu de lui ? 4. Reste le délicat problème du financement.

EMPLOYER

5. Ajoutez les traits d'union et le *t* intercalé là où ils manquent.

Sans doute aurait elle pu vous prévenir plus tôt. Mais pourquoi l'aurait elle fait ? Est ce qu'elle vous a habitués à de telles précautions ? Vous a elle jamais demandé votre avis avant de prendre une grande décision ? Ne vous surprend elle pas chaque année davantage ? Vous attendiez vous à la voir s'assagir avec l'âge ? A elle jamais failli à sa réputation d'aventurière ? Aussi vous faut il renoncer à la raisonner.

6. Améliorez le style du texte en inversant le sujet lorsque c'est possible.

Les premières lueurs de l'aube se dessinaient au loin. Il se sentait parfaitement reposé. Aussi il décida de reprendre la route sans attendre. Une rivière serpentait au creux de la vallée. Il pensa : « En fin d'après-midi, je pourrai m'y baigner. » Ainsi la plus belle journée de son voyage commença.

Le groupe verbal

Le gouvernement souhaite sortir du tout nucléaire.
Souhaite sortir du tout nucléaire est le groupe verbal dans la phrase ;
on ne peut pas dissocier les mots de ce groupe ;
c'est ce qu'on dit du *gouvernement*.

A Qu'est-ce qu'un groupe verbal ?

1 Le groupe verbal (GV) permet de dire quelque chose à propos du sujet : il joue le rôle de **prédicat** dans la phrase.

Le gouvernement souhaite sortir du tout nucléaire.
　　sujet　　　　　　　　GV

[La phrase dit du *gouvernement* (sujet) qu'*il souhaite sortir du tout nucléaire*.]

2 Comment reconnaître le groupe verbal ?
Les mots qui le forment :

– sont le plus souvent nécessaires pour que la phrase soit bien construite ; on ne peut pas dire :
　*Le gouvernement souhaite.

– se trouvent généralement non loin du verbe ; on ne peut pas dire :
　*Sortir du tout nucléaire, le gouvernement souhaite.

– apportent une information importante.
　L'exploitation du gaz de schiste est interdite en France.
　　　　　　　　　　　　　　　　　　　GV

[L'information importante est que l'exploitation du gaz de schiste est interdite en France, et non aux États-Unis, en Suède ou en Espagne.]

B De quoi le groupe verbal peut-il être composé ?

Le groupe verbal peut être composé :	Exemple
• du verbe seul	*Le chômage recule.*
• du verbe + un (ou des) complément(s) essentiel(s) : – verbe + complément(s) d'objet – verbe + autre complément essentiel	*On lui offre un salaire mirobolant.* *Ses compétences valent de l'or.*
• du verbe + un (ou des) attribut(s) : – verbe + attribut du sujet – verbe + COD + attribut du COD	*Son entreprise est florissante.* *Je crois son entreprise florissante.*

C Un complément circonstanciel peut-il faire partie du groupe verbal ?

Selon sa place dans la phrase, le complément circonstanciel peut appartenir, ou non, au groupe verbal.

Nous avons la fibre depuis hier.
[L'information importante est *depuis hier* : c'est depuis hier et non depuis un mois ou un an que nous avons la fibre. Le complément circonstanciel de temps fait partie du groupe verbal.]

Depuis hier, nous avons la fibre.
[L'information importante est *nous avons la fibre*. *Depuis hier* apporte une précision supplémentaire qui porte sur l'ensemble de la phrase : c'est un complément de phrase, qui ne fait pas partie du groupe verbal.]

REPÉRER

1. Soulignez le groupe sujet en bleu et le groupe verbal en rouge.

1. Anaïs espère réussir le concours de la magistrature.
2. Les étudiants inscrits en master 1 devront choisir trois séminaires de spécialité.
3. Ceux qui sautent en parachute ont le cœur bien accroché.
4. Cet été, nous ferons un stage de voile.

2. Encadrez les groupes verbaux.

La Lune influence le monde animal. Ses différents cycles modifient le comportement de nombreuses espèces. L'influence peut être directe : la luminosité de la pleine lune a une incidence sur le rapport des prédateurs et de leurs proies. Elle peut être indirecte : le rythme des marées, lui-même en relation avec l'attraction lunaire, a de nombreuses conséquences sur la reproduction des animaux marins. Les scientifiques n'expliquent pas ces phénomènes.

■ D'après un article de *Allez savoir*, le magazine de l'université de Lausanne

3. Le groupe de mots en couleur fait partie du groupe verbal. Vrai ou faux ?

	Vrai	Faux
1. a. Tu viendras avec ton appareil photo.	☐	☐
b. Avec son nouvel appareil, il a fait de belles photos de la cérémonie.	☐	☐
2. a. Elle est repartie hier matin, par le train.	☐	☐
b. Elle fera le voyage en train.	☐	☐
3. a. Notre avion atterrit à Roissy.	☐	☐
b. À Roissy, les bagagistes sont en grève.	☐	☐
4. a. Je pars à la montagne lundi matin.	☐	☐
b. Je hais les lundis matins.	☐	☐

ANALYSER

4. Quelle est la composition du groupe verbal ? Reliez comme il convient.

1. Les hamsters aiment la compagnie.
2. Un cochon d'Inde ne mord pas.
3. Le furet est joueur.
4. Elle a confié son chat à la voisine.
5. Je trouve son chien très docile.

a. verbe seul
b. verbe + complément(s) essentiel(s)
c. verbe + attribut
d. verbe + COD + attribut du COD

EMPLOYER

5. Complétez les groupes verbaux avec un complément essentiel ou un attribut.

1. Nous avons enfin trouvé (complément essentiel).
2. J'ai trouvé son cadeau (attribut du COD).
3. Il a rendu les clefs de son appartement (complément essentiel).
4. Le succès l'a rendue (attribut du COD).

6. Employez les verbes *pleurer, écrire, travailler* :

a. dans un groupe verbal réduit au verbe ;
b. dans un groupe verbal comportant un complément essentiel.

Les constructions du verbe

Je me souviens d'une histoire drôle. Elle était très longue et elle amusait beaucoup mon père.

Les verbes *me souviens*, *était* et *amusait* sont suivis de groupes de mots qui se construisent différemment : il existe plusieurs constructions du verbe.

A — Verbes transitifs, intransitifs et attributifs

1 On peut classer les verbes selon leur construction.

Catégorie de verbe	Construction du verbe	Exemple
Intransitif	sans complément d'objet ni attribut	*Je ris, tu soupires, il grogne.*
Transitif direct	avec un complément d'objet direct	*J'ai acheté des chocolats.*
Transitif indirect	avec un complément d'objet indirect	*Il a participé au tournoi.*
Doublement transitif	avec un COD et un COS avec deux COI	*Il a prêté mille euros à ta sœur.* *J'ai parlé de ton projet à mon ami.*
Attributif	avec un attribut du sujet avec un attribut du COD	*Elle est devenue célèbre.* *Je crois son frère plus doué que lui.*

2 Un même verbe peut avoir plusieurs constructions. Il change alors souvent de sens. Il peut être :

– **transitif** et **intransitif** ;

Elle arrive.
[Le verbe *arriver* est ici intransitif et prend un sens proche de « venir ».]

Elle arrive à rattraper toutes les balles.
[Le verbe *arriver* est ici transitif indirect et prend le sens de « réussir à ».]

– **transitif direct** et **transitif indirect**.

Il compte les absents.
[Le verbe *compter* est ici transitif direct et prend le sens de « dénombrer ».]

Il compte sur toi.
[Le verbe *compter* est ici transitif indirect et prend le sens de « faire confiance à ».]

B — Cas particulier : l'emploi absolu d'un verbe transitif

On parle d'emploi absolu d'un verbe transitif lorsque celui-ci est employé sans complément d'objet exprimé et conserve pourtant le même sens.

Elle lit le journal tous les jours.
[Le verbe *lire* est habituellement construit avec un COD : c'est un verbe transitif.]

Ne la dérangez pas : elle lit.
[On ne précise pas ce qu'elle lit (le journal, un roman) car on met l'accent sur le verbe lui-même. Mais le sens du verbe *lire* ne change pas.]

REPÉRER

1. Surlignez en jaune les verbes intransitifs, en bleu les verbes transitifs, en vert les verbes attributifs.

1. J'ai vu un excellent film hier au cinéma.
2. Ce réalisateur recourt beaucoup aux effets spéciaux.
3. Le cinéma français reste une référence à l'étranger.
4. À Cannes, les acteurs gravissent les marches sous les ovations du public.
5. Son dernier film est sorti.

2. Verbes transitifs directs (TD), transitifs indirects (TI) ou doublement transitifs (DT) ? Cochez la bonne réponse.

	TD	TI	DT
1. Le tennis passionne mon neveu.	❏	❏	❏
2. Il appartient à un excellent club.	❏	❏	❏
3. Je lui ai offert des places pour Roland-Garros.	❏	❏	❏
4. La fédération réserve les meilleures places à ses licenciés.	❏	❏	❏

3. Quelle est la construction des verbes en couleur ?

Les multinationales face à l'État, le feuilleton *continue*. Il y a quelques semaines, Apple se préparait à un combat judiciaire titanesque face au FBI, qui voulait *contraindre* l'entreprise à « cracker » un iPhone récupéré dans le cadre de l'enquête sur les attentats de San Bernardino. […] Mais voilà que le 14 avril, Microsoft *attaque* le ministère américain de la Justice devant les tribunaux. Microsoft souhaiterait pouvoir *contourner* plus souvent l'obligation de secret que lui *imposent* les juges lorsqu'ils ordonnent une perquisition dans le « cloud », afin d'avertir ses clients mis en cause. Apple se défendait, Microsoft *attaque*.

■ *Le Monde*, 30 avril 2016

👍 *L'un des verbes est transitif en emploi absolu.*

ANALYSER

4. Pour chaque verbe, identifiez les deux constructions et montrez que le sens change.

1. a. Cet acteur n'a jamais percé. b. J'ai percé son secret.
2. a. On m'a volé mon téléphone. b. Des mouettes volent au-dessus de la plage.
3. a. Notre hôte nous sert du thé. b. Cette vieille bicyclette sert encore à ton frère.

EMPLOYER

5. Passez de la construction transitive directe à la construction intransitive.

J'ai posé mes lunettes sur la table. → Devant les caméras, elle pose.

1. Je prends les clefs. → ....
2. Il a poussé la porte. → ....
3. Rompez les rangs. → ....

6. Employez les verbes *manger*, *jouer*, *composer* :

a. en construction transitive ;
b. en construction absolue.

08 Les compléments essentiels du verbe : COD, COI, COS

Elle présente son pass Navigo au contrôleur.
Son pass Navigo et au contrôleur sont des compléments d'objet. Ils se construisent différemment : on parle de complément d'objet direct et de complément d'objet indirect.

A Qu'est-ce qu'un complément d'objet ?

1 Les compléments d'objet ne peuvent pas être supprimés : ils font partie des **compléments essentiels du verbe**.
On ne peut pas dire *Elle présente.*

2 On distingue :

- Le **complément d'objet direct** (COD) :
– il se construit sans préposition ;
– il répond à la question *que* ou *qui*.
   Que présente-t-elle au contrôleur ? son pass Navigo (COD)

- Le **complément d'objet indirect** (COI) :
– il est introduit par une préposition : *à* ou *de*, mais aussi *contre, avec, pour, en, sur*… ;
– il répond à la question *à qui/à quoi, de qui/de quoi, pour qui/pour quoi*…
   Tu peux compter sur lui. Sur qui peux-tu compter ? → *sur lui* (COI)

- Le **complément d'objet second** (COS) : c'est le nom que prend le COI lorsque le verbe est construit avec un COD et un COI.
   Que lui présente-t-elle ? → *son pass Navigo* (COD). *À qui le présente-t-elle ?* → *à lui* (COS)

B Quelle peut être la nature d'un complément d'objet ?

Le COD peut être :	Le COI peut être :
• un nom ou un groupe nominal *Il rédige son rapport de stage.*	• un groupe prépositionnel formé : – d'une préposition et d'un nom ou GN *Pense à ton rapport de stage.*
• un pronom ou un groupe pronominal *J'ai déjà rédigé le mien.*	– d'une préposition et d'un pronom ou groupe pronominal *Pense à lui.*
• un infinitif ou un groupe infinitif *Elle espère décrocher rapidement un CDI.*	– d'une préposition et d'un infinitif ou groupe infinitif *Elle s'attend à commencer en CDD.*
• une proposition infinitive *Il a vu tous ses amis partir à l'étranger.*	• une proposition relative (à valeur substantive) *Elle se plaint à qui veut l'entendre.*
• une proposition relative (à valeur substantive) *Je remplace qui veut.*	• une proposition conjonctive (introduite par *que, à ce que, de ce que*…) *Je veillerai à ce qu'il soit bien accueilli.*
• une proposition conjonctive (introduite par *que*) *J'espère qu'il rentrera content.*	
• une proposition interrogative indirecte *Je me demande s'il nous reconnaîtra.*	
• une proposition exclamative indirecte *J'admire avec quelle rapidité elle s'est adaptée.*	

REPÉRER

1 Quelle est la fonction des groupes de mots en couleur ? Cochez la bonne réponse.

1. Il doute de ses propres capacités.   ❏ COD   ❏ COI
2. J'ai acheté mes billets en ligne.   ❏ COD   ❏ COI
3. Il l'a poursuivie jusqu'à la porte.   ❏ COD   ❏ COI
4. Il nous a souri.   ❏ COD   ❏ COI
5. Que penses-tu de ma coiffure ?   ❏ COI   ❏ COS
6. À qui as-tu envoyé tes vœux ?   ❏ COI   ❏ COS

2 Dans ces deux bulles, entourez au moins cinq COD.

👍 *N'oubliez pas qu'un infinitif ou un gérondif peut également avoir un COD.*

ANALYSER

3 Reliez les groupes de mots soulignés à l'analyse grammaticale qui convient.

1. Je crois qu'elle a beaucoup changé.
2. Il s'occupe de chercher une location.
3. Donne ce vieux PC à qui tu veux.
4. Tu n'imagines pas comme il l'aime.
5. J'ignore pourquoi elle a déménagé.
6. Il observe chacun de ses concurrents.

a. exclamative indirecte – COD
b. conjonctive – COD
c. relative – COS
d. groupe pronominal – COD
e. interrogative indirecte – COD
f. groupe prépositionnel – COI

4 Donnez la nature et la fonction des groupes de mots en couleur.

1. Nous avons enfin le haut débit. – 2. Le public l'a beaucoup applaudie. – 3. Ils joueront contre Lorient. 4. Rends-moi ma veste. – 5. N'espère pas qu'il cède. 6. Je tiens à le disculper.

EMPLOYER

5 Employez les groupes de mots dans une phrase où ils auront la fonction demandée.

1. de partir seule (COI) • 2. au vendeur (COS) • 3. à m'inscrire pour le prochain tournoi (COS)
4. quand il se décidera à s'installer (COD).

6 Complétez les phrases avec un COD de la nature demandée.

1. Il affirme (proposition conjonctive). 2. Vous savez (proposition exclamative indirecte).
3. Il ne dira à personne (proposition interrogative indirecte). 4. Elle souhaite (groupe infinitif).

09 L'attribut du sujet

> La sécurité sanitaire est <u>un défi permanent</u>.
> *Un défi permanent* exprime une caractéristique du sujet *la sécurité sanitaire* : c'est un attribut du sujet.

A Qu'est-ce qu'un attribut du sujet ?

1 L'attribut du sujet fait partie du groupe verbal. En général, il ne peut pas être supprimé. On ne peut pas dire **La sécurité sanitaire est*.

2 Il exprime une **caractéristique du sujet**, qui peut être :
– un **état** : *Les professionnels de la santé sont <u>inquiets</u>.*
– une **propriété** : *Les experts sont <u>indépendants</u>.*
– l'**appartenance à une catégorie** : *Il est <u>chercheur en pharmacologie</u>.*
– un **statut** : *Elle est <u>directrice marketing</u>.*

B Comment se construit un attribut du sujet ?

L'attribut du sujet se construit avec :
– un **verbe d'état** (*être*, *devenir*, *rester*, *sembler*…) ;
   L'affaire reste <u>trouble</u>.
– un **verbe occasionnellement attributif**.
   Il est parti <u>soulagé</u>.
   [Il faut comprendre : Il était soulagé au moment où il est parti.]

C Quelle peut être la nature d'un attribut du sujet ?

Nature	Exemple	À savoir
Adjectif ou groupe adjectival Participe passé	*Ses méthodes sont <u>efficaces</u>.* *Son ami est <u>plus ouvert qu'elle</u>.* *Elle paraît <u>bouleversée</u>.*	Lorsque l'attribut est un adjectif ou un participe passé, il s'accorde en genre et en nombre avec le sujet.
Nom ou groupe nominal	*Ses parents sont <u>juristes en entreprise</u>.*	Lorsque l'attribut est un nom ou un groupe nominal, il a fréquemment le même nombre que le sujet, et le même genre si c'est possible.
	Ces enfants sont <u>le diable en personne</u>.	L'accord ne se fait pas quand l'attribut est une expression figée.
Groupe prépositionnel	*Il passe <u>pour un bon patron</u>.*	Avec des verbes comme *passer (pour)*, *être considéré (comme)*…
Pronom ou groupe pronominal	*Son ami n'est pas <u>le mien</u>.* *Ce cousin est <u>celui que je préfère</u>.*	
Infinitif ou groupe infinitif	*Donner, c'est <u>donner</u>.* *L'essayer, c'est <u>l'adopter</u>.*	
Subordonnée – conjonctive – relative (substantive)	*L'idée est <u>que tu dormes ici</u>.* *Notre invité n'est pas <u>qui tu penses</u>.*	

REPÉRER

1. Soulignez les attributs du sujet.

1. Cet homme me paraît sérieux.
2. Elle est considérée comme la meilleure joueuse de sa génération.
3. Ils ont été retrouvés sains et saufs.
4. Ce jeu est très drôle, tu verras.
5. Le plus dur reste de ne pas abandonner au milieu de la course.

ANALYSER

2. Reliez l'attribut du sujet souligné à la caractéristique qu'il exprime.

1. Son ami est adjoint au maire.
2. Son compagnon me paraît très impulsif.
3. Son oncle a toujours été généreux.
4. Elle est de mauvaise humeur.
5. Son chien est un husky.

- a. un état
- b. une propriété
- c. l'appartenance à une catégorie
- d. un statut

3. Donnez la nature des attributs en couleur.

Mon premier est révolu.
Mon second est un cône que l'on trouve parfois sur la route.
Mon troisième, c'est quand on ne réussit pas.
Mon quatrième est celle qui ne cesse de tourner.
Mon tout est un homme qui a soif de connaissances.

Réponse : un explorateur.

4. Soulignez les attributs du sujet et donnez leur nature.

> Tu m'as menti, Wang-Fô, vieil imposteur : le monde n'est qu'un amas de taches confuses, jetées sur le vide par un peintre insensé, sans cesse effacées par nos larmes, et je ne suis pas l'Empereur. Le seul empire sur lequel il vaille la peine de régner est celui où tu pénètres, vieux Wang, par le chemin des Mille Courbes et des Dix Mille Couleurs.
>
> ■ Marguerite Yourcenar, « Comment Wang-Fô fut sauvé », *Nouvelles orientales* (1938)

EMPLOYER

5. Remplacez le verbe *être* par un verbe d'état différent dans chaque phrase.

Son mari est très engagé. Pour lui, la politique est le seul vrai moyen d'agir. Il est persuadé que le monde peut être meilleur. Pour certains, il est naïf, pour d'autres il est un homme de convictions.

👍 *Pour employer* passer pour, être considéré comme…, *vous pouvez modifier la construction de certaines phrases.*

6. Accordez les attributs entre parenthèses lorsque c'est possible.

1. Elle voudrait être (médecin).
2. Aujourd'hui encore, peu de femmes deviennent (ingénieur).
3. Sur la ligne du TGV Est, les intempéries sont parfois (cause de retards).
4. Ses trois filles sont (un véritable aventurier).
5. Comme ses prédécesseurs, elle entend être (le gardien du temple).

09 – L'attribut du sujet

10 L'attribut du COD

Giton a le teint frais, le visage plein. Phédon a les yeux creux, le teint échauffé.

Frais, plein, creux, échauffé caractérisent les COD le teint, le visage, les yeux : ce sont des attributs du COD.

■ Jean de La Bruyère, *Les Caractères* (1688)

A Qu'est-ce qu'un attribut du COD ?

1 Il exprime une **caractéristique du COD**, qui peut être :
– un **état** : *Je la trouve sereine*.
– une **propriété** : *Il a le regard vif*.
– l'**appartenance à une catégorie** : *Ils la considèrent comme une enfant*.
– un **statut** : *On a nommé sa femme chef de service*.

2 Comment le reconnaître ?
L'attribut du COD :
– fait partie du groupe verbal. En général, il ne peut pas être supprimé sans que soit modifié le sens de la phrase : *Je crois la serveuse complice*. [*Je crois la serveuse* signifierait « je lui fais confiance ».]
– ne fait pas partie du groupe COD. Quand on remplace le COD par un pronom, l'attribut ne subit donc pas de transformation : *Je la crois complice*.

B Comment se construit l'attribut du COD ?

L'attribut du COD peut se construire avec :
– un **verbe de jugement** comme *penser, juger, croire…* : *Il juge ce contrat intéressant*.
– un **verbe de transformation** comme *faire, rendre…* : *Cela m'a rendue méfiante*.
– un **verbe qui permet de donner un nom ou un titre** comme *appeler, nommer, proclamer…* : *Ses amis l'appellent Sixtou*.
– le **verbe *avoir*** avec un COD déterminé par un article défini : *Il a les cheveux roux*.
– un **verbe occasionnellement attributif** : *Il achète ses voitures d'occasion*.
[Si l'on remplace le COD par un pronom, on dira : *Il les achète d'occasion*.]

À NOTER

- **L'attribut du COI**
- Le verbe *faire* peut s'employer avec un attribut du COI.
  Il a fait de moi sa complice.
          COI   attribut du COI

C Quelle peut être la nature d'un attribut du COD ?

Nature	Exemple
Adjectif ou groupe adjectival	*Je le crois très heureux*.
Participe passé	*Je la trouve motivée*.
Nom ou groupe nominal	*On l'a nommé entraîneur de l'équipe de France*.
Groupe prépositionnel	*Ils le considèrent comme le meilleur entraîneur*.
Infinitif ou groupe infinitif	*Je n'appelle pas cela se reposer*.
Subordonnée relative	*J'ai le cœur qui bat*.

REPÉRER

1 Encadrez les attributs du COD.

Les syndicats jugent les dernières avancées insuffisantes. La situation rend les négociations difficiles. Nous l'avons choisi comme représentant du personnel. Elle a le verbe haut et nous la croyons capable de faire face à la direction.

2 Avec quel verbe l'attribut du COD est-il construit ? Reliez comme il convient.

1. Un bon déjeuner le met de bonne humeur.
2. Je trouve ces croissants trop gras.
3. Elle ne boit jamais son café chaud.
4. Je le crois excellent pâtissier.

- a. un verbe de jugement
- b. un verbe de transformation
- c. un verbe occasionnellement attributif

ANALYSER

3 Donnez la nature des attributs du COD en couleur.

1. Nous l'avons trouvé en pleine forme. – 2. Je le vois qui s'impatiente à la porte. – 3. Cette déconvenue l'a rendu plus suspicieux que jamais – 4. Je le sais excellent musicien.

4 La phrase comporte un attribut du COD. Vrai ou faux ?
Justifiez votre réponse en remplaçant le COD par un pronom.

	Vrai	Faux
1. J'ai trouvé un gîte trois épis.	☐	☐
2. J'ai trouvé ce gîte particulièrement confortable.	☐	☐
3. On a nommé un nouveau DRH.	☐	☐
4. On a nommé DRH une toute jeune diplômée.	☐	☐
5. Il juge ce concours hors de portée.	☐	☐
6. Elle ne croit pas son fils capable de réussir un tel concours.	☐	☐

 Pour appliquer la deuxième partie de la consigne, appuyez-vous sur l'exemple du point A2 de la leçon.

5 Soulignez en rouge les attributs du COD et en bleu les attributs du sujet.
Puis montrez qu'ils sont répartis dans le texte de manière à accentuer le contraste entre le riche et le pauvre.

> Giton a le teint frais, le visage plein et les joues pendantes, l'œil fixe et assuré, les épaules larges, l'estomac haut, la démarche ferme et délibérée. [...] Il est enjoué, grand rieur, impatient, présomptueux, colère, libertin, politique, mystérieux sur les affaires du temps. [...] Il est riche. Phédon a les yeux creux, le teint échauffé, le corps sec et le visage maigre ; il dort peu, et d'un sommeil fort léger ; il est abstrait, rêveur, et il a avec de l'esprit l'air d'un stupide. [...] Il est pauvre.
>
> ■ Jean de La Bruyère, *Les Caractères* (1688)

EMPLOYER

6 Complétez les phrases avec un attribut du COD de la nature demandée.

1. J'ai les mains (subordonnée relative). – 2. Elle regarde sa propre sœur (groupe prépositionnel) – 3. Nous avons trouvé son appartement (groupe adjectival).

10 – L'attribut du COD **25**

11 Les autres compléments essentiels du verbe

Il est allé au casino, il a joué gros jeu, ça lui a coûté cher.
Certains compléments font partie du groupe verbal, mais ne sont pourtant pas des compléments d'objet.

A Le complément de mesure

1 Comment reconnaître un complément de mesure ?

- C'est un complément essentiel du verbe, il ne peut donc pas être supprimé.
    Le m² à Paris vaut actuellement plus de 8 000 €.
    On ne peut pas dire **Le m² à Paris vaut actuellement*.
- Il se rencontre surtout avec les verbes *mesurer*, *peser*, *coûter*, *valoir*, *durer*, *vivre*.
- Il donne une caractéristique du sujet (mesure, prix, durée…).
- Il se construit directement, sans préposition.

2 Le complément de mesure peut être :
– un **groupe nominal** : *La bulle immobilière a duré dix ans.*
– un **pronom** ou un **groupe pronominal** : *Que vaut un appartement à Paris ?*
– un **adverbe** ou un **groupe adverbial** : *Un appartement à Paris coûte cher.*

> **À NOTER**
> **Ne pas confondre le COD et le complément de mesure**
> Seule la phrase comportant un COD peut se mettre au passif.
> *L'agent immobilier a mesuré les chambres.* [COD]
> On peut dire *Les chambres ont été mesurées par l'agent immobilier.*
> *Ta chambre mesure 11 m².* [complément de mesure]
> On ne peut pas dire **11 m² sont mesurés par ta chambre.*

B Le complément essentiel de lieu

Comment reconnaître le complément essentiel de lieu ?

- C'est un complément essentiel du verbe, il ne peut donc pas être supprimé.
    Cette lettre vient d'Australie. On ne peut pas dire **Cette lettre vient*.
- Il se rencontre surtout après des verbes de mouvement : *se rendre*, *aller*, *venir*, *entrer*…
- Il indique un lieu (point de départ, point d'arrivée, lieu que l'on traverse).
- Il est le plus souvent introduit par une préposition.

C Les compléments apparentés au COD et au COI

- Le **complément d'objet interne**
    Il va son chemin. [*Aller* n'est pas un verbe transitif direct. *Son chemin* ne fait que reprendre l'idée contenue dans le verbe : ce n'est pas un COD mais un complément d'objet interne.]
- Le **complément (ou datif) d'intérêt**
    Il lui a repeint sa chambre. [*Repeindre* n'est pas un verbe doublement transitif. *Lui* indique le bénéficiaire de l'action : ce n'est pas un COI, mais un complément d'intérêt.]
- Le **datif partitif**
    Tu lui tireras les oreilles. [*Lui* désigne le tout pour la partie, souvent la personne à laquelle appartient telle ou telle partie du corps.]

REPÉRER

1 Encadrez les compléments de mesure.

1. Une bonne clarinette coûte environ 1 200 €, mais se revend presque aussi cher. – 2. Mozart n'a vécu que 35 ans. – 3. Une ronde vaut deux blanches et une noire deux croches. – 4. Le concert a duré plus longtemps que prévu.

2 Surlignez en jaune les compléments circonstanciels de lieu et en vert les compléments essentiels de lieu.

Lorsqu'il est sorti du bureau de son patron, il était très en colère. Alors qu'il avait demandé à partir aux États-Unis, il va être muté en province. Dans une entreprise comme la sienne, un passage à l'étranger est la garantie d'une belle carrière. Il regarde cette mutation comme une punition. Depuis, les méchantes rumeurs vont bon train autour de la machine à café.

👍 *Le complément circonstanciel de lieu peut être supprimé et déplacé.*
Le complément essentiel de lieu ne peut être ni supprimé, ni déplacé.

3 Que comporte chaque phrase ? Reliez comme il convient.

1. Tu lui relèveras la selle de son vélo.
2. « Deux pigeons s'aimaient d'amour tendre. »
   (Jean de La Fontaine, « Les Deux Pigeons », *Fables*)
3. On lui a plâtré les deux bras.
4. Sers-moi un grand verre d'eau.

- a. un complément d'objet interne
- b. un complément d'intérêt
- c. un datif partitif
- d. un COS

ANALYSER

4 COD ou complément de mesure ? Complétez le tableau.

	Mettre la phrase à la voix passive lorsque c'est possible	Donner la fonction du groupe de mots soulignés
L'hôtesse pèse <u>ma valise</u>.		
Ma valise pèse <u>plus de 25 kg</u>.		
Léo a vécu <u>une aventure incroyable</u>.		
Un papillon ne vit pas <u>longtemps</u>.		

EMPLOYER

5 Complétez les phrases avec un complément de mesure de la nature demandée.

1. Ce film a duré (adverbe). – 2. Ton arrière-grand-mère a vécu (groupe nominal). – 3. Tu n'ignores pas le prix (pronom) vaut ce bijou. – 4. Je ne peux plus te porter sur mes épaules : tu pèses (groupe adverbial).

6 Employez les groupes de mots dans une phrase où ils auront la fonction demandée.

1. la vie entière (complément de mesure)
2. sa vie (complément d'objet interne)
3. à la Rochelle (complément essentiel de lieu)
4. à la Rochelle (complément circonstanciel de lieu)

11 – Les autres compléments essentiels du verbe

12 Les CC de temps et de lieu

> *Chaque 1er mai, à Paris, les principaux syndicats défilent ensemble.*
> *Chaque 1er mai* précise le moment où les syndicats défilent.
> *À Paris* précise le lieu. Ce sont des compléments circonstanciels.

A Qu'est-ce qu'un complément circonstanciel (CC)?

- Le complément circonstanciel introduit une circonstance, c'est-à-dire qu'il précise un élément du cadre dans lequel se situe le fait rapporté.
- Il est en général facultatif et mobile.
  Les principaux syndicats défilent ensemble chaque 1er mai, à Paris.

À NOTER
Selon sa place dans la phrase, le complément circonstanciel peut faire partie du groupe verbal ou être un **complément de phrase**.

B Le complément circonstanciel de temps

1 Le complément circonstanciel de temps peut indiquer :
– la **date**, c'est-à-dire le moment où se déroule l'action : *Elle a été élue l'année dernière.*
– la **durée** de l'action : *Elle est restée en poste pendant 5 ans.*

À NOTER
Qu'est-ce qu'une date relative ?
La date relative est définie par rapport au moment d'une autre action.
Elle devra mener cette réforme avant la fin de son mandat.

2 Le complément circonstanciel de temps peut être :
– un **groupe prépositionnel** : *J'y ai pensé au moment de me coucher.*
– un **nom** ou un **groupe nominal** : *Il l'a appelée lundi dernier.*
– un **adverbe** ou un **groupe adverbial** : *Elle viendra bientôt à la maison.*
– un **gérondif** : *En me levant, je me suis souvenue de notre rendez-vous.*
– une **subordonnée conjonctive** : *Ne me parle pas quand je suis au téléphone.*
– une **subordonnée participiale** : *Ses enfants partis, nous avons pu discuter librement.*

C Le complément circonstanciel de lieu

1 Le complément circonstanciel de lieu peut indiquer :
– l'endroit où se déroule l'action, une **position** : *Elle a fêté ses 20 ans à bord d'une péniche.*
– l'endroit d'où part l'action, une **origine** : *De chez elle, on voit le cap Fréhel.*
– l'endroit que traverse l'action, un **passage** : *J'aperçois la mer à travers les arbres.*

2 Le complément circonstanciel de lieu peut être :
– un **groupe prépositionnel** : *J'ai découvert un excellent pâtissier sur la place du village.*
– un **groupe nominal** : *Elle a ouvert une boutique rue des Capucins.*
– un **adverbe** ou **groupe adverbial** : *Partout, on retrouve les mêmes enseignes.*
– une **subordonnée relative** (substantive) : *Nous t'achèterons un manteau où tu voudras.*

REPÉRER

1. La phrase comporte au moins un complément circonstanciel. Vrai ou faux ? **A**

	Vrai	Faux
1. Pour voyager en Europe, je te conseille la carte Interrail.	☐	☐
2. Ils veulent découvrir les grandes capitales.	☐	☐
3. Grâce à Internet, le covoiturage s'est beaucoup développé.	☐	☐
4. Je refuse de prendre l'avion.	☐	☐

2. Surlignez les CC de temps en vert. **B C**

> Si vous déménagez, vous devez modifier votre adresse sur votre carte grise dans un délai d'un mois. Dès que vous aurez déclaré votre changement d'adresse, on vous attribuera un nouveau numéro d'immatriculation de type « *AB 123 CD* » et vous recevrez aussitôt une nouvelle carte grise. Dans les plus brefs délais, vous devrez demander à un professionnel de poser sur votre véhicule de nouvelles plaques indiquant la nouvelle immatriculation. Si vous êtes contrôlé par les forces de l'ordre alors que vous n'avez pas déclaré votre changement d'adresse dans les délais, vous risquez une amende pouvant aller jusqu'à 750 €.
>
> ■ D'après la fiche « Comment changer l'adresse de sa carte grise », sur le site https://www.service-public.fr/particuliers/vosdroits/F12118

ANALYSER

3. Qu'indique chaque CC de temps en couleur ? Cochez la bonne réponse. **B**

	Date	Durée
1. Le festival a toujours lieu au mois d'août.	☐	☐
2. Toute la semaine, on donnera des spectacles dans la cour du château.	☐	☐
3. Les jeunes talents occupent la scène avant de laisser place aux stars.	☐	☐
4. Les premiers concerts commencent vers 18 heures.	☐	☐

4. Reliez chaque CC de lieu souligné à ce qu'il indique. **C**

1. Le chemin est étroit au sommet.
2. Nous avons pris un verre en terrasse.
3. À travers la forêt, un chemin rejoint le village.
4. Depuis le balcon, je les vois jouer sur la plage.

- a. un endroit
- b. une origine
- c. un passage

EMPLOYER

5. Précisez les circonstances en ajoutant un CC de lieu et un CC de temps. **B C**

1. Nous avons beaucoup ri ....
2. Elle a rougi ....
3. Il a fait la grimace ....

6. Complétez les phrases selon les éléments demandés. **B C**

1. J'ai oublié mon portable (CC de lieu, groupe prépositionnel).
2. Elle passe son dernier partiel (CC de temps, groupe nominal).
3. Tu prendras le pain (CC de temps, gérondif).
4. J'achèterai ta raquette de tennis (CC de lieu, adverbe) + (CC de temps, subordonnée conjonctive).

12 – Les CC de temps et de lieu

13 Les CC de manière, de moyen, d'accompagnement et de comparaison

Il m'a accueillie avec joie, comme une vieille amie.
Avec joie précise la manière dont il m'a accueillie ;
comme une vieille amie établit une comparaison.

A Les compléments circonstanciels de manière, de moyen et d'accompagnement

1 Comment les distinguer ?

Il prépare le dîner avec entrain.
Elle fait des confitures avec les prunes du jardin.
Il ramasse des mûres avec les enfants.

Ces trois compléments circonstanciels ont des sens proches, mais différents :
– *avec entrain* indique l'état d'esprit dans lequel s'accomplit l'action ➜ **CC de manière** ;
– *avec les prunes du jardin* indique ce qui permet la réalisation de l'action ➜ **CC de moyen** ;
– *avec les enfants* indique qui fait l'action en même temps que le sujet ➜ **CC d'accompagnement**.

2 Quelle peut être la nature d'un complément circonstanciel de manière, de moyen ou d'accompagnement ?

- Un complément circonstanciel de manière peut être :
  – un **groupe prépositionnel** (*avec, de, en*…) : *Il a agi en prince.*
  – un **adverbe** ou un **groupe adverbial** : *Elle est partie très soudainement.*
  – un **gérondif** : *Il est sorti en claquant la porte.*

- Un complément circonstanciel de moyen peut être :
  – un **groupe prépositionnel** (*à, avec, par, au moyen de, grâce à*…) : *Il est arrivé ici en taxi.*
  – un **gérondif** : *Ils sont entrés en forçant la serrure.*

- Un complément circonstanciel d'accompagnement est toujours un **groupe prépositionnel**.
  Elle voyage avec son chien. Il est parti sans moi.

B Le complément circonstanciel de comparaison

1 Qu'est-ce qu'un complément circonstanciel de comparaison ?

Le complément circonstanciel de comparaison établit une analogie entre deux éléments.

Son cousin est laid comme un pou.

À NOTER

Comme un pou peut être analysé comme un groupe prépositionnel ou comme une subordonnée conjonctive elliptique [= *comme l'est un pou*].

2 Quelle peut être la nature d'un complément circonstanciel de comparaison ?

Un complément circonstanciel de comparaison peut être :

– un **groupe prépositionnel** (*à l'exemple de, à l'instar de, à la façon de*…) ;
  À l'instar de beaucoup d'écrivains, il a besoin de solitude.

– une **subordonnée conjonctive** (avec un système corrélatif dans certains cas ➜ 70) :
  Comme le font souvent les grands auteurs, il s'isole pour écrire.

REPÉRER

1. CC de moyen (CCMo), CC de manière (CCMa) ou CC d'accompagnement (CCA) ? Cochez la bonne case. 🅐

	CCMo	CCMa	CCA
1. a. Elle a décoré sa maison <u>avec une amie</u>.	☐	☐	☐
b. Elle a décoré sa maison <u>avec des tableaux contemporains</u>.	☐	☐	☐
2. a. Tracez un triangle équilatéral <u>en utilisant un compas</u>.	☐	☐	☐
b. Tracez cette figure <u>avec soin</u>.	☐	☐	☐
3. a. Il nous comprend <u>à demi-mots</u>.	☐	☐	☐
b. Il nous comprend <u>mal</u>.	☐	☐	☐

👍 *La frontière entre ces compléments n'est pas toujours très nette.*
Ils ont rénové cette ancienne ferme avec beaucoup d'énergie.
Leur énergie a permis de mener à bien la rénovation : CC de moyen.
L'énergie caractérise aussi la façon dont ils ont mené les travaux (énergiquement) : CC de manière.

ANALYSER

2. Quelles sont la nature et la fonction des CC en couleur ? Reliez comme il convient. 🅐

1. Nous l'avons écouté en riant de bon cœur. •
2. Je vais souvent au cinéma avec mon ami. •
3. Elle a progressé en s'entraînant régulièrement. •
4. Il a remporté brillamment la victoire. •

• a. adverbe, CCMa
• b. gérondif, CCMo
• c. groupe prépositionnel, CCA
• d. gérondif, CCMa

3. Soulignez les CC de comparaison et donnez leur nature. 🅑

1. « La terre est bleue comme une orange » (Paul Eluard, *L'amour la poésie*, 1929).
2. « Il pleure dans mon cœur comme il pleut sur la ville » (Paul Verlaine, *Romances sans paroles*, 1874).
3. « Les murs […] étaient couverts de coutures et de cicatrices comme un visage défiguré par quelque horrible maladie » (Victor Hugo, *Les Misérables*, 1862).
4. « Et nous alimentons nos aimables remords/Comme les mendiants nourrissent leur vermine » (Charles Baudelaire, « Au lecteur », *Les Fleurs du mal*, 1857).
5. « Sur l'onde calme et noire où dorment les étoiles/La blanche Ophélia flotte comme un grand lys » (Arthur Rimbaud, *Ophélie*, 1870).

EMPLOYER

4. Remplacez la préposition *avec* par une autre préposition ou une locution prépositionnelle de sens équivalent. 🅐

1. Avec tes économies, tu pourras partir en vacances avec tes amis.
2. Je peux te prêter ma maison de campagne, avec une participation aux frais d'électricité.
3. Il essaie de gonfler la piscine avec une pompe à vélo.
4. Avec le train, nous pouvons faire l'aller-et-retour durant le week-end.

5. Employez chacun de ces trois CC de comparaison dans une phrase différente. 🅑

1. comme un ouragan
2. à la manière d'un félin
3. comme je l'imaginais

13 – Les CC de manière, de moyen, d'accompagnement et de comparaison

14 Les CC de cause, de conséquence et de but

> *En raison de la grève*, beaucoup d'usagers ont pris leur voiture *pour aller au travail*, *si bien que le périphérique est embouteillé*.
> Les groupes de mots soulignés précisent la cause, le but et la conséquence du fait que beaucoup d'usagers ont pris leur voiture.

A Les compléments circonstanciels de cause et de conséquence

1 Comment les distinguer ?

1. Les tensions sont telles *que les observateurs redoutent l'explosion sociale*.
2. *En raison de vives tensions*, les observateurs redoutent l'explosion sociale.

Les deux phrases établissent un lien de cause à effet entre les tensions et les craintes des observateurs. Mais :
– dans la phrase 1, les mots soulignés indiquent l'effet, c'est-à-dire la conséquence, des tensions : c'est un **CC de conséquence** ;
– dans la phrase 2, le groupe de mots souligné indique la cause des craintes des observateurs : c'est un **CC de cause**.

2 Quelle peut être la nature des compléments circonstanciels de cause et de conséquence ?

	CC de cause	CC de conséquence
Groupe prépositionnel	*à*, *pour*, *en raison de*… Il s'essouffle vite *par manque d'entraînement*.	*à*, *au point de*… + infinitif ou groupe infinitif Nous courons *à en perdre haleine*.
Subordonnée conjonctive	Il est arrivé avant nous *parce qu'il a roulé toute la nuit*.	Il a roulé toute la nuit *de sorte qu'il est arrivé avant nous*. (parfois avec un système corrélatif)
Subordonnée participiale	*Les inscrits étant peu nombreux*, la course a été annulée.	
Gérondif	*En voyant si peu d'inscrits*, les organisateurs ont annulé la course.	

B Le complément circonstanciel de but

1 Comment le reconnaître ?
Le complément circonstanciel de but indique l'objectif recherché, l'intention de l'action.

Elle a pris un abonnement *pour télécharger de la musique en toute légalité*.

2 Quelle peut être la nature du complément circonstanciel de but ?
Le complément circonstanciel de but peut être :
– un **groupe prépositionnel** (*pour*, *afin de*, *de façon à*, *en vue de*…) ;

Je suis rentrée *afin de ne pas rater le match*.

– une **subordonnée conjonctive** (*pour que*, *afin que*, *de manière à ce que*…).

Je suis rentrée tôt *pour que nous puissions aller au cinéma ce soir*.

REPÉRER

1. Complément circonstanciel de cause, de conséquence (csq) ou de but : quelle est la fonction des groupes de mots en couleur ? Cochez la bonne réponse.

	Cause	CSQ	But
1. En raison de la pollution, la fécondité de certaines espèces diminue.	☐	☐	☐
2. L'État a investi pour réduire la fracture numérique.	☐	☐	☐
3. Nous nous sommes pris au jeu au point d'en oublier l'heure.	☐	☐	☐

ANALYSER

2. Quelles sont la nature et la fonction des groupes de mots soulignés ? Reliez comme il convient.

1. L'expérience aidant, il trouvera sa place.
2. Ce singe est laid à faire peur.
3. J'ai cassé mon smartphone en le faisant tomber.

- a. gérondif, CC de cause
- b. groupe prépositionnel, CC de conséquence
- c. proposition participiale, CC de cause

3. Donnez la fonction des suites de mots en couleur et montrez que la force de chaque citation repose sur une utilisation inattendue du complément circonstanciel.

1. « Beaucoup de gens se sentent mal dans leur peau, parce que ce n'est pas la leur. »
(Romain Gary, *Gros-Câlin*, 1974)
2. « Il se lève tard, très tard, afin, dit-il, de contempler ses semblables moins longtemps. »
(Eugène Labiche, *Le Misanthrope et l'Auvergnat*, 1852)
3. « Nous ne pensons pas, si bien que nous agissons. »
(Vauvenargues, *Réflexions et Maximes*, 1746)

EMPLOYER

4. Suivant le modèle, transformez les phrases de manière à passer de l'expression de la cause à celle de la conséquence.

Grâce à la simplification des procédures, nous sommes plus efficaces.
→ Nous avons simplifié les procédures si bien que nous sommes plus efficaces.

1. En raison de la baisse des taux d'intérêt, la croissance a connu un léger rebond.
2. À cause de l'augmentation du niveau de la mer, les falaises reculent.
3. En raison de nouveaux attentats, le processus de paix est interrompu.

5. Afin de supprimer les répétitions, remplacez *pour* par des prépositions ou des locutions prépositionnelles de sens équivalent.

Venu tout droit des États-Unis, le « Chief Happiness Officer » est recruté pour améliorer le quotidien des salariés. Certains cadres, très recherchés pour leur fort potentiel, reçoivent plusieurs offres d'emploi, et pour choisir, ils prennent en considération les prestations de l'entreprise. Pour les attirer, le « Chief Happiness Officer » est chargé de mettre en place de nouveaux services : pressing, douches, conciergerie…

■ D'après un article de *Epoch Times*, 26 avril 2016

15 Les CC d'opposition, de concession et de condition

S'il pleut, au lieu de te lamenter, couvre-toi bien et sors!
Les groupes de mots soulignés précisent une condition et indiquent une opposition.

A Les compléments circonstanciels d'opposition et de concession

1 Comment les distinguer?

Le complément circonstanciel d'opposition et le complément circonstanciel de concession ont des sens proches, mais différents.

- Le **CC d'opposition** met en opposition deux faits, souligne un contraste.

  Le chômage des jeunes diminue, alors que celui des seniors augmente.
  [Le complément souligne le contraste entre la diminution du chômage des jeunes et l'augmentation du chômage des seniors.]

- Le **CC de concession** indique qu'un fait n'a pas la conséquence attendue.

  Malgré l'augmentation du coût de la vie, la consommation des ménages reste stable.
  [Certes le coût de la vie a augmenté, mais cette augmentation n'a pas eu la conséquence attendue : elle n'a pas ralenti la consommation des ménages.]

2 Quelle peut être la nature d'un CC d'opposition ou d'un CC de concession?

Nature	CC d'opposition	CC de concession
Groupe prépositionnel	*loin de, au lieu de* *Loin de m'effrayer, il m'amuse.*	*malgré, en dépit de…* *En dépit de l'affluence, nous avons trouvé une place facilement.*
Subordonnée conjonctive	*Alors qu'il fait beau à Lille, il pleut à Marseille.*	*Bien que nous vivions à la campagne, nous avons le réseau.*
Subordonnée relative		*Où que tu sois, appelle-moi.* [= Même si tu es à l'étranger…]
Gérondif		*Tout en affirmant lui faire confiance, elle le surveille.*

B Le complément circonstanciel de condition

1 Comment le reconnaître?

Le complément circonstanciel de condition exprime un fait qui doit être réalisé pour que l'action ait lieu.

Si vous avez aimé son premier roman, vous adorerez le second.

2 Quelle peut être la nature du complément circonstanciel de condition?

Un complément circonstanciel de condition peut être :

– un **groupe prépositionnel** (*en cas de, à condition de, à moins de…*) : *En cas de litige, référez-vous au contrat.*

– une **subordonnée conjonctive** : *S'il y a litige, référez-vous au contrat.*

– une **subordonnée participiale** : *Un litige survenant, vous vous référeriez au contrat.*

– un **gérondif** : *En vous référant au contrat, vous résoudriez facilement ce litige.*

REPÉRER

1. CC d'opposition ou CC de concession : quelle est la fonction des groupes des mots en couleur ? Cochez la bonne réponse.

	Opposition	Concession
1. Contrairement à toi, j'ai besoin de faire du sport régulièrement.	☐	☐
2. Alors que son armoire déborde, elle se plaint de n'avoir rien à se mettre.	☐	☐
3. Il persiste à me raconter ses vacances, alors que je ne l'écoute pas.	☐	☐
4. Loin de se laisser abattre, il redouble d'efforts.	☐	☐

ANALYSER

2. Quelle est la nature des CC de condition ? Cochez la bonne réponse.

1. En prenant une assurance, tu te mettrais à l'abri des mauvaises surprises.
   ☐ subordonnée participiale   ☐ gérondif
2. Pour peu qu'on l'encourage, il réussira.
   ☐ subordonnée conjonctive   ☐ groupe infinitif
3. En cas d'orage, fermez les fenêtres.
   ☐ groupe prépositionnel   ☐ groupe nominal
4. Tu peux monter à l'arrière de mon scooter, à condition de mettre un casque.
   ☐ groupe prépositionnel   ☐ gérondif

3. Donnez la nature et la fonction des groupes de mots en couleur.

1. En l'absence de réponse de votre part, nous classerons le dossier.
2. Quoiqu'il ait essuyé quelques déconvenues, il reste confiant.
3. À moins de trouver de nouveaux financements, nous ne pourrons pas poursuivre.
4. S'il faut louer le courage, il faut blâmer la témérité.

EMPLOYER

4. Suivant l'exemple, identifiez la fonction des subordonnées conjonctives soulignées et remplacez-les par des groupes prépositionnels de sens équivalent.

Bien qu'il soit très célèbre, il reste simple. (CC de concession)
→ *En dépit de sa célébrité, il reste simple.*

1. Alors que les prévisions étaient mauvaises, la balance commerciale sera excédentaire.
2. Tu peux y aller à condition que tu rentres en taxi.
3. Bien que votre dossier soit de qualité, nous n'avons pas retenu votre candidature.
4. Si le théâtre de Ionesco est daté, celui de Beckett reste très actuel.
5. Si l'État ne les y incite pas, les généralistes ne s'installent pas à la campagne.

5. Pour améliorer ce texte, supprimez la répétition de *alors que* en variant les conjonctions.

Alors que les protestations des riverains ont été nombreuses, le permis de construire a finalement été délivré. Les travaux ont commencé dès le mois de décembre, alors que les conditions météorologiques étaient très défavorables. Alors que le chantier a pris un peu de retard, l'architecte reste confiant et prévoit la fin des travaux au début de l'été. Il a tenu ses promesses et n'a pas endommagé les arbres de l'allée, alors que certains gênaient le passage des plus gros engins.

👍 *Attention aux changements de mode !*

15 – Les CC d'opposition, de concession et de condition

Bilan 1 — Le sujet et le groupe verbal

Maîtrisez-vous ces notions ?
Si ce n'est pas le cas, reportez-vous aux chapitres 4 à 15.

REPÉRER

1 Soulignez les sujets des verbes en couleur. *(1 point par réponse juste)* …/4

1. Cette année, la destination préférée des Français *est* la Croatie.
2. Qui sème le vent *récolte* la tempête.
3. Que chacun *trouve* son bonheur !
4. En France, vendre du cannabis *reste* passible de prison.

2 Les mots soulignés font partie du groupe verbal. Vrai ou faux ? …/4
(1 point par réponse juste)

	Vrai	Faux
1. <u>Lors de la prochaine réunion</u>, il faudra prendre une décision.	☐	☐
2. Je n'assisterai pas <u>à la prochaine réunion</u>.	☐	☐
3. <u>Pour tous les joueurs de tennis</u>, Roland-Garros reste un tournoi mythique.	☐	☐
4. Elle passe <u>pour la meilleure joueuse de tennis de sa génération</u>.	☐	☐

3 Quelle est la construction de chaque verbe en couleur (intransitif, transitif direct…) ? *(1 point par réponse juste)* …/5

[…] Je me *souviens* d'un fromage qui *s'appelait* « la Vache sérieuse » (« la Vache qui *rit* » lui *a fait* un procès et l'a gagné). […]
[…] Je me souviens que l'une des premières décisions que *prit* de Gaulle à son arrivée au pouvoir fut de supprimer la ceinture des vestes d'uniforme. […]

■ Georges Perec, *Je me souviens* (1978)

4 Surlignez en bleu les COD, en vert les COI, en jaune les COS. …/3
(0,5 point par réponse juste)

1. Il a demandé son chemin à un passant.
2. Quelle réputation tu as !
3. Nous luttons contre les idées reçues.
4. Vous a-t-il dit qu'il était reçu premier ?

5 Dans ces quatre bulles, relevez deux attributs du COD et un attribut du sujet. *(1 point par réponse juste)* …/2

Bulles :
- Quand je parle, j'ai l'impression de ne rien dire d'intéressant…
- Quand je propose des idées, mes collègues les jugent banales
- Les femmes me trouvent commun
- Ce sont des symptômes très courants

Xavier Gorce

ANALYSER

6 Pour chaque suite de mots soulignés, quelle est l'analyse grammaticale qui convient ? Reliez à la bonne réponse. *(1 point par réponse juste)* .../4

1. Ne parle jamais de cette affaire <u>à qui tu sais</u>.
2. Elle s'occupera <u>de vous présenter toute l'équipe</u>.
3. J'admire <u>avec quel calme tu lui as répondu</u>.
4. Le recrutement demeure <u>notre principale difficulté</u>.

a. exclamative indirecte, COD
b. relative substantive, COI
c. groupe nominal, attribut du sujet
d. groupe prépositionnel, COI

7 Lisez cet extrait de *Oh les beaux jours* (1963), de Samuel Beckett, puis répondez aux questions. *(2 points par question)* .../4

a. Soulignez les sujets inversés. Dans quel type de proposition se trouvent-ils ?
b. Encadrez les sujets qui devraient être inversés et qui ne le sont pas. Dans quel type de phrase se trouvent-ils ?

Winnie est enterrée jusqu'à la poitrine. Elle rapporte ici le dialogue d'un couple qui s'est arrêté pour l'observer, sans comprendre.
À quoi qu'elle joue ? dit-il – à quoi ça rime ? dit-il – fourrée jusqu'aux nénés – dans le pissenlit – grossier personnage – ça signifie quoi ? dit-il – c'est censé signifier quoi ? – et patati – et patata – toutes les bêtises – habituelles – tu m'entends ? dit-il – hélas, dit-elle – comment hélas ? dit-il – qu'est-ce que ça signifie hélas ? *(Elle s'arrête de limer, lève la tête, regarde devant elle.)* Et toi ? dit-elle. Toi tu rimes à quoi, tu es censé signifier quoi ?

....
....

EMPLOYER

8 Complétez par un groupe de mots ou par une proposition de la nature et de la fonction demandées. *(1 point par réponse juste)* .../4

1. Je trouve cette offre (groupe adjectival, attribut du COD) .... – 2. Il déteste (groupe infinitif, COD) .... – 3. Elle se demande (interrogative indirecte, COD) .... – 4. L'essentiel est (subordonnée conjonctive complétive, attribut du sujet) ....

9 Soulignez les attributs du sujet en vert et les attributs du COD en rouge. Puis réécrivez les phrases qui comportent un attribut du COD de manière à employer un attribut du sujet. *(0,5 point par réponse juste)* .../4

Dans la revue *JAMA Dermatology*, des dermatologues américains se sont émus de ce que les méchants au cinéma aient systématiquement une vilaine peau, contribuant à véhiculer certains préjugés. Dark Vador a le crâne chauve et couturé de cicatrices. Dans *Blanche Neige et les Sept Nains*, la verrue de la sorcière est proéminente. L'effroyable fillette de *L'Exorciste* a le contour des yeux rougi par de petites lésions. La peau des gentils, au contraire, paraît toujours parfaitement saine. Et ses petites cicatrices rendent Indiana Jones plus séduisant encore.

Calculez votre score

Entre 34 et 28 points	Entre 27 et 20 points	Moins de 20 points
Bravo, vous maîtrisez le sujet et le groupe verbal ! Passez aux chapitres suivants !	Pas mal. Mais des points vous posent encore problème. Les avez-vous identifiés ?	Vous hésitez encore. Révisez les leçons à tête reposée.

Bilan 1 – Le sujet et le groupe verbal

16 Le groupe nominal

Gabrielle, range ta chambre ! Ta petite cousine arrive ce soir.

Les groupes de mots soulignés sont des groupes nominaux formés autour d'un nom.

A Qu'est-ce qu'un groupe nominal ?

Dans une phrase, un groupe nominal est un groupe de mots qui a pour mot principal, ou **noyau** :
– un **nom commun** (*ta chambre*) ;
– ou un **nom propre** (*Gabrielle*).

> **À NOTER**
> **Nom commun et nom propre**
> • Un nom commun a un sens général. Il s'applique à des êtres ou à des choses qui possèdent des caractéristiques communes.
> • Un nom propre désigne un être ou une chose en particulier (pays, ville, œuvre d'art…).

B Groupe nominal minimal et groupe nominal étendu

Le groupe nominal est :
– **minimal**, s'il comporte uniquement un nom et un déterminant ou s'il se réduit au nom seul ;
> *Gabrielle, range ta chambre ! Ta cousine arrive ce soir.*

– **étendu**, s'il comporte d'autres mots et groupes de mots formant l'**expansion** du nom.
> *Ta petite cousine arrive ce soir.*

C Les fonctions du groupe nominal

1 Le groupe nominal peut être en particulier :
– **sujet** : *Ta petite cousine arrive ce soir.*
– **COD** : *Range ta chambre !*
– **attribut du sujet** : *Son amie s'appelle Sophie.*
– **attribut du COD** : *Le conseil l'a élu directeur général.*
– **complément de mesure** : *Cette tablette coûte cinq cents euros.*
– **complément d'un présentatif** : *Il y a une araignée dans la baignoire.*
– **complément** ou **séquence d'une forme impersonnelle** : *Il s'est produit une erreur de réseau.*
– **complément circonstanciel** : *Ta cousine arrive ce soir.*
– **apposition** : *Luc, le mari de Morgane, a eu un accident la nuit dernière.*

2 Le groupe nominal peut aussi être introduit par une préposition.
> *N'oubliez pas de transmettre l'information à vos collègues.*

> **À NOTER**
> **Le groupe prépositionnel**
> La grammaire traditionnelle parle de « groupe nominal prépositionnel ». L'analyse suivante est plus juste : le groupe nominal de l'exemple ci-dessus (*vos collègues*) est complément de la préposition (*à*) qui constitue le noyau du groupe prépositionnel (*à vos collègues*, COS du verbe *transmettre*).

REPÉRER

1 Encadrez les groupes nominaux dans les phrases suivantes.

1. Ariane devrait penser à lui envoyer un petit cadeau.
2. Nous avons eu un temps épouvantable aujourd'hui.
3. La station doit accueillir ce week-end une grande compétition sportive.
4. Quel jeu vidéo a-t-elle choisi ?
5. Lundi dernier, j'ai pu interviewer Eddy, un organiste exceptionnel.

2 Soulignez les groupes prépositionnels comportant un groupe nominal.

Les clients ont décidé de porter plainte <u>contre la compagnie aérienne</u>.

1. Le plus souvent, le courrier est distribué avant 9 heures.
2. La sœur d'Ariane est devenue la meilleure guitariste de sa génération.
3. Cette nouvelle application est souvent téléchargée par les internautes.
4. Des travaux sont prévus pendant tout l'été.

ANALYSER

3 Relevez deux groupes nominaux minimaux et deux groupes nominaux étendus dans les phrases de l'exercice 1.

4 Les groupes nominaux en couleur sont-ils minimaux ou étendus ? Quelle est leur fonction ? Reliez comme il convient.

1. Salomé a oublié d'inviter sa meilleure amie !
2. La bibliothèque a ouvert ses portes fin septembre.
3. Un angle qui mesure 90 degrés est un angle droit.
4. Quand apparaissent les premiers symptômes, il faut aller consulter son médecin.

- a. GN minimal, COD
- b. GN minimal, sujet
- c. GN étendu, COD
- d. GN minimal, complément de mesure
- e. GN étendu, sujet

EMPLOYER

5 Remplacez chaque groupe nominal en couleur par un autre groupe nominal de votre choix.

1. Les pulls à col roulé ont connu un grand succès cet hiver.
2. Le restaurant ouvrira la semaine prochaine.
3. Son professeur est un pianiste renommé.
4. Nous vous prions de nous excuser pour les nuisances sonores.

6 Deux fonctions pour un même groupe nominal !
Construisez une phrase pour chaque fonction indiquée entre parenthèses.

1. a. l'année dernière (sujet)
   b. l'année dernière (complément circonstanciel)
2. a. un billet de train (COD)
   b. un billet de train (complément d'un présentatif)
3. a. un excellent joueur (sujet)
   b. un excellent joueur (attribut du sujet)
4. a. une épouvantable catastrophe (COD)
   b. une épouvantable catastrophe (séquence d'une construction impersonnelle)

16 – Le groupe nominal

17 Les déterminants du nom (1) : l'article

> *Les* voisins ont apporté *du* cheddar et *un* cake à *la* carotte.
> Les mots soulignés sont des articles définis (*Les voisins*, *la carotte*), indéfini (*un cake*) et partitif (*du cheddar*).

A Qu'est-ce qu'un article ?

L'article est un déterminant. Il précède un nom et forme avec lui un groupe nominal (*un cake*, *du cheddar*). Il s'accorde en genre et en nombre avec le nom (*la voisine*, *les voisins*).

B Les trois types d'articles

1 L'**article indéfini** désigne une personne ou une chose que l'interlocuteur ne peut pas identifier : *J'ai acheté des places pour un spectacle.*
Il sert aussi à classer dans une catégorie : *Cette voiture est un vrai bolide.*

2 L'**article défini** désigne une personne ou une chose que l'interlocuteur peut identifier :
La voisine a apporté du cheddar.

3 L'**article partitif** s'emploie pour des choses qu'on ne peut pas compter.
Il désigne une quantité indéfinie : *du cheddar*, *du courage*.

4 Ces trois articles peuvent aussi désigner un ensemble d'êtres ou de choses envisagés virtuellement. On parle d'**emploi générique** : *Les nuisances sonores sont interdites.*

C Les formes des articles

- Les formes les plus courantes sont les suivantes.

	Singulier	Pluriel
Article indéfini	*un* [masculin], *une* [féminin]	*des*
Article défini	*le* [masculin], *la* [féminin]	*les*
Article partitif	*du* [masculin], *de la* [féminin]	*des*

- *Des* peut devenir *de* ou *d'* devant un adjectif : *De grands artistes.* Mais *des artistes exceptionnels*.
- Avec la négation, l'article indéfini ou partitif peut devenir *de* ou *d'* : *Il n'a pas de voiture* [indéfini] ; *Luc ne mange pas de soupe* [partitif].
- *Le*, *la*, *de la*, *de* subissent l'élision devant une voyelle ou un *h* muet : *l'amour*.
- *Le* et *les* se contractent avec les prépositions *à* et *de* : *penser aux vacances*, *parler du voyage*.

> **À NOTER**
>
> Attention aux formes *du*, *des*, *de la* !
> – *du* est un article défini contracté (*Il descend du train* = préposition *de* + article défini *le*) ou un article partitif (*Il achète du riz*) ;
> – *des* est un article défini contracté (*Il vient des États-Unis*) ou un article partitif (*Il achète des rillettes*), ou encore un article indéfini (*Il achète des disques*) ;
> – *de la* est la préposition *de* suivie d'un article défini (*Il descend de la montagne*) ou un article partitif (*Il prend de la compote*).

REPÉRER

1. Soulignez les articles et encadrez les noms qu'ils déterminent. [A]

1. Des vestiges vieux de dix mille ans ont été découverts sur le site de la grotte.
2. Il a préparé de la compote avec les pommes achetées ce matin.
3. Pense à acheter des tomates, des olives, du céleri et de la tapenade.
4. Les randonneurs doivent emprunter un chemin escarpé puis longer la route pour atteindre les hauteurs de la ville.

ANALYSER

2. Identifiez l'article souligné et justifiez son emploi en expliquant son sens. [B]

1. J'ai vraiment apprécié <u>le</u> film que nous sommes allés voir hier.
2. Je suis allé voir <u>un</u> film hier avec Julie.
3. *2001, Odyssée de l'espace* est <u>un</u> film exceptionnel.
4. <u>Les</u> films sont souvent le reflet d'une époque.
5. <u>Les</u> films qu'a tournés ce réalisateur ont eu beaucoup de succès.

3. Identifiez les formes soulignées. [C]

1. Il rentre <u>du</u> Sud.
2. Il a acheté <u>du</u> saint-nectaire au marché de Clermont.
3. Le chercheur rencontre <u>des</u> difficultés.
4. Il ne faut pas hésiter à parler <u>des</u> difficultés rencontrées.
5. L'entreprise fabrique <u>des</u> rillettes dans <u>des</u> sites différents.

4. Identifiez le type d'article. S'il est contracté, précisez la préposition. [C]

La peinture du mur s'écaille.
la : article défini ; du : article contracté (préposition de + article défini le)

1. L'épicier du village vend tous les jours du pain frais et des brioches.
2. Un petit coucou des côtes anglaises où nous passons de merveilleuses vacances !
3. On ne met pas d'œuf dans une pâte brisée.
4. Dans le cadre de la mission, il n'a pas été repéré de matériaux ou de produits susceptibles de contenir de l'amiante.
5. L'affaire remonte au dernier match de l'année 2008.

EMPLOYER

5. Tous les articles ont disparu de ce texte. Remettez-les ! [B] [C]

Bonacieux pénètre dans le cabinet du cardinal de Richelieu…
C'était ……… grand cabinet, ……… murailles garnies d'armes offensives et défensives, clos et étouffé, et dans lequel il y avait déjà ……… feu, quoique l'on fût à peine à ……… fin ……… mois de septembre. Debout devant ……… cheminée était ……… homme de moyenne taille, à ……… mine haute et fière, ……… yeux perçants, ……… front large, à ……… figure amaigrie qu'allongeait encore ……… royale [*touffe de poils sous la lèvre inférieure*] surmontée d' ……… paire de moustaches. Quoique cet homme eût trente-six à trente-sept ans à peine, cheveux, moustache et royale s'en allaient grisonnant. Cet homme, moins l'épée, avait toute ……… mine d' ……… homme de guerre.

■ D'après Alexandre Dumas, *Les Trois Mousquetaires* (1844)

18 Les déterminants du nom (2) : les déterminants possessifs et démonstratifs

> *Le chanteur et toute son équipe sont contraints d'annuler le concert prévu ce soir.*
>
> Comme tous les déterminants, les déterminants possessifs et démonstratifs précèdent un nom, formant avec lui un groupe nominal (*son équipe, ce soir*). Ils s'accordent en genre et en nombre avec le nom.

A Le déterminant possessif

1 Les formes du déterminant possessif
Le déterminant possessif varie en genre, en nombre et en personne.

	Singulier	Pluriel
pers. du singulier	mon, ton, son ma, ta, sa mais *mon, ton, son* devant une voyelle	mes, tes, ses
pers. du pluriel	notre, votre, leur	nos, vos, leurs

2 Les emplois du déterminant possessif

- Le déterminant possessif est :
- **déictique**, s'il renvoie au locuteur ou à l'interlocuteur : *mon livre, ton livre* ;
- **représentant**, s'il renvoie à une personne ou à une chose présente dans le texte : *Zoé a mangé sa soupe.* [= la soupe de Zoé] ;
- **déictique** et **représentant** dans certains cas : *Marie et moi avons vendu notre maison.*
  [= ma maison qui est aussi celle de Marie].

- Il exprime la possession (*mon livre*) ou une autre relation : *Il prend son train ce soir.*
  [*Son train* est le train qu'il prend, et non le train qu'il possède.]

B Le déterminant démonstratif

1 Les formes du déterminant démonstratif

- Les **formes simples** sont les suivantes : *ce* et *cet* au masculin singulier (*ce* devant consonne : *ce melon*, *cet* devant voyelle : *cet abricot*), *cette* au féminin singulier (*cette pêche*), *ces* au pluriel (*ces fruits*).

- Les **formes composées** sont construites avec les particules *-ci* et *-là* : *ce melon-ci, ces fruits-là.*

2 Les emplois du déterminant démonstratif
Le déterminant démonstratif est :
- **déictique**, s'il désigne une personne ou une chose présente dans la situation d'énonciation :
  Tu mettras ce gilet ce soir.
- **représentant**, s'il renvoie à une personne ou à une chose présente dans le texte : *Ils remontent L'Avare de Molière. La reprise de cette pièce aura lieu à l'automne.* [cette pièce = *L'Avare*]
- Dans les formes composées, *-ci* renvoie en principe à ce qui est le plus proche, dans la situation d'énonciation ou dans le texte ; *-là* renvoie à ce qui est le plus éloigné : *Allons plutôt dans ce restaurant-là.* [= plus éloigné]

REPÉRER

1 Encadrez les déterminants possessifs et démonstratifs et soulignez les noms qu'ils déterminent.

> Maître Corbeau, sur un arbre perché,
>   Tenait en son bec un fromage.
> Maître Renard, par l'odeur alléché,
>   Lui tint à peu près ce langage :
>   « Hé ! bonjour ! Monsieur du Corbeau.
> Que vous êtes joli ! que vous me semblez beau !
>   Sans mentir, si votre ramage
>   Se rapporte à votre plumage,
> Vous êtes le Phénix des hôtes de ces bois. »
> À ces mots le Corbeau ne se sent pas de joie ;
>   Et pour montrer sa belle voix,
> Il ouvre un large bec, laisse tomber sa proie. »
>
> ■ Jean de La Fontaine, « Le Corbeau et le Renard » (extrait), *Fables* (1678-1679)

ANALYSER

2 Analysez les déterminants possessifs en couleur : précisez leur genre, leur nombre, leur personne grammaticale, leur sens (possession ou autre relation).

1. « Au linge que je portais, à *ma* chaussure, au reste de *mes* vêtements délabrés […], il était difficile de me reconnaître pour la fille de la Marquise. » (Marivaux, *Les Caprices de Marianne*)
2. Pierre a organisé une fête pour *son* départ au Brésil.
3. Ariane et moi avons pris *notre* petit-déjeuner à l'hôtel avant d'aller essayer *nos* skis sur les pistes.
4. *Mon* agent vous renseignera au sujet de la confirmation de *votre* réservation.
5. Les enfants et *leurs* parents sont reçus par la directrice et *son* adjoint.

3 Précisez l'emploi (déictique ou/et représentant) des déterminants possessifs de l'exercice 2.

4 Analysez les déterminants démonstratifs en couleur : précisez leur genre, leur nombre, leur emploi (déictique ou représentant).

1. En prenant devant vous *ce* chemin à gauche, vous accéderez plus rapidement au sommet de *cette* montagne.
2. Le soir même, il rencontra Mathilde. *Cette* jeune femme-là l'impressionna beaucoup.
3. Un expert a prétendu qu'on pouvait relancer ainsi la croissance mais *ce* discours n'a convaincu personne.
4. *Cette* couleur-ci conviendra davantage au teint de Madame.

EMPLOYER

5 Démonstratif ou possessif ? Complétez avec le déterminant qui convient.

1. Les livres de ……… auteur connaissent toujours le succès.
2. ……… cher ami, n'hésitez pas à m'écrire et à me donner de ……… nouvelles.
3. ……… sportifs de haut niveau n'ont pas ménagé ……… efforts.
4. ……… incidents se sont produits dans la capitale et ……… banlieue.

👍 *Attention à* leur *!*
Le déterminant possessif leur *est variable, à la différence du pronom personnel* leur *qu'on rencontre devant un verbe :* Leurs livres leur *plaisent.*

18 – Les déterminants du nom (2) : les déterminants possessifs et démonstratifs

19 Les déterminants du nom (3) : les déterminants indéfinis

> Les mots de passe de *plusieurs* utilisateurs ont été piratés la semaine dernière.
> *Plusieurs* est un déterminant indéfini du nom *utilisateurs*.

A — Les emplois des déterminants indéfinis

1 Les déterminants indéfinis indiquent une quantité plus ou moins précise :

- la **quantité nulle** : *aucun, nul, pas un* ;
  Il n'y a aucune raison de s'inquiéter.

- la **quantité égale à 1** : *quelque* et *certain* au singulier, *n'importe quel* et *je ne sais quel* ;
  Vous pouvez prendre n'importe quel bus.

- la **quantité supérieure à 1** : *quelques* et *certains* au pluriel, *plusieurs, divers, différents, peu de, la plupart de, un grand nombre de…*
  Plusieurs utilisateurs sont très mécontents du service après-vente de ce magasin.

- la **quantité totale** : *tout, chaque*.
– *Tout* peut renforcer un autre déterminant. Il est alors **prédéterminant**.
  Tous les utilisateurs ont porté plainte.

– *Tout* employé seul et *chaque* désignent chaque élément de l'ensemble. Ils ont une valeur **distributive**.
  Tout travail mérite salaire.

À NOTER

Tout adverbe
Quand *tout* signifie « entièrement », il n'est pas un déterminant mais un adverbe : *Ils sont tout joyeux.* Il s'accorde en genre et en nombre devant un adjectif féminin commençant par une consonne ou un h aspiré : *Elle est toute rouge* (mais *Elle est tout essoufflée*).

2 *Tel, pareil, semblable* expriment une identité plus ou moins précise.
  Semblable événement ne s'est pas produit depuis longtemps.

B — Les formes des déterminants indéfinis

On distingue les **formes simples** (*aucun, nul, certain…*) et les **formes composées** construites à partir :
– de *quel* : *n'importe quel, je ne sais quel…* ;
– d'un adverbe de quantité (*peu, beaucoup…*) + *de* : *peu de, beaucoup de* ;
– d'un nom indiquant une quantité (*foule, nombre, la plupart de…*) : *une foule de questions*.

C — Déterminants indéfinis ou adjectifs ?

Nul, certain, divers, différent, tel, pareil, semblable sont des **adjectifs qualificatifs** quand ils accompagnent un nom déjà précédé d'un déterminant ou quand ils sont attributs.

Différentes solutions ont été envisagées. [déterminant indéfini]
Difficile de choisir entre les différentes solutions proposées. [adjectif qualificatif, épithète de *solutions*]
Cette solution n'est pas différente des autres. [adjectif qualificatif, attribut du sujet *cette solution*]

REPÉRER

1 Soulignez les déterminants indéfinis et précisez la quantité qu'ils indiquent en cochant la bonne case. **A**

1. Toutes les lignes du métro sont bloquées.
   ❏ nulle ❏ égale à 1 ❏ supérieure à 1 ❏ quantité totale
2. Le candidat n'a pas apprécié certaines remarques du journaliste.
   ❏ nulle ❏ égale à 1 ❏ supérieure à 1 ❏ quantité totale
3. Un grand nombre de décisions ont été prises dans l'urgence.
   ❏ nulle ❏ égale à 1 ❏ supérieure à 1 ❏ quantité totale
4. Aucun supplément ne sera facturé pour cette prestation.
   ❏ nulle ❏ égale à 1 ❏ supérieure à 1 ❏ quantité totale

2 Forme simple ou composée ? Précisez la forme des déterminants que vous avez soulignés dans l'exercice 1. **B**

ANALYSER

3 Déterminant indéfini ou adjectif ? Cochez la bonne case et justifiez votre réponse. **C**

	Dét. indéfini	Adjectif
1. Les *diverses* analyses effectuées n'ont pas confirmé le diagnostic.	❏	❏
2. L'entreprise propose *divers* travaux en tout genre.	❏	❏
3. *Nul* candidat ne pourra avoir moins de dix-huit ans.	❏	❏
4. Ce spectacle est encore plus *nul* que le précédent.	❏	❏

EMPLOYER

4 Complétez les phrases avec *quelque*. **A**

1. Il a eu besoin de .... jours de repos. – 2. Elle montre .... fierté et refuse de se plier. – 3. .... cinq cents collectionneurs sont présents ce week-end. – 4. .... collectionneurs seulement étaient présents.

👍 *Quelque* précédant un déterminant numéral et signifiant « environ » n'est pas un déterminant mais un adverbe, et il est donc invariable.

5 Conjuguez le verbe en proposant, quand c'est possible, deux accords différents. **B**

1. Un groupe d'élèves (visiter, passé composé) l'exposition.
2. Une grande quantité de bananes (être produit, présent) chaque année en Martinique.
3. La plupart des documents (être envoyé, futur simple) demain.
4. L'ensemble des matériels (être, présent de l'indicatif) conforme aux normes actuelles.

👍 *Avec les sujets du type* une foule de touristes*, le verbe peut être au singulier (accord avec* foule*) ou au pluriel (accord avec* touristes*) :* Une foule de *touristes est arrivée (de touristes est complément du nom* foule*)/*Une foule de *touristes sont arrivés (une foule de est un déterminant indéfini du nom touristes et équivaut à des, beaucoup de). Avec* la plupart de*, l'accord avec le deuxième nom s'impose :* La plupart des *touristes sont arrivés.*

6 Complétez les phrases avec les déterminants indéfinis de la liste : *aucune, plusieurs, divers, tous, chaque, une grande quantité de*. **A**

1. Ils ont fait .... kilomètres sans croiser .... voiture. – 2. Les cambrioleurs ont volé .... objets (ordinateur, tablettes, téléphone portable). – 3. Pour .... les enfants, c'est un éblouissement à .... visite du zoo ! – 4. Mettez .... beurre au fond de la poêle.

19 – Les déterminants du nom (3) : les déterminants indéfinis

20 Les autres déterminants du nom et l'absence de déterminant

Peux-tu me rappeler dans quel hôtel de Venise vous avez réservé deux nuits ?

Quel est un déterminant interrogatif et *deux* un déterminant numéral. Le nom propre *Venise* est construit sans déterminant.

A — Le déterminant numéral cardinal

1 Il indique une quantité précise : *deux nuits*, *trois pommes*.

2 Il est de **forme simple** (*un*, *deux*, *trois*…) ou **composée** (*vingt-deux*, *cent quatre*…).

3 Comment écrire les déterminants numéraux ?

• **Mille** est invariable : *cent mille*.

• **Vingt** et **cent** ont un -s quand ils sont multipliés et qu'aucun nombre ne les suit : *quatre-vingts* mais *quatre-vingt-deux kilomètres*.

• Les nombres inférieurs à *cent* ont un trait d'union sauf s'ils sont reliés par *et* : *vingt-deux* mais *vingt et un*.

> La réforme de 1990 permet de mettre un trait d'union entre tous les nombres, sauf avant ou après les noms *million* et *milliard* : *vingt-et-un*, *trois milliards*.

B — Les déterminants interrogatifs et exclamatifs

1 Ils s'emploient dans des phrases ou des subordonnées interrogatives ou exclamatives.
Quel hôtel de Venise ? [phrase interrogative]
Regarde quel beau livre j'ai acheté ! [*quel* introduit une subordonnée exclamative]

2 Ils sont de **forme simple** (*quel*, *quelle*…) ou **composée** (*que de*, *combien de*…).

C — Le déterminant relatif

Lequel, qui varie en genre et en nombre, s'emploie dans une subordonnée relative.
Vous devez la somme de 2 000 euros, laquelle somme sera versée au Trésor public.

D — L'absence de déterminant

1 Le **nom commun** peut être employé **sans déterminant** :

– dans certaines fonctions : attribut (*Son père est architecte*), ou apposition (*Son père, architecte, l'a aidé*) ; complément d'une préposition (*L'église est en travaux*) ; élément d'une locution verbale (*avoir faim*) ; apostrophe (*Garçon, un café !*) ;

– quand il figure sur une pancarte (*Oranges bio*) ; quand il intervient dans un ensemble exhaustif (*Il vendrait père et mère*) ; quand il se désigne lui-même (*« café » a deux syllabes*).

2 Le **nom propre** est employé **sans déterminant.** Toutefois, certains noms propres peuvent recevoir un déterminant et des expansions (→ 22).

REPÉRER

1 Déterminants numéral, interrogatif ou exclamatif?
Relevez-les et classez-les en trois colonnes avec le nom qu'ils déterminent.

1. N'oublie pas d'acheter deux packs de lait et trois bouteilles d'eau.
2. Dans quelle rue de Paris Jean-Luc Godard a-t-il filmé les cinq dernières minutes d'*À bout de souffle*?
3. Pendant combien d'heures l'hélicoptère a-t-il survolé la manifestation?
4. Quelle remarquable mise en scène!

ANALYSER

2 Plusieurs noms sont employés sans déterminant. Lesquels et pourquoi?

1. Cet été, Luc et Sylvia, nos voisins, se sont rendus à Lisbonne.
2. Tu trouveras la définition du mot «déterminant» dans ce manuel.
3. Chers collègues, je vous remercie d'avoir accepté mon invitation aujourd'hui.
4. Son frère, médecin, lui a conseillé de prendre rendez-vous avec un spécialiste.
5. On lui a volé ordinateur, tablette et téléphone portable.

EMPLOYER

3 Écrivez en toutes lettres les déterminants numéraux en couleur.

Depuis le 1er janvier, la France des 36 000 communes n'est plus. Sous l'impulsion de la nouvelle loi encourageant le regroupement des villes et bourgades, plusieurs centaines d'entre elles se sont depuis dit «oui» et pour 772 cas, le «mariage» a été officialisé par voie d'arrêtés préfectoraux. Leur fusion donne lieu désormais à la naissance de 230 nouvelles communes. Mais même en se rassemblant, les communes de Mièges, Esserval, Combe et Molpré, dans le Jura, ne dépassent pas la barre des 250 habitants! À elles quatre, elles réunissent 239 personnes. À l'inverse, la nouvelle commune la plus importante se situe dans la Manche. En fusionnant avec ses quatre voisines, Cherbourg-Octeville, rebaptisé Cherbourg-en-Cotentin, rassemble presque 82 000 habitants. «48 communes nouvelles sur 230 comptent moins de 1 000 habitants, et 8 seulement plus de 10 000 habitants», relève l'AMF [*Association des maires de France*].

■ D'après Le Figaro.fr, 7 janvier 2016

4 Utilisez les nombres suivants comme déterminants numéraux dans des phrases de votre choix.

1. 500 000
2. 24 312
3. 3 000
4. 92
5. 1

👍 *Un* est un déterminant numéral, et non un article défini, quand il signifie «et pas deux»: Je n'ai trouvé qu'une place de concert.

5 Posez une question en remplaçant le déterminant en couleur par *quel* ou *combien de*.

1. Cent mille manifestants ont défilé aujourd'hui dans les rues de Paris.
2. Julien a lu dix romans d'Émile Zola.
3. Il adressé sa demande à quatre organismes différents.
4. Il a trouvé une excellente technique de mémorisation dans ces manuels de grammaire.

20 – Les autres déterminants du nom et l'absence de déterminant

21 Les expansions du nom et du groupe nominal

> *Bien encadrés, les alpinistes ont réussi l'ascension de l'Everest.*
> *De l'Everest* se rapporte à *ascension* : c'est une expansion de ce nom.
> *Bien encadrés* se rapporte au groupe nominal *les alpinistes* :
> c'est une expansion détachée de ce groupe nominal.

A Qu'est-ce qu'une expansion du nom ?

1 Une expansion du nom est un mot ou un groupe de mots ajouté à un nom : *l'ascension de l'Everest*.
Un nom peut recevoir plusieurs expansions : *la dangereuse ascension de l'Everest*. Un groupe nominal comportant au moins une expansion est un **groupe nominal étendu**.

2 L'expansion du nom est :
– **restrictive**, si elle sert à identifier la personne ou la chose : *l'ascension de l'Everest* ;
– **descriptive**, dans le cas contraire : *la dangereuse ascension de l'Everest*.

B Natures et fonctions des expansions du nom

Nature	Fonction	Exemple
Adjectif ou groupe adjectival	épithète du nom	*un alpiniste célèbre*
Subordonnée relative		*le livre qu'elle a lu*
Participe ou groupe participial		*le film tourné à Paris*
Groupe prépositionnel	complément du nom	*l'ascension de l'Everest*
Subordonnée conjonctive		*cette idée que tout va bien*

C Les expansions détachées

1 Une expansion peut suivre ou précéder un groupe nominal en étant détachée par la ponctuation (virgule, tirets, deux-points) : *Bien encadrés, les alpinistes ont réussi l'ascension.*

2 L'expansion détachée a toujours la même fonction : elle est **apposée**.
Dans l'exemple ci-dessus, *Bien encadrés* est apposé au groupe nominal *les alpinistes*.
Une expansion détachée est toujours **descriptive**.

D Nature des expansions détachées

Une expansion détachée peut être :
– un **adjectif** ou un **groupe adjectival** : *Tout heureux, les enfants courent ouvrir les cadeaux.*
– un **participe** ou un **groupe participial** : *Bien encadrés, les alpinistes ont réussi l'ascension.*
– une **subordonnée relative** : *La chanteuse, qui est malade, sera remplacée.*
– un **groupe nominal** : *Elle a été invitée par Avril, sa meilleure amie.*
– un **pronom** ou un **groupe pronominal** : *La voisine – celle dont je t'ai parlé – nous a invités.*
– un **infinitif** ou un **groupe infinitif** : *Il a un désir : se reposer.*
– une **subordonnée conjonctive** : *Il conteste cette idée – que l'entreprise soit déficitaire.*

REPÉRER

1. Encadrez les expansions du nom et soulignez le nom auquel chacune se rapporte.

1. Le groupe a donné hier un merveilleux concert.
2. Où as-tu rangé le plan de Marseille ?
3. L'auteur de ce pamphlet est poursuivi pour incitation à la violence.
4. Il ne donnera son accord que s'il a l'assurance que vous avez trouvé le financement.

2. Encadrez les expansions détachées et soulignez le groupe nominal auquel chacune se rapporte.

1. Le syndicat, majoritaire dans la branche, a annoncé une journée de mobilisation.
2. Arrivés à l'aéroport avec beaucoup de retard, les touristes ont dû attendre l'avion suivant.
3. Ils ont reçu une lettre anonyme, deux pages injurieuses !
4. Elle a réalisé son rêve d'enfant : composer et vivre de sa musique.

ANALYSER

3. Quelles sont la nature et la fonction des expansions de l'exercice 1 ? Sont-elles descriptives ou restrictives ?

4. Quelle est la nature des expansions détachées de l'exercice 2 ?

5. Relevez les expansions détachées des groupes nominaux en couleur.

> Plassans est une sous-préfecture d'environ dix mille âmes. Bâtie sur le plateau qui domine la Viorne, adossée au nord contre les collines des Garrigues, une des dernières ramifications des Alpes, la ville est comme située au fond d'un cul-de-sac. En 1851, elle ne communiquait avec les pays voisins que par deux routes, la route de Nice, qui descend à l'est, et la route de Lyon, qui monte à l'ouest, l'une continuant l'autre, sur deux lignes presque parallèles. Depuis cette époque, on a construit un chemin de fer dont la voie passe au sud de la ville, en bas du coteau qui va en pente raide des anciens remparts à la rivière. Aujourd'hui, quand on sort de la gare, placée sur la rive droite du petit torrent, on aperçoit, en levant la tête, les premières maisons de Plassans, dont les jardins forment terrasse. Il faut monter pendant un bon quart d'heure avant d'atteindre ces maisons.
>
> ■ Émile Zola, *La Fortune des Rougon* (1871)

EMPLOYER

6. Complétez les phrases en ajoutant des expansions de la nature indiquée.

1. Verrières est abritée du côté (expansion du nom, complément du nom) par une (expansion du nom, adjectif) montagne, c'est une des branches du Jura. (d'après Stendhal, *Le Rouge et le Noir*)
2. Tout départ en dehors des horaires (expansion du nom, groupe participial) doit faire l'objet d'une autorisation (expansion du nom, complément du nom).
3. (expansion détachée, groupe participial), les enfants se sont vite endormis ce soir.
4. Philippe, (expansion détachée, subordonnée relative), a renversé le plat de pâtes !

22 Le nom propre

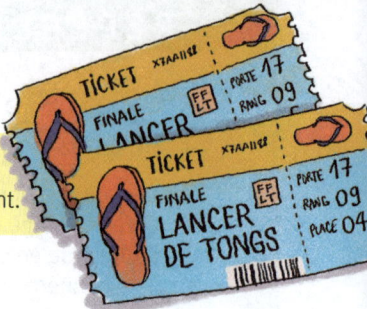

Eddy a trouvé des places pour la finale qui aura lieu à Paris.
Eddy et *Paris* sont des noms propres construits sans déterminant.

A Qu'est-ce qu'un nom propre ?

1 Un nom propre est porté par une personne ou par une chose en particulier et il est utilisé pour désigner cette personne ou cette chose : *Eddy*, *Paris*.

2 Il commence en général par une majuscule.

> **À NOTER**
> • **Les noms d'habitants**
> • Les noms d'habitants ne sont pas des noms propres mais des noms communs. Ils prennent toutefois la majuscule (*les Français*), à la différence de l'adjectif (*une marque française*).

3 En général, le nom propre est un nom sans déterminant. Mais certains noms contiennent un déterminant : *Le Havre*, *Le Corbusier*, *Le Collège de France*…

B La construction ordinaire du nom propre

En construction ordinaire, le nom propre fonctionne comme un groupe nominal et exerce toutes les fonctions de celui-ci (sujet, COD, attribut…).

Eddy est malade. [sujet]   *J'ai rencontré Eddy.* [COD]

C Le nom propre modifié

1 Lorsque le nom propre s'écarte de son emploi normal et reçoit toutes sortes de déterminants et d'expansions, on parle de nom propre modifié.

2 Dans cet emploi, le nom propre a des sens variés. Il peut par exemple :
– rassembler des êtres ou des choses qui ont le même nom : *Demain, on fête les Gabrielle* ;
– désigner une image de la personne ou de la chose mentionnée : *La Julie du matin est souvent un peu maussade.*
– désigner un être ou une chose sur la base d'une ressemblance : *C'est le Pierre Hermé de la charcuterie* [= un grand charcutier, réputé comme l'est Pierre Hermé dans la pâtisserie] ;
on parle d'**antonomase** de nom propre ;
– désigner la chose produite par la personne, l'entreprise… qui porte le nom : *Il écoute du Mozart* [= de la musique de Mozart] ; on parle d'un **emploi métonymique** du nom propre.
Beaucoup de noms d'aliments sont ainsi formés à partir du lieu de production : *un saint-nectaire*, *un bordeaux*…

D Le nom propre et la marque du pluriel

1 En construction ordinaire, le nom propre est souvent au singulier, mais on rencontre le pluriel (*les Seychelles*).

2 En construction modifiée, le nom propre, le plus souvent, ne prend pas la marque du pluriel -*s* (*les Ariane* ; *tous les Zola qu'il a lus* ; *les deux Montréal*). Cependant, on met parfois un -*s* au pluriel, notamment avec les noms de famille ou de personnages célèbres (*les Césars*).

50

REPÉRER

1 Repérez le plus de noms propres possible dans ces quatre documents.

1

2

3

4

2 Encadrez les noms propres et classez-les en deux colonnes : avec ou sans déterminant.

1. Jean-Jacques Rousseau est né à Genève en 1712.
2. La France a perdu face aux Portugais lors de la finale de l'Euro 2016.
3. Ce spécialiste de la Renaissance donnera une conférence à Rome demain.
4. Léonard de Vinci emporta avec lui *La Joconde* à Amboise, où l'avait invité le roi François Ier.
5. Le train parti de Lyon a dû s'arrêter en gare du Creusot à cause d'une panne informatique.

👍 *Un nom d'habitant n'est pas un nom propre.*

ANALYSER

3 Donnez la fonction des noms propres de l'exercice 2.

4 Selon le modèle, soulignez les noms propres modifiés et expliquez leur sens.

Quand fête-t-on les Julie ? [= les individus qui s'appellent Julie]

1. Il rêve d'être un nouveau Bill Gates !
2. J'ai l'impression d'avoir perdu tous mes Balzac pendant le déménagement.
3. Il y a deux Julien dans la classe de Gabrielle.
4. Celui-là, c'est le Yves Saint-Laurent de la pâtisserie.
5. Ce n'est pas le Zlatan des meilleurs jours qui a joué aujourd'hui.
6. Jules a encore perdu la clef de la Renault.

EMPLOYER

5 Employez chaque nom propre dans une construction ordinaire puis dans une construction modifiée de votre choix.

1. Picasso
2. Léo
3. Bourgogne
4. New York

22 – Le nom propre

23 Le genre des noms

> *La maire* a félicité *les footballeuses* pour leur victoire d'hier et leur a remis une médaille.
>
> Le nom *footballeuses* contient une marque du féminin, *-euses*, mais pas le nom *maire*. Seul l'article *la* exprime le genre féminin dans le groupe nominal *la maire*.

A Le genre des noms communs : vue d'ensemble

1 Le genre des **noms animés** correspond en général à une distinction de sexe : *un homme* / *une femme* ; *un coq* / *une poule*.

2 Le genre des **noms inanimés** est arbitraire, c'est-à-dire indépendant des caractéristiques des choses désignées : *un bijou*, *une médaille*.

B Le genre des noms animés

1 Certains noms animés peuvent être masculins ou féminins : *un excellent* / *une excellente dentiste*. Le genre est alors marqué par le déterminant et, éventuellement, par l'adjectif qui accompagne le nom.

2 Beaucoup de noms possèdent cependant une forme masculine et une forme féminine.

Procédés utilisés pour passer du masculin au féminin	Exemples
Ajout d'un *-e*, sur le modèle de l'adjectif, ce qui peut entraîner : – la prononciation de la consonne finale – un changement dans la prononciation de la voyelle finale – la modification de la consonne finale	un député/une députée un avocat/une avocate un voisin/une voisine un loup/une louve
Ajout d'un suffixe	un maître/une maîtresse
Mise au féminin d'un suffixe	un footballeur/ une footballeuse
Ajout du nom « femme » ou « femelle » (qui s'oppose à « mâle »)	une femme ministre une grenouille mâle/ un serpent femelle

À NOTER

• **La féminisation des noms**
• Des noms à l'origine masculins ont acquis le genre féminin. Cette féminisation est marquée par les procédés indiqués : *un affichiste* / *une affichiste* ; *un ingénieur* / *une ingénieure*…

C Le genre des noms propres

1 Le genre des **noms de personnes** correspond à leur sexe : *Ariane est bricoleuse. Antoine est descendu.*

2 Le genre des **noms de lieux** est arbitraire. Cependant :
– les noms terminés par *-e* sont souvent féminins : *la France* (mais *le Mexique*, *le Rhône*) ;
– un nom de ville comportant un article féminin est souvent féminin : *La Rochelle est belle* ;
– un nom désignant une partie du lieu ou son équipe sportive est souvent masculin : *le vieux Toulouse* ; *Londres battu ce week-end*.

REPÉRER

1 Soulignez les noms animés et entourez les marques du genre féminin. **A B**

1. Pierre et son amie ont pris des places pour le concert.
2. Voilà enfin une championne, une grande athlète !
3. Les enquêteuses ont interviewé une trentaine de volontaires.
4. Le film raconte l'histoire d'une femme médecin américaine pendant la guerre.

2 Qu'ont de particulier les noms *athlète* et *volontaires* de l'exercice 1 ? **B**

ANALYSER

3 Reliez chaque nom à la bonne analyse. **B**

1. détentrice
2. baronne
3. élève
4. retraitée

- a. nom féminin obtenu par l'ajout d'un -*e* sans aucune autre modification
- b. nom féminin obtenu par la mise au féminin d'un suffixe
- c. nom qui peut être masculin ou féminin
- d. nom féminin obtenu par l'ajout d'un -*e* entraînant des modifications à l'oral et à l'écrit

4 Selon le genre du nom propre en couleur, cochez la bonne case. **C**

1. Paris est à nouveau ❏ menacé ❏ menacée par les inondations de la Seine.
2. Dominique est ❏ arrivé ❏ arrivée en retard : Julien a encore dû attendre sa sœur !
3. La Nouvelle-Orléans est ❏ devenu ❏ devenue un port important des États-Unis.
4. Après les travaux, il est temps d'aller découvrir ❏ le nouveau ❏ la nouvelle Clermont-Ferrand.

EMPLOYER

5 Formez le féminin de chaque nom. **B**

(un) veuf • (un) Espagnol • client • berger • martyr • prince • interrogateur • hôte • payeur • (un) sportif.

6 Mettez au féminin ces groupes nominaux. **B**

1. ce généticien renommé – 2. un grand parolier – 3. son rédacteur en chef – 4. ce riche propriétaire – 5. aucun poète – 6. le meilleur spécialiste – 7. cet espion russe – 8. un industriel allemand – 9. un fermier ruiné.

7 Employez chacun de ces quatre noms dans deux phrases : *acrobate*, *chimiste*, *clown*, *juge*. Dans la première, le nom sera masculin ; dans la seconde, féminin. **B**

8 Transformez les personnages masculins des Aventures d'Astérix le Gaulois en personnages féminins : proposez de nouveaux noms propres et réécrivez les notices qui leur sont consacrées. **A B C**

1. Astérix, le héros de ces aventures. Petit guerrier à l'esprit malin, à l'intelligence vive, toutes les missions périlleuses lui sont confiées sans hésitation.
2. Obélix est l'inséparable ami d'Astérix. Livreur de menhirs de son état, grand amateur de sangliers et de belles bagarres.
3. Panoramix, le druide vénérable du village, cueille le gui et prépare des potions magiques. Sa plus grande réussite est la potion qui donne une force surhumaine au consommateur.

■ René Goscinny, Albert Uderzo

24 Le pluriel des noms

Les policiers vont-ils retrouver les bijoux de la Castafiore ?
Le nom *policier* s'écrit avec un *-s* au pluriel, mais le nom *bijou* prend un *-x*.

A — Quels noms peuvent être au pluriel ?

• Les **noms comptables**, c'est-à-dire désignant des êtres ou des choses que l'on peut compter, reçoivent le pluriel : *les policiers*, *les bijoux*.

• Un **nom non comptable** peut se mettre au pluriel s'il devient comptable : *de la farine* [nom non comptable]/*différentes farines*.

B — Les marques du pluriel des noms

1 Le pluriel se forme en général en ajoutant un *-s* : *les policiers*.

2 Il existe des **règles particulières**.

Nom qui se termine par…	Formation du pluriel	Exemples	Exceptions
• -s, • -x • -z	le nom ne change pas	– le bras/les bras – une voix/des voix – un nez/des nez	
• -ou	on ajoute -s	un trou/des trous	sauf *bijou, caillou, chou, genou, hibou, joujou, pou, ripou* (familier) qui prennent un -x : *des bijoux*
• -eu • -œu • -au • -eau	on ajoute -x	– un feu/des feux – un vœu/des vœux – un tuyau/des tuyaux – un ruisseau/des ruisseaux	– sauf *bleu, pneu* : *des pneus* – sauf *landau* : *des landaus*
• -al	le nom fait son pluriel en -aux	un cheval/des chevaux	sauf *bal, carnaval, chacal, festival, récital, régal* : *des bals*
• -ail	on ajoute -s	un chandail/des chandails	sauf *bail, corail, émail, soupirail, travail, vantail, vitrail* qui font leur pluriel en -aux : *des vitraux*

À NOTER

• **Des pluriels particuliers**
Œil a pour pluriel *yeux* (mais *œils* dans *œils-de-bœuf*), *ciel* devient *cieux* (mais *ciels* dans *ciels de lit*) et *aïeul* devient *aïeux* quand il renvoie aux ancêtres et *aïeul(e)s* quand il renvoie aux grands-parents.

3 Les noms empruntés à une langue étrangère gardent parfois leur pluriel : *un scénario/des scénarii*. Mais le pluriel français reste recommandé : *des scénarios*.

C — « Un jus d'orange » ou « un jus d'oranges » ?

• Pour certains compléments du nom, l'usage est hésitant : on écrit *un jus d'orange* ou *un jus d'oranges* avec -s [on désigne les oranges pressées pour le jus].

• Parfois, il n'y a pas d'hésitation : *un homme en short* [un homme ne porte qu'un short] ; *un plat de nouilles* [il y a plusieurs nouilles].

REPÉRER

1 Soulignez les groupes nominaux qui peuvent être mis au pluriel.

1. Un médecin a prescrit ce médicament.
2. Il y a du sable dans ma chaussure !
3. Il faut ouvrir la porte du four.
4. Ajoutez ensuite de l'eau et faites cuire doucement.
5. Prenez bien votre manuel avant de partir.
6. L'assistante de direction a corrigé son erreur.

ANALYSER

2 Comment se forme le pluriel de chaque nom ? Reliez comme il convient.

1. bocal
2. bal
3. éventail
4. soupirail
5. panneau
6. sou
7. pou
8. corps

- a. Le pluriel se forme par l'ajout d'un -s
- b. Le pluriel se forme par l'ajout d'un -x
- c. Le nom fait son pluriel en -aux
- d. Le nom ne change pas

3 Faut-il mettre le nom en couleur au singulier ou au pluriel ? Justifiez votre choix.

1. un piège à (taupe) – 2. une femme en (chemise) – 3. un fruit à (coque) – 4. une feuille à (carreau) – 5. une tasse de (café) – 6. un plat de (lentille) – 7. un pot de (peinture) – 8. un livre de (recette) – 9. une œuvre de (bienfaisance) – 10. une crème de (marron) – 11. un marchand de (fleur) – 12. le consommateur de (légume).

EMPLOYER

4 Mettez ces groupes nominaux au pluriel.

la ville • un travail bien rémunéré • le cou • un gouvernail • un cheveu blanc • un landau prêté par un ami • le maximum autorisé • son manteau troué • un vrai petit filou • un central téléphonique • un petit pois vert • un simple détail • un bon sandwich • un changement de circulation.

5 Mettez les groupes nominaux en couleur au pluriel.

1. C'est un lieu de vacances idéal ! – 2. La soprano, enrhumée, a dû annuler son récital. – 3. Il y a un sketch très drôle dans ce spectacle. – 4. Il faudra enterrer le tuyau bleu. – 5. Dans cette église, vous allez découvrir un merveilleux vitrail gothique. – 6. Savez-vous quand a été postée la lettre ? – 7. Ce matériau doit être manipulé avec précaution. – 8. On trouve de tout sur cet étal de fruits et légumes !

6 Employez dans une phrase les couples de mots suivants en les mettant au pluriel.

1. shampoing ; cheveu
2. prix ; métal
3. croix ; ruisseau
4. corail ; détail
5. pneu ; parking
6. peintre ; vitrail

24 – Le pluriel des noms

25 Les noms composés

Ces apprentis sorciers ont changé tous les mots de passe.
Le pluriel du nom composé *apprenti sorcier* se forme en ajoutant un *-s* aux deux éléments, mais le pluriel de *mot de passe* se forme en ajoutant un *-s* uniquement au premier élément.

A Qu'est-ce qu'un nom composé ?

Un nom composé est un nom formé d'au moins deux mots. Les éléments sont liés en un seul mot (*bonjour* = *bon* + *jour*), soudés par un trait d'union (*abat-jour*) ou séparés (*apprenti sorcier*, *mot de passe*).

B Comment former le pluriel des noms composés ?

1 Les **noms composés qui s'écrivent en un seul mot** forment leur pluriel normalement :
un bonjour → des bonjours.
Monsieur, madame… ont un déterminant qui varie également : *monsieur → messieurs* ; *madame → mesdames.*

2 Les **autres noms composés** suivent des règles particulières.

Type de nom composé	Formation du pluriel	Exemples
• nom + nom	Les deux noms varient s'ils peuvent désigner tous deux la même personne ou la même chose.	*des députés-maires* [= des députés qui sont maires], *des apprentis sorciers* mais *des cafés crème* [= des cafés avec de la crème]
• nom + préposition + nom – avec trait d'union – sans trait d'union	• Le premier nom varie s'il s'applique à la personne ou à la chose désignée. • Le premier nom varie. • Le second varie aussi selon le sens (l'usage est hésitant).	*des eaux-de-vie* mais *des tête-à-tête* *des mots de passe* *des salles de réunion* ou *des salles de réunions*
• nom + adjectif	Le plus souvent, les deux varient.	*des grands-pères* mais *des petits-beurre* [= les biscuits ne sont pas du beurre]
• verbe + nom	Le verbe est invariable et le nom reste invariable ou se met au pluriel, selon le sens.	*des abat-jour* *des croche-pieds* [plusieurs jambes sont accrochées]
• adverbe ou préposition + nom	Le nom varie en général.	*des contre-allées*
• segments de phrases, phrases…	Le nom est invariable.	*des on-dit*

3 Certains éléments sont toujours au pluriel en raison du sens et ne changent donc pas au pluriel :
un sèche-cheveux → des sèche-cheveux.
L'usage est parfois hésitant : *un cure-dent*, *un cure-dents* (mais *des cure-dents*).

La réforme de 1990 recommande d'écrire les noms du type *abat-jour* (verbe + nom) comme des noms simples, au singulier et au pluriel.
un abat-jour → des abat-jours (avec *-s*)
un sèche-cheveu (sans *-x*) → *des sèche-cheveux* (avec *-x*)

REPÉRER

1. Reconstituez les noms composés. Un même élément peut servir plusieurs fois.

chou	porte	pensée
expert	arrière	matin
réveille	savon	doigt(s)
rince	fleur	comptable
serviette(s)		

👍 *N'oubliez pas le trait d'union !*

2. Reconstituez les noms composés.

salle réunion → salle de réunion

pied	arc	vent
pot	vol	œuvre
point	vue	biche
main	ciel	feu
chemin	fer	

3. Retrouvez le nom composé à partir de sa définition.
1. Partie de la journée entre le midi et le soir.
2. Personne écrivant les paroles et composant la musique des chansons qu'elle interprète.
3. Ustensile qu'on introduit dans le bouchon d'une bouteille pour le retirer.
4. Père de grands-parents.
5. Ustensile utilisé pour le repassage des vêtements et du linge de maison.

ANALYSER

4. Relevez les éléments qui forment ces noms composés et donnez leur nature (*verbe + nom ; nom + nom*...).

1. casse-noisette(s)
2. wagon-lit
3. lieu-dit
4. pourboire
5. petite-fille
6. porte-voix
7. porte-fenêtre
8. trompe-l'œil
9. coup d'œil
10. tourne-disque(s)
11. long-courrier
12. chauve-souris.

5. Mettez au pluriel les noms composés de l'exercice 3.

6. Mettez au pluriel ces noms composés.

1. machine à laver
2. pied-à-terre
3. chef-lieu
4. bébé éprouvette
5. un bon à rien
6. table ronde
7. aide-jardinier
8. avant-scène
9. un m'as-tu-vu
10. un point de vue.

EMPLOYER

7. Créez, à partir des éléments de l'exercice 1, des noms composés fantaisistes et proposez pour chacun une courte définition.

Bilan 2 — Les déterminants du nom

Maîtrisez-vous ces notions ?
Si ce n'est pas le cas, reportez-vous aux chapitres 17 à 20.

REPÉRER

1 Donnez la nature du déterminant en couleur et soulignez le nom déterminé.
(1 point par réponse juste) .../12

> TOINETTE. – Je vois, Monsieur, que vous me regardez fixement. Quel âge croyez-vous bien que j'aie ?
> ARGAN. – Je crois que tout au plus vous pouvez avoir vingt-six ou vingt-sept ans.
> TOINETTE. – Ah, ah, ah, ah, ah ! j'en ai quatre-vingt-dix.
> ARGAN. – Quatre-vingt-dix ?
> TOINETTE. – Oui. Vous voyez un effet des secrets de mon art, de me conserver ainsi frais et vigoureux.
> ARGAN. – Par ma foi ! voilà un beau jeune vieillard pour quatre-vingt-dix ans.
> TOINETTE. – Je suis médecin passager, qui vais de ville en ville, de province en province, de royaume en royaume, pour chercher d'illustres matières à ma capacité, pour trouver des malades dignes de m'occuper, capables d'exercer les grands et beaux secrets que j'ai trouvés dans la médecine. Je dédaigne de m'amuser à ce menu fatras de maladies ordinaires, à ces bagatelles de rhumatismes et défluxions, à ces fiévrottes, à ces vapeurs, et à ces migraines. Je veux des maladies d'importance : de bonnes fièvres continues avec des transports au cerveau, de bonnes fièvres pourprées […] : c'est là que je me plais, c'est là que je triomphe.
>
> ■ Molière, *Le Malade imaginaire*, III, 10 (1673)

2 Repérez les déterminants du nom dans ces titres de films et donnez leur nature. *(1 point par réponse juste)* .../3

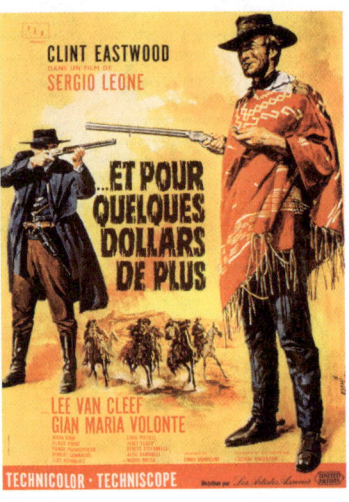

....
....
....
....
....

ANALYSER

3 Lisez ce texte dans lequel Montesquieu, au XVIIIe siècle, se moque déjà de la mode, puis répondez aux questions. *(1 point par réponse juste)* …/4

a. Quelle est la valeur des articles définis en couleur ? Pourquoi cette valeur est-elle importante dans le texte de Montesquieu ?
b. Relevez un déterminant indéfini de forme composée.
c. Relevez un article partitif dans le texte.

> Je trouve les caprices de la mode, chez les Français, étonnants. […]
> Quelquefois, les coiffures montent insensiblement, et une révolution les fait descendre tout à coup. Il a été un temps que leur hauteur immense mettait le visage d'une femme au milieu d'elle-même. Dans un autre, c'étaient les pieds qui occupaient cette place : les talons faisaient un piédestal qui les tenait en l'air. Qui pourrait le croire ? Les architectes ont été souvent obligés de hausser, de baisser et d'élargir leurs portes, selon que les parures des femmes exigeaient d'eux ce changement, et les règles de leur art ont été asservies à ces caprices. On voit quelquefois sur un visage une quantité prodigieuse de mouches [*faux grains de beauté en tissu noir que les femmes, pour faire ressortir la blancheur de leur peau, se mettaient sur le visage ou le décolleté*], et elles disparaissent toutes le lendemain. Autrefois, les femmes avaient de la taille et des dents ; aujourd'hui, il n'en est pas question. Dans cette changeante nation, quoi qu'en disent les mauvais plaisants, les filles se trouvent autrement faites que leurs mères.
>
> ■ Montesquieu, *Lettres persanes*, lettre 99 (1721)

4 Lisez le texte suivant, puis répondez aux questions. *(1 point par réponse juste)* …/6

a. Justifiez l'absence de déterminant devant les noms en couleur.
b. Relevez deux déterminants possessifs : sont-ils déictiques ou anaphoriques ? Justifiez votre réponse.
c. Relevez un déterminant démonstratif : est-il déictique ou anaphorique ? Justifiez votre réponse.

> En une dizaine d'années, potirons et autres cucurbitacées ont quitté la catégorie des « légumes oubliés » pour devenir aussi ordinaires qu'un céleri. Grimaçante, ricanante mais délicieuse, la citrouille connaît son heure de gloire pour Halloween. Mais à l'origine, la jack-o'lantern, d'après la légende celtique qu'on raconte le soir du 31 octobre, était… un navet sculpté. Voir uniquement dans ces légumes un symbole d'américanophilie serait faire fi de leur merveilleuse diversité botanique. Avec le maïs et le haricot, les courges […] font partie des « trois sœurs » à la base de l'agriculture amérindienne.
>
> ■ « Ma vie de courge » par Esterelle Payani, *Télérama* (25 octobre 2017)

EMPLOYER

5 Complétez les phrases par les déterminants de la nature demandée sans oublier de les accorder. *(0,5 point par réponse juste)* …/6

Lyon est (article indéfini) ………… ville magnifique, située au confluent de (article défini) ………… Saône et (article défini contracté) ………… Rhône, dans le Sud-Est de la France. (déterminant possessif) ………… patrimoine est très riche. On y trouve par exemple la basilique de Fourvière. (déterminant indéfini) ………… bon Lyonnais sait qu'il y a (article indéfini) ………… panorama exceptionnel depuis (déterminant démonstratif) ………… monument. (déterminant indéfini) ………… personnes se plaignent de la froideur (article défini contracté) ………… habitants de la ville. Pourtant, (déterminant indéfini) ………… visiteur revient satisfait de (déterminant possessif) ………… séjour à Lyon, et certains reviennent même (déterminant indéfini) ………… fois !

🎯 Calculez votre score

Entre 31 et 25 points	Entre 25 et 18 points	Moins de 18 points
Bravo, vous maîtrisez les déterminants du nom ! Passez aux chapitres suivants !	Pas mal. Mais des points vous posent encore problème. Les avez-vous identifiés ?	Vous hésitez encore. Révisez les leçons à tête reposée.

Bilan 2 – Les déterminants du nom

Bilan 3 — Le groupe nominal

Maîtrisez-vous ces notions ?
Si ce n'est pas le cas, reportez-vous aux chapitres 16 et 21 à 25.

REPÉRER

1. Les noms en couleur sont-ils complétés par une expansion ?
Si c'est le cas, surlignez-la. *(0,5 point par réponse juste)* .../3

1. un tiramisu • 2. un grand cuisinier • 3. cette incroyable aventure qui vient de lui arriver • 4. notre voisin plombier • 5. les prix de ce restaurant • 6. un porte-manteau

2. Encadrez, pour chaque nom en couleur, le déterminant
et la (ou les) expansion(s). *(1 point par réponse juste)* .../5

1. deux gâteaux • 2. le sommet enneigé • 3. l'abominable homme des neiges • 4. de longs cils • 5. son discours improvisé qui n'a pas convaincu

3. Encadrez les expansions détachées et reliez-les au groupe nominal
dont elles dépendent. *(1 point par réponse juste)* .../3

1. On annonce la sortie d'un film sur Miles Davis, le grand trompettiste qui a révolutionné le jazz.
2. Épuisés par une si longue marche, les randonneurs décident de prendre un peu de repos.
3. Il n'y a plus qu'une solution : tout reprendre depuis le début !

4. Soulignez les marques du féminin et du pluriel
présentes dans chaque groupe nominal. *(1 point par réponse juste)* .../3

1. Les bons comptes font les bons amis. – 2. Venez admirer les grandes richesses de la réserve naturelle !
– 3. Promotion exceptionnelle ce week-end sur les sèche-linge.

ANALYSER

5. Reliez chaque groupe nominal à la bonne analyse.
Attention ! plusieurs analyses peuvent convenir. *(0,5 point par réponse juste)* .../4,5

1. plusieurs spectateurs mécontents
2. un vieil abat-jour en tissu
3. le Michel-Ange de la pizza
4. le colis qu'il a reçu
5. le nouveau Disney de Noël
6. du caramel

- GN minimal
- GN étendu comportant une expansion
- GN étendu comportant deux expansions
- GN comportant un nom composé
- GN comportant un nom propre

6. Les noms propres de l'exercice 5 s'écartent de leur emploi ordinaire.
Pouvez-vous expliquer leur sens ? *(1 point par réponse juste)* .../2

....
....
....

7 Mettez les noms au féminin. Attention à l'accord de l'adjectif !
(1 point par réponse juste) …/7

1. un chanteur particulièrement inspiré ....
2. le premier responsable ....
3. le meilleur boulanger ....
4. un inspecteur très autoritaire ....
5. cet écrivain réputé ....
6. un labrador mâle ....
7. un âne de deux mois ....

8 Mettez les groupes nominaux au pluriel. *(1 point par réponse juste)* …/7

1. cette mauvaise habitude ....
2. quel tableau ancien ? ....
3. un porte-bougie en métal ....
4. une chaîne haute-fidélité ....
5. ce bonhomme vert ....
6. un beau dessous de plat ....
7. un autre sous-traitant ....

EMPLOYER

9 Remplacez chaque phrase par un groupe nominal. *(1 point par réponse juste)* …/6

Un spécialiste a écrit ce livre. → *L'écriture de ce livre par un spécialiste.*

1. Le coureur est fatigué. ....
2. Le plombier est en retard. ....
3. Les billets sont mal imprimés. ....
4. Elle connaît parfaitement les dossiers. ....
5. La police est arrivée sur les lieux. ....
6. On propose d'ouvrir la bibliothèque le dimanche. ....

10 Réduisez le texte en supprimant toutes les expansions présentes dans les groupes nominaux en couleur. *(0,5 point par réponse juste)* …2,5

En 1762, Leopold, le père de Mozart, inaugura par un premier séjour à Munich les tournées européennes qu'il allait effectuer, pendant plusieurs années, avec ses enfants. Au cours de ce premier séjour, le frère et la sœur se produisirent devant Maximilien III. À cette époque, Mozart composait déjà de petits morceaux. Puis la famille au complet se mit en route pour Vienne, où elle arriva le 6 octobre.

■ D'après le *Dictionnaire de la musique*, Éditions Larousse (1996)

11 Exercice inverse : développez chaque groupe nominal en couleur par au moins deux expansions. *(1 point par réponse juste)* …/3

1. Le gâteau .... était délicieux.
2. Je n'ai pas lu les commentaires ....
3. L'élection .... a été annulée.

Calculez votre score

Entre 46 et 40 points	Entre 40 et 28 points	Moins de 28 points
Bravo, vous maîtrisez le groupe nominal ! Passez aux chapitres suivants !	Pas mal. Mais des points vous posent encore problème. Les avez-vous identifiés ?	Vous hésitez encore. Révisez les leçons à tête reposée.

L'adjectif

La grosse berline présidentielle a fait son entrée dans la cour d'honneur.

Le mot *grosse* est un adjectif qualificatif.
Le mot *présidentielle*, qui signifie « du président », est un adjectif relationnel.

A Qu'est-ce qu'un adjectif ?

1 L'adjectif se rapporte toujours à un autre terme de la phrase, le plus souvent un nom ou un groupe nominal.
Dans l'exemple ci-dessus (*la grosse berline présidentielle*), *grosse* et *présidentielle* se rapportent au nom *berline*.
L'adjectif se rapporte aussi, notamment :
– à un pronom : *C'est cher.*
– à un infinitif ou à un groupe infinitif : *Prendre l'avion n'est pas facile pour lui.*

2 L'adjectif n'a ni genre ni nombre par lui-même : il prend le genre et le nombre du mot auquel il se rapporte : *le gros tracteur, la grosse berline, les grosses berlines*.

3 Il est le **noyau d'un groupe adjectival**. Au sein de ce groupe, l'adjectif peut être complété par divers éléments :
– un groupe prépositionnel : *Il semble content de lui.*
– un pronom : *Elle en est satisfaite.*
– une proposition subordonnée conjonctive : *Je suis sûr que tu réussiras.*
– un adverbe : *Il semble parfaitement reposé.*

B Les différents types d'adjectifs

1 On distingue généralement deux grands types d'adjectifs :
– l'**adjectif qualificatif**, qui précise une propriété de l'élément auquel il se rapporte : c'est le cas de *grosse* dans *une grosse berline présidentielle* ;
– l'**adjectif relationnel**, en général dérivé d'un nom, qui exprime une relation avec ce nom : c'est le cas de *présidentielle* [= du président]. Ce type d'adjectif ne peut pas être attribut (**Cette berline est présidentielle*), ne peut pas varier en degré (**une berline très présidentielle*) et ne peut pas être placé avant le nom (**une présidentielle berline*).

2 Certains adjectifs sont formés à partir de participes :
– les **participes passés adjectivés** : *une herbe usée* ;
– les **adjectifs verbaux en *-ant*** : *une couleur voyante*.

À la différence du participe présent, qui est invariable, l'adjectif verbal varie comme n'importe quel adjectif : *des personnes passant dans la rue* [participe présent] ; *une rue passante* [adjectif verbal].

3 Il existe d'autres types d'adjectifs :
– les **adjectifs numéraux ordinaux**, qui indiquent le rang : *la troisième berline* ;
– les **adjectifs indéfinis** *même* et *autre*, qui ont un sens comparatif et peuvent être suivis d'un complément construit avec *que* : *la même berline qu'hier* ;
– les **adjectifs possessifs** *mien, tien, sien…*, d'emploi plus rare : *un mien ami*.

REPÉRER

1 Encadrez les adjectifs.

> Il y avait à Montmartre, au troisième étage du 75 bis de la rue d'Orchampt, un excellent homme, Dutilleul, qui possédait le don singulier de passer à travers les murs. Dutilleul venait d'entrer dans sa quarante-troisième année lorsqu'il eut la révélation de son pouvoir.
>
> ■ D'après Marcel Aymé, *Le Passe-muraille* (1943)

2 Soulignez les groupes adjectivaux.

1. Il est heureux d'avoir terminé son travail à temps. – 2. Vous trouverez le magasin dans la rue la plus commerçante de la ville. – 3. L'association est indépendante de tout parti politique.

3 Surlignez les adjectifs numéraux présents dans le texte de l'exercice 1.

4 Encadrez en rouge l'adjectif formé à partir d'un participe passé et en bleu les deux adjectifs verbaux.

> Le champ mort et désert, où les frelons autrefois bourdonnaient seuls autour des fleurs grasses, dans le silence écrasant du soleil, est ainsi devenu un lieu retentissant, qu'emplissent de bruit les querelles des bohémiens et les cris aigus des jeunes vauriens du faubourg.
>
> ■ Émile Zola, *La Fortune des Rougon* (1871)

ANALYSER

5 Qualificatifs ou relationnels ?
Soulignez les adjectifs et classez-les en deux colonnes, selon qu'ils sont qualificatifs ou relationnels.

1. une grande route – 2. un bien communal – 3. une cafetière électrique – 4. un garçon insouciant – 5. une place publique – 6. une urgence dentaire.

👍 *Un adjectif relationnel ne peut pas être attribut. On ne peut pas dire :* *Cette voiture est présidentielle.

6 Reliez chaque adjectif à la bonne analyse.

1. la lueur mourante du soir • • a. adjectif verbal
2. un silence glacé • • b. adjectif possessif
3. deux autres automobilistes • • c. adjectif indéfini
4. une sienne pensée • • d. adjectif qualificatif formé à partir d'un participe passé

7 Cochez l'intrus.

1. ❏ faible ❏ froid ❏ aigu ❏ frissonnant
2. ❏ épanoui ❏ gros ❏ jeune ❏ curieux
3. ❏ vingtième ❏ deuxième ❏ unique ❏ troisième
4. ❏ massif ❏ carré ❏ abdominal ❏ musclé

EMPLOYER

8 Formez des adjectifs verbaux à partir des verbes *rafraîchir, saigner, vivre, fuir*. Puis employez chacun d'eux dans une phrase en l'associant à l'un des noms suivants : *viande, spectacle, boisson, personne*.

26 – L'adjectif   **63**

27 Les fonctions de l'adjectif

Impatiente, Ariane a pris le téléphone pour annoncer la bonne nouvelle à ses amies.

Les adjectifs soulignés exercent des fonctions différentes dans la phrase : apposition (*impatiente*) et épithète (*bonne*).

A L'adjectif épithète

1 L'adjectif épithète constitue une **expansion du nom**. Il fait donc partie du groupe nominal. Il est placé après le nom (*un pull rouge*) ou, dans certains cas, avant le nom (*la bonne nouvelle*).

2 Comme toute expansion du nom, l'adjectif épithète est :
– **restrictif**, s'il sert à identifier la personne ou la chose : *Prends plutôt le pull rouge.* [et non le pull vert]
– **descriptif** dans le cas contraire : *un beau pull rouge.*

3 L'adjectif épithète peut être supprimé : la phrase reste grammaticalement correcte.
Prends plutôt le pull.

B L'adjectif apposé

1 L'adjectif apposé (ou « épithète détachée ») constitue en général une **expansion détachée du groupe nominal**. Il est séparé de celui-ci par une pause à l'oral, et à l'écrit par une virgule, deux points ou un tiret.
Impatiente, Ariane a pris le téléphone pour… [*Impatiente* est apposé à *Ariane*.]
L'adjectif apposé est toujours **descriptif**.

> **À NOTER**
> • **L'apposition au pronom**
> • Un adjectif peut aussi être apposé à un pronom : *Impatiente, elle a pris le téléphone…*

2 L'adjectif apposé peut être supprimé : la phrase reste grammaticalement correcte.
Ariane a pris le téléphone pour annoncer la bonne nouvelle à ses amies.

C L'adjectif attribut

1 L'adjectif attribut fait partie du groupe verbal.

2 Lorsqu'il est **attribut du sujet**, l'adjectif est relié au sujet :
– par un verbe d'état (*être, devenir, paraître*…) ;
Ces vacances seront reposantes.
– ou par un verbe occasionnellement attributif ayant dans la phrase le rôle d'un verbe d'état.
Il est rentré épuisé. [= Il était épuisé quand il est rentré.]

3 Lorsqu'il est **attribut du COD**, l'adjectif est séparé du COD quand celui-ci est remplacé par un pronom. Il ne fait donc pas partie du COD.
Je trouve ce jeu particulièrement réussi. → *Je le trouve particulièrement réussi.*

4 En général, l'adjectif attribut ne peut pas être supprimé. On ne peut pas dire **Ces vacances seront.* Quand on peut supprimer l'attribut, c'est souvent au prix d'un changement de sens.
J'ai trouvé le jeu. ≠ *J'ai trouvé le jeu particulièrement réussi.*

REPÉRER

1. Soulignez les adjectifs épithètes et encadrez les noms dont ils dépendent. **A**

1. Un vêtement léger suffira. – 2. Les nuisances sonores ont été réduites de moitié. – 3. Personne n'a jamais rencontré l'abominable homme des neiges. – 4. Je me repose après un long voyage dans un hôtel tranquille et charmant près du port. – 5. Goûtez un peu de ce délicieux gâteau breton ! – 6. Au quatrième top, il sera exactement 12 h.

2. Soulignez les adjectifs apposés et encadrez les groupes nominaux dont ils dépendent. **B**

1. Souriant et détendu, le candidat a répondu avec aisance aux questions du jury. – 2. La rue, très étroite, débouche sur l'avenue de la République, particulièrement passante. – 3. Sensible à ce problème, le président a convoqué une réunion pour la fin du mois. – 4. Enthousiastes, honnêtes et efficaces, nos conseillers créent avec nos clients une relation durable.

3. Soulignez les adjectifs attributs du sujet et du COD et encadrez les groupes nominaux dont ils dépendent. **C**

1. Vous pouvez aussi bien réchauffer votre piscine lorsque l'eau est froide que la refroidir lorsque l'eau devient trop chaude. – 2. J'ai trouvé le roman un peu trop long. – 3. Le colis que j'ai commandé est arrivé abîmé.

ANALYSER

4. Quelle est la fonction des adjectifs en couleur ? **A B C**

1. Cette information le rendit pensif. – 2. L'homme, immobile, n'osait entrer dans la pièce. – 3. Toujours prête pour partir à l'aventure, Gabrielle rêve d'un grand tour du monde. – 4. Il parut embarrassé dès la première question. – 5. Cette technique s'est révélée efficace.

5. Épithète ou attribut du COD ? Donnez la fonction des adjectifs ou des groupes adjectivaux en couleur. **A C**

1. Partie de rien, elle a accompli un parcours exceptionnel. – 2. L'entraîneur croit son équipe capable de relever le défi. – 3. Je juge ces démarches parfaitement inutiles. – 4. Grâce à son blog, le scientifique rend une partie de ses travaux accessible à tous les internautes.

👍 *L'adjectif attribut du COD ne fait pas partie du COD. Il reste donc si l'on remplace le COD par un pronom : Je trouve ce jeu très réussi. → Je le trouve très réussi. L'adjectif épithète ne se maintient pas : J'ai entendu un bruit étrange. → Je l'ai entendu.*

EMPLOYER

6. Réécrivez les phrases en conservant uniquement le premier verbe. Soulignez l'adjectif et indiquez sa fonction. **C**

Le colis est arrivé et il était abîmé. → Le colis est arrivé abîmé. (attribut du sujet Le colis)

1. Il est parti de la maison et il était content. – 2. Tout le monde croyait qu'il était très heureux le jour de son mariage. – 3. Il marche dans la rue et il est seul. – 4. Il boit son café quand il est bouillant.

7. Deux fonctions différentes pour un même adjectif. Imaginez une phrase pour chaque fonction indiquée entre parenthèses. **A B C**

1. furieux (épithète ; apposé) • 2. très ensoleillées (épithète ; attribut du sujet) • 3. très curieuse (apposé ; attribut du sujet) • 4. inoffensif (attribut du sujet ; attribut du COD).

27 – Les fonctions de l'adjectif

28 Le féminin et le pluriel de l'adjectif

> *Des concerts gratuits auront lieu cet été.*
> L'adjectif *gratuits* dépend du nom *concerts* : il est au masculin pluriel.

A Les règles d'accord

1 L'adjectif s'accorde en genre et en nombre avec le nom auquel il se rapporte.
une répétition publique → des répétitions publiques

Il se met au masculin pluriel avec des noms de genres différents.
Son frère et sa sœur sont gentils avec lui.

2 Certains adjectifs sont invariables, notamment des adjectifs de couleur issus d'un nom (*une veste marron*) et les adjectifs de couleur composés (*une peinture vert clair*).

B Le féminin de l'adjectif

1 On forme le féminin de l'adjectif en ajoutant un **-e** : *un sac bleu, une boule bleue.*

2 La consonne finale est redoublée pour :
– **nul, gentil** et la plupart des adjectifs en **-el, -eil, -en, -on, -et** : *nulle, gentille, mensuelle, pareille, parisienne, bonne, muette* (mais *complète, concrète*…) ;
– certains adjectifs en **-ot** et en **-s** : *vieillotte, pâlotte* ; *basse, grasse.*

3 Cas particuliers

Adjectifs se terminant par :	Exemple
• -er → -ère	léger → légère
• -f → -ve	naïf → naïve ; bref → brève (avec accent grave)
• -x → -se, sauf faux, vieux, doux, roux	jaloux → jalouse, fausse, vieille, douce, rousse
• -eur → -euse	menteur → menteuse mais meilleur → meilleure
• -teur → -trice	libérateur → libératrice
	mais enchanteur → enchanteresse

À NOTER
Autres cas particuliers de transformation
blanc → blanche   public → publique   fou → folle   beau → belle

4 Certains adjectifs ne changent pas au féminin : *un chat immobile → une chatte immobile.*

C Le pluriel de l'adjectif

1 On forme le pluriel en ajoutant un **-s** : *un concert gratuit → des concerts gratuits.*

2 Cas particuliers

• Les adjectifs en **-eau** ont un pluriel en **-x** : *beau → beaux.*

• Les adjectifs en **-al** ont un pluriel en **-aux** (*hivernal → hivernaux*), sauf *banal, bancal, fatal, naval, tombal* (*bancal → bancals*).

• Les adjectifs en **-s** et en **-x** ont la même forme : *un enfant roux → des enfants roux.*

REPÉRER

1 Encadrez les adjectifs au pluriel et surlignez ceux qui sont au féminin.

1. Soles à l'étouffée : lever à cru les filets de deux belles soles. Les mettre dans une cocotte dont on aura garni le fond de quelques bardes et de carottes émincées, tomates fraîches et oignons nouveaux. […] 2. Lapin rôti grenobloise : tartiner généreusement 2 jeunes lapereaux de moutarde forte. Mettre à four moyen pendant 40' en arrosant fréquemment. Déglacer au Noilly. Servir avec des pommes de terre savoyardes.

■ D'après Georges Perec, *81 Fiches-cuisine à l'usage des débutants, Penser/Classer* (posth. 1985)

ANALYSER

2 Formez le féminin de ces adjectifs puis barrez l'intrus dans chaque liste.

1. nouveau • doré • disponible • suspect • persan
2. suivant • ancien • parfait • tremblant • petit
3. vengeur • doux • oblong • fictif • étonné
4. premier • dernier • printanier • frais • écossais
5. bleu • noir • bleu ciel • orangé • blanc

3 Formez le pluriel de ces adjectifs puis ajoutez un adjectif intrus dans chaque liste.

1. sucré • modéré • double • important
2. frais • gris • dangereux • las
3. matinal • jumeau • cérébral • loyal
4. fatal • jeune • léger • loyal

4 Reliez chaque adjectif aux analyses qui conviennent.

1. solaire
2. curieux
3. colossal
4. soumis
5. libérateur

- a. le féminin est en *-e*
- b. le féminin est en *-euse*
- c. le féminin est en *-trice*
- d. le pluriel est en *-s*
- e. le pluriel est en *-aux*
- f. la forme est identique au masculin et au féminin
- g. la forme est identique au singulier et au pluriel

EMPLOYER

5 Accordez l'adjectif entre parenthèses.

1. une étoile (voisin) de la Terre – 2. des nuisances (potentiel) – 3. une (vieux) musique – 4. une (jeune) femme (vif) – 5. plusieurs messages (vocal) – 6. de (beau) maisons (neuve), (confortable) et (spacieux) – 7. une fille et un garçon (intelligent) – 8. des pièces (faux) – 9. des pulls (cerise) – 10. une (fou) journée – 11. des décisions (individuel) – 12. une (mou) résistance.

6 Même exercice.

1. Il lui a offert un manteau en (pur) laine (vierge). – 2. Vous trouverez là les (meilleur) crêperies (breton). – 3. Cette tempête a été (dévastateur). – 4. Les jeux (national) sont reportés à l'année (prochain). – 5. Je la trouve bien (naïf). – 6. Il lui a répondu avec une (léger) ironie. – 7. Ces soins (médical) sont (nécessaire). – 8. Il trouve (aberrant) de devoir réécrire son devoir. – 9. Où as-tu trouvé cette cravate (vert bouteille) ? – 10. Cette réponse me paraît franchement (idiot). – 11. Il veut des boutons (rouge) pour sa veste (gris clair). – 12. Sa figure restait (grave) et (mystérieux).

28 – Le féminin et le pluriel de l'adjectif

29 Les degrés de signification de l'adjectif

Les températures seront plus <u>élevées</u> qu'hier et le temps restera très <u>sec</u>.
Les adjectifs soulignés varient en degré : degré de comparaison (*plus élevées qu'hier*) et degré d'intensité (*très sec*).

A Les différents degrés de signification de l'adjectif

1 Les **degrés de comparaison** : ils évaluent la qualité par comparaison avec un élément de référence : *<u>plus</u> grand <u>que</u> son frère, <u>le plus</u> grand <u>de</u> sa famille*.

2 Les **degrés d'intensité** : ils situent la qualité sur une échelle allant du moins au plus (*un peu, assez, très…*) : *un temps <u>un peu</u> sec/un temps <u>assez</u> sec/un temps <u>très</u> sec*.

B Les degrés de comparaison de l'adjectif

1 Le comparatif

• Il peut marquer :
– l'**infériorité** : *Les températures sont <u>moins</u> élevées qu'hier.*
– l'**égalité** : *Les températures sont <u>aussi</u> élevées qu'hier.*
– la **supériorité** : *Les températures sont <u>plus</u> élevées qu'hier.*

• Le mot *que* introduit le **complément du comparatif**.
   Les températures sont moins élevées <u>qu'hier/qu'elles ne l'étaient hier</u>.

2 Le superlatif relatif

• Il isole un élément qui possède moins ou plus que tous les autres une certaine qualité. On distingue :
– le **superlatif d'infériorité** : *les températures <u>les moins</u> élevées de l'hiver* ;
– le **superlatif de supériorité** : *les températures <u>les plus</u> élevées de l'hiver*.

• **Le complément du superlatif** est introduit par les prépositions *de*, *d'entre* ou *parmi*.

C Les degrés d'intensité de l'adjectif

Marque d'intensité	Intensité faible	Intensité moyenne	Intensité forte (ou superlatif absolu)
Adverbe	*peu, un peu, à peine…*	*assez, plutôt…*	*très, complètement…*
Préfixe	*sous-, hypo-*		*super-, archi-, extra-…*
Suffixe			*-issime* (*bellissime*)
Répétition			*Elle est belle, belle, belle !*
Expression figée			*rapide comme l'éclair*

D Des formes particulières de comparatifs et de superlatifs

Trois adjectifs ont des degrés de comparaison irréguliers : *bon* → *meilleur, le meilleur* ; *mauvais* → *pire, le pire* ; *petit* (dans un sens abstrait) → *moindre, le moindre*.

REPÉRER

1 Soulignez les marques de degré de l'adjectif. **A**

1. L'hiver, la météo peut encore être plus fraîche. – 2. Si votre budget est assez serré, il faut acheter vos billets d'avion en décembre pour bénéficier des meilleurs tarifs. – 3. Cette promenade en mer était moins agréable que la randonnée en montagne, beaucoup plus sportive. – 4. Pierre est un enfant hypersensible et hyperémotif. – 5. Il est l'un des hommes les plus remarquables que je connaisse.

ANALYSER

2 Soulignez en rouge les comparatifs et en bleu les superlatifs. Classez-les ensuite en 3 colonnes selon leur sens (infériorité, égalité, supériorité). **B**

1. Le candidat le plus qualifié a été élu. – 2. Elle est aussi capable que vous de terminer le travail. – 3. Les questions les moins pertinentes ne seront pas retenues. – 4. Nos amis ont emménagé dans un appartement moins grand mais plus proche du centre. – 5. Quels sont les pires films de l'année ?

3 Soulignez les marques du degré d'intensité de l'adjectif, et décrivez-les (adverbe, préfixe, répétition…). **C**

1. Le café est à peine chaud ! – 2. Le chanteur est revenu littéralement épuisé de sa tournée. – 3. Il est devenu rouge comme une tomate. – 4. Il est bête, bête, bête ! – 5. Il répondit : « Ces affirmations sont fausses, et même archi-fausses. » – 6. Ce livre rarissime coûte une fortune ! – 7. Il est relativement facile de traverser ce fleuve à la nage. – 8. Elle est si gentille d'avoir pensé à moi !

4 Cochez l'intrus dans chacune des listes. **B C D**

1. ❏ le plus grand ❏ le moindre ❏ le moins désagréable ❏ aussi inspiré ❏ le pire
2. ❏ moins difficile ❏ plus aéré ❏ très lumineux ❏ aussi spacieux ❏ plus lumineux
3. ❏ extrêmement ridicule ❏ un peu étonnant ❏ trop peu préparé ❏ à peine froid
4. ❏ hypercultivé ❏ richissime ❏ archifou ❏ extrafin

EMPLOYER

5 Complétez les phrases avec un adjectif de votre choix au degré indiqué. **B C D**

1. Ce site vous permettra d'éviter (superlatif relatif de supériorité) restaurants de la ville. – 2. Tiens-toi bien car ce côté-ci du toit est (comparatif de supériorité) ! – 3. J'ai complètement oublié le rôti, qui est maintenant (degré d'intensité forte). – 4. Certaines analyses, (comparatif d'infériorité), étaient inexploitables. – 5. Les billets (superlatif relatif d'infériorité) ont été vendus en quelques minutes. – 6. Il est revenu (degré d'intensité moyenne) de son voyage.

6 Formez des phrases à partir des mots suivants et en utilisant le degré indiqué entre parenthèses. **B C**

1. le chantier – pendant la phase de démolition – bruyant (degré d'intensité forte).
2. le gâteau – avec du chocolat à 70 % – bon (comparatif de supériorité).
3. vous – sur notre site – cher – les vols pour le monde entier (superlatif relatif d'infériorité).
4. les touristes – nombreux (comparatif d'égalité, complément du comparatif).
5. ses remarques – agréable (degré d'intensité forte).

Bilan 4 — L'adjectif

Maîtrisez-vous ces notions ?
Si ce n'est pas le cas, reportez-vous aux chapitres 26 à 29.

REPÉRER

1. Soulignez les adjectifs. *(0,5 point par réponse juste)* …/5

Un vaste édifice accueille l'unique Centre d'art contemporain de la ville. Il abrite des expositions temporaires. Pour avoir un aperçu de la collection permanente, il faut monter au deuxième étage. Par ailleurs, le Centre organise de nombreux concerts, spectacles de danse et performances artistiques. Un lieu vivant et agréable.

■ D'après une notice du *Guide du routard*

2. Encadrez les groupes adjectivaux. *(1 point par réponse juste)* …/4

1. Le président se dit très attentif aux problèmes de l'environnement. – 2. Toujours disponibles, les propriétaires vous aideront à organiser au mieux vos vacances. – 3. Quel dommage que l'accueil ait été si décevant ! – 4. C'est à Crémone que sont nés les plus prestigieux luthiers, dont Stradivarius.

3. Surlignez les adjectifs épithètes du nom. *(0,5 point par réponse juste)* …/3,5

La banquise arctique est un élément important du système climatique. « D'une part elle réfléchit le rayonnement solaire, au contraire de la surface sombre de l'océan qui en absorbe la plus grande part, explique le glaciologue Mathieu Casado […] D'autre part, elle joue un rôle d'isolant thermique entre l'atmosphère et l'océan. »

■ *Le Monde*, 30 décembre 2016

ANALYSER

4. Relevez un complément de l'adjectif dans l'exercice 2. *(1 point par réponse juste)* …/1

....

5. Relevez trois adjectifs relationnels dans l'exercice 3. *(0,5 point par réponse juste)* …/1,5

....
....

6. Quel est le degré de signification de l'adjectif en couleur dans chacune de ces phrases ? Reliez comme il convient. *(1 point par réponse juste)* …/6

1. C'est le livre le plus intéressant qu'il ait lu sur la question.
2. La visite de la ville a été beaucoup trop rapide.
3. Apparemment, le public est sous-informé sur ce sujet.
4. L'équipe a été aussi impressionnante que lors de l'entraînement.
5. Cet hôtel est plus cher que celui de Rome.
6. Nous avons passé là des vacances plutôt agréables.

- a. degré d'intensité forte
- b. superlatif relatif de supériorité
- c. comparatif d'égalité
- d. comparatif de supériorité
- e. degré d'intensité moyenne
- f. degré d'intensité faible

7. Trouvez l'intrus. *(1 point par réponse juste)* .../5

1. ❏ cette petite porte ❏ une boisson fraîche ❏ une jeune stagiaire ❏ la circulation sanguine
2. ❏ très fatigué ❏ plus rapide ❏ épuisé ❏ essoufflé ❏ averti
3. ❏ un très mauvais film ❏ un bel été ❏ un président satisfait de son image ❏ un soleil présent de temps en temps
4. ❏ le film trop long ❏ une musicienne exceptionnelle ❏ un jeune loup ❏ le drapeau rouge
5. ❏ une personne responsable ❏ une zone humide ❏ une route poussiéreuse ❏ une vigueur physique

8. Donnez la fonction des adjectifs et des groupes adjectivaux en couleur.
(0,5 point par réponse juste) .../6

> Fine était une grande et grosse gaillarde d'une trentaine d'années. Sa face carrée, d'une ampleur masculine, portait au menton et aux lèvres des poils rares, mais terriblement longs. Avec cela, elle avait une toute petite voix, une voix d'enfant, mince et claire. Ceux qui la fréquentaient affirmaient que, malgré son air terrible, elle était douce comme un mouton. Très courageuse à la besogne, elle aurait pu mettre quelque argent de côté, si elle n'avait aimé les liqueurs.
>
> ■ D'après Émile Zola, *La Fortune des Rougon* (1871)

....
....
....
....

EMPLOYER

9. Complétez les phrases avec un adjectif de votre choix.
(0,5 point par réponse juste) .../4

1. Il a une admiration .... pour cette .... musicienne. – 2. Le voisin, ..., feignit de ne pas l'avoir remarqué. – 3. Grâce à ce .... guide, ils ont passé des vacances .... – 4. Quel est le prix de cette .... armoire ? – 5. La .... fille, née l'année ...., s'appelait Julie.

10. Reconstituez le texte en apportant au nom en couleur les modifications figurant entre crochets. *(1 point par réponse juste)* .../6

> *[Le texte est une critique du film* Spider-Man : homecoming.*]*
> Après Tobey Maguire et Andrew Garfield, Tom Holland (ajouter un adjectif épithète et un article défini) enfile à son tour le justaucorps (ajouter un adjectif épithète) de l'homme-araignée et renouvelle le personnage avec fraîcheur (ajouter un adjectif épithète et un article indéfini). Une sorte d'exploit : après quinze ans de suites et de relectures, le superhéros (ajouter deux adjectifs de couleur épithètes) avait du mou dans la toile. [...] Mais la surprise est que le résultat, (ajouter deux adjectifs apposés), retend fermement les meilleures ficelles d'un divertissement (ajouter deux adjectifs épithète, l'un placé avant le nom, l'autre après).
>
> ■ D'après la « Critique du film *Spider-man : Homecoming* » par Cécile Mury, *Télérama* (26 juillet 2017)

Calculez votre score

Entre 42 et 34 points	Entre 34 et 20 points	Moins de 20 points
Bravo, vous maîtrisez l'adjectif ! Passez aux chapitres suivants !	Pas mal. Mais des points vous posent encore problème. Les avez-vous identifiés ?	Vous hésitez encore. Révisez les leçons à tête reposée.

Bilan 4 – L'adjectif

30 Pronoms représentants et pronoms nominaux

C'est un artisan très fiable, tu peux lui faire confiance : tout sera parfait.
Lui reprend *un artisan très fiable* : c'est un pronom représentant.
Tout ne reprend aucun mot de la phrase : c'est un pronom nominal.

A Le pronom représentant

1 Qu'est-ce qu'un pronom représentant ?

- Un pronom représentant remplace un mot ou un ensemble de mots présents dans le contexte.

- Il peut remplacer en particulier :
  – un **nom** ou un **GN** : *Cette actrice est excellente. Elle a obtenu un oscar l'an dernier.*
  – un **adjectif qualificatif** : *La bande-annonce est originale, le film l'est beaucoup moins.*
  – une **proposition tout entière** : *Il existe encore un cinéma d'auteur, il faut le rappeler.*

- Parmi les pronoms représentants, on distingue :
  – le **pronom anaphorique** : il reprend un mot ou un ensemble de mots placés avant lui ;
    Cet artisan est fiable : tu peux lui faire confiance.
  – le **pronom cataphorique** : il annonce un mot ou un ensemble de mots placés après lui.
    Il s'y est engagé : les travaux seront achevés à la fin du mois.

2 La représentation est-elle totale ou partielle ?
Le pronom représentant désigne :
– le même être ou la même chose que le mot ou le groupe de mots remplacés :
la représentation est totale ;
   Il nous a indiqué plusieurs itinéraires qui permettent d'éviter l'autoroute.
   [*Qui* reprend *plusieurs itinéraires*.]
– une partie seulement de ce que désigne le mot ou le groupe de mots remplacés :
la représentation est partielle.
   Plusieurs itinéraires sont possibles. Choisis celui que tu préfères.
   [*Celui* reprend l'idée d'itinéraire, mais pas le groupe puisqu'un seul itinéraire est désigné.]

B Le pronom nominal

1 Qu'est-ce qu'un pronom nominal ?
Un pronom nominal ne remplace aucun mot ou groupe de mots, mais il désigne par lui-même.
   Chacun doit se sentir libre d'agir à sa guise.

2 Le pronom nominal déictique
Parmi les pronoms nominaux, les pronoms déictiques ne désignent quelqu'un ou quelque chose qu'au regard d'une situation d'énonciation précise.
   J'ai deux places supplémentaires. Êtes-vous intéressés ?
   [On ne peut savoir qui désignent les pronoms *je* et *vous* que si l'on connaît la situation d'énonciation précise : un étudiant et ses amis, un conducteur et des internautes à la recherche d'un covoiturage…]

À NOTER
- *Il pleut, il neige, il est tard, il faudrait…*
- Dans quelle catégorie faut-il classer le pronom impersonnel *il* ?
Le pronom impersonnel n'a pas de sens précis : *il* n'est ni représentant ni nominal.

REPÉRER

1. Surlignez en vert les pronoms représentants et en bleu les pronoms nominaux.

1. Je ne trouve plus mon smartphone. Il était sur la table. – 2. Quelqu'un a essayé de me joindre. – 3. Léa t'a envoyé un texto. L'as-tu reçu ? – 4. Paul n'a pas ton adresse, mais tu as la sienne.

2. Pronom anaphorique (A) ou pronom cataphorique (C) ?
Pour chaque pronom en couleur, cochez la bonne réponse.

	A	C
1. Le gouvernement a pris des mesures. Il les présentera demain.	☐	☐
2. L'assemblée a interpellé la ministre, qui a défendu son projet.	☐	☐
3. Je m'y attendais : le décret d'application n'est pas encore sorti.	☐	☐
4. Cette loi s'appliquera dès le 1er janvier : il faut s'y préparer.	☐	☐
5. Le président l'avait annoncé : il réformera le régime des retraites.	☐	☐

👍 *Vous pouvez souligner les mots représentés par le pronom pour voir s'ils se situent avant le pronom (anaphorique) ou après le pronom (cataphorique).*

3. Parmi les pronoms nominaux en couleur, soulignez les déictiques.

1. Je pars demain en Australie pour une année, mais nous nous reverrons. – 2. Aujourd'hui, personne ne te recrutera si tu n'as pas d'expérience à l'étranger. – 3. Nous recherchons quelqu'un qui connaisse bien le Japon. – 4. Elle ne vous dit pas tout.

ANALYSER

4. Que représente le pronom souligné ? Reliez comme il convient.

1. Elle est enchantée. Je le suis beaucoup moins.
2. J'ai acheté un pull vert pomme : tu l'aimeras beaucoup !
3. Je serai la dernière au courant, c'est certain.
4. Marie, que j'ai eu tous les jours au téléphone, ne m'a rien dit.

- a. un nom ou un GN
- b. une proposition
- c. un adjectif

5. Représentation totale ou partielle ?
Justifiez votre réponse en remplaçant le pronom en couleur par le groupe de mots qu'il représente.

1. Un homme averti en vaut deux.
2. La femme qui vient de monter dans le bus est une actrice.
3. « Tous les animaux sont égaux, mais certains sont plus égaux que d'autres. »
(George Orwell, *La Ferme des animaux*, 1945)

EMPLOYER

6. Évitez les répétitions en utilisant des pronoms.

Les psychiatres utilisent de plus en plus les jeux vidéo. Les psychiatres sont persuadés que les jeux vidéo ont d'importantes vertus thérapeutiques. Les jeux vidéo permettent par exemple aux patients atteints de troubles cognitifs de s'exercer à compter, classer, raisonner à travers des exercices ludiques. Ces patients adhèrent facilement à ces exercices ludiques.

Qu'est-ce qu'un pronom personnel ?

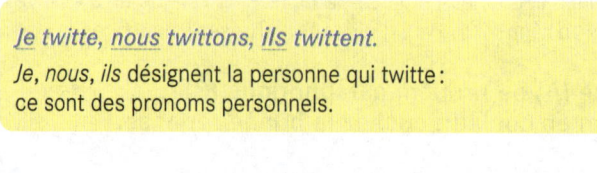

Je twitte, *nous* twittons, *ils* twittent.
Je, *nous*, *ils* désignent la personne qui twitte :
ce sont des pronoms personnels.

A. Quel est le rôle du pronom personnel dans la phrase ?

- *Je* et *tu* sont des pronoms **déictiques** : ils désignent quelqu'un dans une situation précise.
  Tu apportes le vin, je me charge du fromage.

- *Il(s)* et *elle(s)* sont des pronoms **représentants** : ils remplacent un nom ou un groupe nominal.
  J'ai rencontré ta sœur. Elle est en pleine forme.

- *Nous* et *vous* associent parfois un déictique et un représentant.
  Mon ami et moi, nous partageons les mêmes passions.
  [*Nous* associe le pronom déictique *je* et le pronom représentant *il*, qui représente *mon ami*.]

B. Quel est le sens du pronom personnel dans la situation d'énonciation ?

- *Je* (1re personne du singulier) fait référence au locuteur : *J'arrive demain.*
- *Tu* (2e personne du singulier) fait référence au destinataire : *Tu prendras le courrier.*
- *Nous* (1re personne du pluriel) fait référence aux :
  – locuteur + destinataire : *Je réserve pour nous deux, si tu veux.*
  – locuteur + personne/chose dont on parle : *Je passe le prendre et nous arrivons.*
  – locuteur + destinataire + personne/chose dont on parle : *Dès que toi et ta sœur êtes prêts, nous partons.*

- *Vous* (2e personne du pluriel) fait référence aux :
  – destinataires : *Mes amis, vous allez être surpris !*
  – destinataire + personne/chose dont on parle : *Toi et tes amis, vous allez être surpris.*

- *Il(s)/elle(s)* (3e personne du singulier ou du pluriel) font référence à la/aux personne(s) ou chose(s) dont on parle : *Elle m'écrit chaque été. Ils sont réparés.*

C. Emplois particuliers de *nous* et de *vous*

1 *Nous* remplace *je*

- Le *nous* de majesté : une personne détenant une autorité adopte un style officiel.
  Nous, Hervé Lemaître, expert agréé, délivrons le présent certificat.

- Le *nous* de modestie : un auteur parle de lui-même.
  Nous reviendrons sur ce point dans le chapitre suivant.

- Le *nous* de sympathie : le locuteur s'associe au destinataire pour lui manifester son affection ou introduire une nuance ironique.
  Alors, nous sommes toujours fâchée ?

2 *Vous* remplace *tu*

Le *vous* de politesse : le locuteur chercher à marquer une distance avec son destinataire.

Vous enverrez votre rapport au président de la commission.

REPÉRER

1. Soulignez en rouge les pronoms personnels représentants et en vert les pronoms personnels déictiques.

1. Es-tu allé au cinéma cette semaine ? – 2. Ce film est formidable. Tu devrais aller le voir. – 3. Peux-tu m'acheter le journal ? – 4. Appelle Théo, vous partirez ensemble.

2. Quel est le sens du pronom en couleur ? Reliez comme il convient.

1. Vous avez un mois pour échanger cet article.
2. Imprimez le bon retour et glissez-le dans votre colis.
3. Il me faudrait trois enveloppes.
4. Demande à Louise si vous pouvez y aller ensemble.

- a. chose dont on parle
- b. locuteur
- c. destinataire + personne dont on parle
- d. destinataire

ANALYSER

3. Quel emploi particulier de *nous* ou de *vous* chaque phrase illustre-t-elle ? Justifiez votre réponse en soulignant un mot ou un groupe de mots.

1. Nous renvoyons le lecteur à notre précédent ouvrage. – 2. Je vous prie de recevoir, madame la directrice, mes respectueuses salutations. – 3. Eh bien, nous avons bon appétit, aujourd'hui !

4. Lisez le texte puis répondez aux questions.

a. Quel est l'effet produit par la répétition des pronoms *il* et *elle* ?
b. Quelle est la valeur du pronom *vous* ?

> Elle le regarde. Elle lui demande qui il est. Il dit qu'il revient de Paris où il a fait ses études, qu'il habite Sadec lui aussi, justement sur le fleuve, la grande maison avec les grandes terrasses aux balustrades de céramique bleue. Elle lui demande ce qu'il est. Il dit qu'il est chinois, que sa famille vient de la Chine du Nord, de Fou-Chouen. Voulez-vous me permettre de vous ramener chez vous à Saigon ? Elle est d'accord.
>
> ■ Marguerite Duras, *L'Amant* (1984)

EMPLOYER

5. Accordez comme il convient les attributs de *nous* et de *vous*.

1. Nous avons été contraint........ de publier une version abrégée de notre étude. – 2. Nous avons été contraint........ de rentrer plus tôt de vacances. – 3. Vous avez tous été brillamment reçu........ – 4. Vous serez reçu........ en entretien par le directeur en personne.

 Lorsque nous *et* vous *ont le sens de* je *et de* tu*, le participe passé et l'adjectif attribut du sujet s'accordent au singulier. On écrira donc :* Vous *êtes trop* aimable*, cher monsieur.*

6. Employez chacun de ces groupes de mots dans deux phrases. Le pronom personnel sera déictique dans la première et associera un déictique et un représentant dans la seconde.

1. Nous avons gagné.
2. Vous prendrez un taxi.
3. Nous avons de grands projets.

 Un pronom personnel associe un déictique et un représentant lorsqu'il fait référence au locuteur ou au destinataire et à une personne qui serait désignée par il *ou* elle*.*

32 Les formes du pronom personnel

> C'est lui ! Toi, tu le surveilles et moi, je vais chercher du renfort.
> Le destinataire est désigné par *tu* ou par *toi*, le locuteur par *je* ou par *moi* : le pronom personnel a plusieurs formes.

A Les variations de la forme du pronom personnel

1 La forme du pronom personnel varie selon la personne et le nombre.
Je suis certaine que tu arriveras à les convaincre.

2 Elle varie selon le genre pour la 3e personne du singulier et la 3e personne du pluriel.
Antoine a utilisé la tablette, il ne l'a pas rangée et elle est déchargée.

3 Elle varie selon la place que le pronom occupe par rapport au verbe.

- On emploie les **formes conjointes** (*je, tu, il, elle, nous, vous, ils, elles, me, te, le, la, se, les, lui, leur*) si le pronom :
– n'est pas séparé du verbe : *Il arrive.*
– est séparé du verbe par *ne* ou par un autre pronom conjoint : *Je ne vois rien. Je te parle.*

- On emploie les **formes disjointes** (*moi, toi, lui, elle, soi, nous, vous, eux, elles*) si le pronom :
– est séparé du verbe (par une préposition, par *que*, par une virgule, etc.) : *Il est derrière toi. Il ne croira qu'elle. Vous, venez dans mon bureau !*
– est employé sans verbe : *Qui est là ? Moi.*

4 Elle varie selon la fonction du pronom dans la phrase pour les formes conjointes.
Tu danses. Il te regarde.

B Les formes particulières

1 Les pronoms adverbiaux *y* et *en*

- Le pronom adverbial **y** associe un pronom personnel et la préposition *à* (ou *dans, chez, sur*…).
J'y cours. [Il faut comprendre : *Je cours chez ta sœur, au marché.*]

- Le pronom adverbial **en** associe un pronom personnel et le mot *de*.
J'en rêve ! [Il faut comprendre : *Je rêve d'un voyage, de gagner*…]

2 Le pronom personnel réfléchi

Aux 3e personnes du singulier et du pluriel, le pronom personnel prend une forme particulière lorsqu'il est réfléchi, c'est-à-dire lorsqu'il représente le même référent que le sujet :
– *se* ou *s'* pour les formes conjointes ;
– *soi* pour les formes disjointes : *chacun pour soi.*

3 Le pronom personnel indéfini *on*

- Le pronom **on** désigne une ou des personne(s) que le locuteur ne veut pas ou ne peut pas identifier : il a un sens indéfini.
On sonne. On a souvent peur de l'inconnu.

- *On* est toujours sujet et peut remplacer n'importe quel pronom personnel dans cette fonction.
On fait aller. [remplace *je*]   *Alors, on a mis sa petite laine ?* [remplace *tu*]
On a roulé toute la nuit et on est fatigués. [remplace *nous*]   *On se tait !* [remplace *vous*]
On te demande ta date de naissance. [remplace *il(s) / elle(s)*]

REPÉRER

1. Surlignez en jaune les pronoms de forme conjointe et en vert les pronoms de forme disjointe. **A**

1. C'est lui qui m'a recommandé cet ostéopathe.
2. Moi, je n'ai rien contre les médecines douces, croyez-le bien.
3. Si tu veux que je prenne rendez-vous pour toi, dis-le rapidement.

2. Pronom personnel réfléchi ou non réfléchi ? Cochez la bonne réponse. **B**

	Réfléchi	Non réfléchi
1. Elle ne se fie qu'à elle-même.	❏	❏
2. Ils ne s'accordent pas sur ce point.	❏	❏
3. Elle l'a confié à moi, et à moi seul.	❏	❏
4. Dépêche-toi.	❏	❏

ANALYSER

3. Quelle est la fonction des pronoms personnels soulignés ? Cochez la bonne réponse. **A**

1. L'entraîneur les a réunis
   pour leur donner les derniers conseils.
   ❏ COD ❏ COI
   ❏ COI ❏ COS
2. C'est un très bon club. Je te le recommande.
   Tu y seras heureuse.
   ❏ COD ❏ COS
   ❏ CC de lieu ❏ CC de cause
3. Nous nous sommes retrouvés sur le même court
   et j'ai dû jouer contre lui.
   ❏ sujet ❏ COD
   ❏ CC de lieu ❏ compl. de préposition

4. Quelle est la valeur de *on* ? Reliez comme il convient. **B**

1. On ne fait pas d'omelette sans casser des œufs.
2. Qu'est-ce qu'on fait ce soir ?
3. Alors, dès que j'ai le dos tourné, on fait des bêtises !
4. On le prend rarement au sérieux.
5. Messieurs, ici, on est prié de se présenter en costume.

- a. tu
- b. sens indéfini
- c. vous
- d. nous

EMPLOYER

5. Remplacez les suites de mots en couleur par le pronom qui convient. **A B**

1. Je ne retrouve plus mon passeport.
2. Tu dois présenter ta carte d'embarquement aux hôtesses.
3. Appelle le steward. Dis au steward que tu as une correspondance.
4. Je vais à San Francisco.

👍 Après un impératif à la forme positive, il faut un trait d'union entre le verbe et le pronom (Écris-lui) et entre deux pronoms (Donne-le-moi), sauf en cas d'élision (Donne m'en).

6. Complétez les phrases avec le pronom personnel demandé. **A B**

1. Tu espères (pronom personnel de 3e personne du singulier).
2. J'ai envie (pronom personnel adverbial).
3. Paul et Émile voient souvent (pronom personnel réfléchi).
4. Il faut être (pronom personnel réfléchi).

32 – Les formes du pronom personnel

33 Les pronoms possessifs, démonstratifs et numéraux

> *Nous avons quatre clefs. Deux ont disparu. Je prends celle-ci et tu gardes la tienne.*
>
> *Deux* remplace *deux clefs* : c'est un pronom numéral ;
> *celle-ci* remplace *cette clef* : c'est un pronom démonstratif ;
> *la tienne* remplace *ta clef* : c'est un pronom possessif.

A Les pronoms possessifs

1 Qu'est-ce qu'un pronom possessif ?

• Le pronom possessif équivaut à un nom précédé d'un déterminant possessif.
> *Peux-tu me prêter ton badge ? J'ai perdu le mien.* [= mon badge]

• Il a toujours une **valeur de représentant**.

• Il peut exprimer des relations variées et pas nécessairement une relation de possession.
> *Mon couscous est bien meilleur que le sien.* [= le *couscous qu'il cuisine*, et non *qu'il possède*]

2 Les formes du pronom possessif

• Les pronoms possessifs sont : *le mien, la mienne, les miens, les miennes* ; *le tien, la tienne, les tiens…* ; *le sien…* ; *le nôtre…* ; *le vôtre…* ; *le leur…*

• La forme du pronom possessif varie selon :
– le genre et le nombre du nom dont il est l'équivalent ;
– la personne mise en relation avec le nom qu'il représente.

> *Ton appartement est plus lumineux que le mien.*
> [*Le mien* équivaut à *mon appartement* (masculin singulier). Il faut comprendre : *l'appartement que je loue* (le pronom est à la 1re personne du singulier.]

B Les pronoms démonstratifs

1 Qu'est-ce qu'un pronom démonstratif ?

• Le pronom démonstratif équivaut souvent à un nom précédé d'un déterminant démonstratif.
> *Cette pêche n'est pas mûre : prends plutôt celle-là.* [= cette pêche-là]

• Il peut avoir une valeur :
– de **représentant** : *Il n'a pas ri une seule fois. Cela m'a beaucoup étonnée.*
– **nominale** : *Ceux qui le souhaitent peuvent partir.*
Lorsqu'il a une **valeur nominale**, il est parfois **déictique**. *Ceci n'est pas une pipe.*

2 Les formes du pronom démonstratif

• Les **formes simples** sont : *celui, celle, ce, ceux.*

• Les **formes composées** sont : *celui-ci, celle-ci, ceci, celui-là, celle-là, cela, ça…*

C Les pronoms numéraux

• Le pronom numéral équivaut à un nom précédé d'un déterminant numéral.
> *Nous avons cinq suspects. Deux peuvent être écartés.*

• Le pronom numéral a, le plus souvent, une **valeur de représentant** (représentation partielle).

REPÉRER

1 Surlignez en jaune les pronoms possessifs, en vert les pronoms démonstratifs, en bleu les pronoms numéraux. A B C

Nous avions cinquante-quatre candidats. Trente-deux ont été éliminés parce qu'ils ne correspondaient pas du tout à ce que nous attendions. Ceux qui restent seront convoqués la semaine prochaine. Nous allons nous répartir les dossiers, ce ne devrait pas être long. Chacun examinera attentivement les siens pour préparer les entretiens.

2 Quelle est la valeur du pronom souligné dans chaque phrase ? Reliez comme il convient. A B C

1. Il a été impliqué dans plusieurs affaires, mais celle-ci a fini par un non-lieu.
2. Regardez celui-là : il a vraiment une tête de brigand !
3. Les jurés sont entrés. Deux d'entre eux semblaient très à l'aise.
4. Son avocat a l'air très efficace. Le mien l'est beaucoup moins.
5. Ceux qui connaissent la justice savent qu'elle est difficile à réformer.

- a. pronom représentant
- b. pronom nominal
- c. pronom nominal déictique

ANALYSER

3 Analysez les pronoms soulignés et cochez la bonne réponse. A

1. Notre chien est mieux dressé que le leur.
   ❑ masc. pluriel, 3ᵉ pers. du sing.   ❑ masc sing, 3ᵉ pers. du plur.
2. Tes perruches sont moins bruyantes que les siennes.
   ❑ fém. plur., 3ᵉ pers. du sing.   ❑ fém. plur., 3ᵉ pers. du plur.
3. Ses poissons sont plus colorés que les tiens.
   ❑ masc. plur., 2ᵉ pers. du sing.   ❑ masc. sing., 2ᵉ pers. du sing.

4 Le pronom possessif exprime une relation de possession. Vrai ou faux ? A

	Vrai	Faux
1. Mon assistante est en vacances. La tienne pourrait-elle m'aider ?	❑	❑
2. Ce qui était impossible pour votre génération devient possible pour la nôtre.	❑	❑
3. Mon cheval est nerveux. Le tien a l'air plus calme.	❑	❑

EMPLOYER

5 Complétez avec l'un de ces pronoms démonstratifs : *ce, ceux, celle-ci, ceux-ci, ceux-là*. B

1. .... qui ont vu l'exposition s'en souviennent encore. .... fut un énorme succès. – 2. La galerie attirait professionnels et amateurs d'art. .... y entraient par hasard, ... parce qu'ils étaient bien informés. – 3. Cette robe ne te va pas. Essaie plutôt ....

👍 *On emploie en principe la particule -ci pour renvoyer à l'élément le plus proche dans le texte ou dans la réalité représentée, et la particule -là pour renvoyer à l'élément le plus éloigné dans le texte ou dans la réalité représentée.*

6 Réécrivez les phrases en remplaçant le pronom possessif par un groupe nominal de votre choix. A

1. Je n'ai jamais rencontré la sienne. – 2. Le tien est bien meilleur. – 3. Les nôtres l'emporteront !

33 – Les pronoms possessifs, démonstratifs et numéraux

34 Les pronoms indéfinis, interrogatifs et relatifs

Qui a vu quelqu'un partir avec le sac que j'avais laissé là ?
Qui permet de poser une question : c'est un pronom interrogatif ; *quelqu'un* désigne une personne qu'on ne peut pas nommer : c'est un pronom indéfini ; *que* introduit une subordonnée relative : c'est un pronom relatif.

A Le pronom indéfini

- Le pronom indéfini désigne un être animé ou inanimé dont on ne précise pas l'identité ou le nombre.
  Tu ne peux pas venir avec ton chien : confie-le à quelqu'un.

- Il peut indiquer :
  – la **quantité nulle** : *aucun, nul, pas un, personne, rien* ;
  – la **quantité égale à un** : *quelqu'un, quelque chose, n'importe qui, n'importe quoi…*
  – la **quantité imprécise** : *certains, quelques-uns, d'aucuns, plusieurs, peu, beaucoup…*
  – la **totalité** : *tout, tous, chacun…*
  – la **similitude** et la **différence** : *le même, un autre, l'autre…*

B Le pronom interrogatif

- Le pronom interrogatif permet de demander l'identité de la personne ou de la chose concernée par ce que dit le reste de la phrase.
  Qui t'a reçu ? Que t'ont-ils dit ?

- Les formes du pronom interrogatif sont :
  – **formes simples** : *qui, que, quoi* ;
  – **formes renforcées** : *qui est-ce qui, qui est-ce que, qu'est-ce qui, qu'est-ce que…*
  – **formes composées** : *lequel, laquelle, lesquels, lesquelles* ; *auquel, à laquelle, auxquels, auxquelles* ; *duquel, de laquelle, desquels, desquelles.*

C Le pronom relatif

- Le pronom relatif relie la subordonnée relative à la proposition dont elle dépend.
  [Je n'ai jamais reçu le texto] [que tu m'as envoyé.]

- On appelle **antécédent** le nom ou le groupe nominal représenté par le pronom relatif.
  Il faut comprendre : *Tu m'as envoyé un texto.* [*Le texto* est l'antécédent du pronom relatif *que*.]

- Les formes du pronom relatif sont :
  – **formes simples** : *qui, que, dont, quoi, où* ;
  – **formes composées** : *lequel, laquelle, lesquels, lesquelles* ; *auquel, à laquelle, auxquels, auxquelles* ; *duquel, de laquelle, desquels, desquelles.*

> **À NOTER**
>
> **Comment varient les formes du pronom relatif ?**
> Les formes simples et les formes renforcées varient selon la fonction du pronom et selon le caractère animé ou inanimé de l'antécédent.
> *Voici ceux avec qui je travaille. Voici ce avec quoi je travaille. Voici ceux dont je t'ai parlé.*
> Les formes composées varient selon le genre et le nombre de l'antécédent.
> *J'ai rencontré la chef du personnel, laquelle m'a très bien reçu.*

REPÉRER

1 Dans ces proverbes, surlignez en jaune les pronoms indéfinis, en vert les pronoms interrogatifs, en bleu les pronoms relatifs.   **A B C**

1. C'est l'occasion qui fait le larron.
2. Qui ne dit mot consent.
3. Dis-moi qui tu aimes, je te dirai qui tu es.
4. Rien ne sert de courir, il faut partir à temps.
5. Il faut se méfier de l'eau qui dort.
6. La seule chose dont on soit sûr, c'est qu'on n'est sûr de rien.

2 Quelle est la valeur des pronoms en couleur ? Reliez comme il convient, en vous aidant du coup de pouce.   **A B C**

1. Peux-tu me rendre le livre que je t'ai prêté ?
2. Deux avions décollent pour Madrid ce matin. Lequel prenez-vous ?
3. À quoi penses-tu ?
4. Que chacun récupère sa valise !
5. J'ai deux solutions, l'une satisfaisante, l'autre moins.
6. Tout va bien.

- a. nominal
- b. représentant

👍 *Le pronom interrogatif a généralement une valeur nominale, sauf la forme composée (lequel, laquelle…) qui a une valeur de représentant.*
Le pronom relatif a généralement une valeur de représentant, sauf lorsqu'il est employé sans antécédent : il prend alors une valeur nominale.

ANALYSER

3 Quelle est la fonction des pronoms soulignés ? Cochez la bonne réponse.   **B C**

1. C'est exactement le voyage <u>dont</u> je rêvais.   ❏ COI   ❏ COS
2. Mon ami, <u>dont</u> tu connais l'efficacité, a déjà la solution.   ❏ COI   ❏ compl. du nom
3. <u>Qu'est-ce que</u> tu penses de tout ça ?   ❏ COD   ❏ sujet

EMPLOYER

4 Complétez les phrases avec la forme composée du pronom relatif.   **C**

1. L'acteur …… je pense a fait carrière aux États-Unis.
2. J'ai écrit à ta sœur, …… m'a demandé de tes nouvelles.
3. Ces difficultés, …… il a été question à plusieurs reprises lors de la réunion, seront bientôt surmontées.
4. Mon voisin, …… je tiens toutes ces informations, avait l'air particulièrement bien renseigné.

5 Complétez les phrases en utilisant le pronom indéfini demandé.   **A**

1. Je suis sûre que (pronom indéfini exprimant une quantité imprécise).
2. Nous avons trouvé (pronom indéfini exprimant la similitude).
3. Il a compris (pronom indéfini exprimant la totalité).

👍 *Faites attention aux accords !*

34 – Les pronoms indéfinis, interrogatifs et relatifs

Bilan 5 — Les pronoms

Maîtrisez-vous ces notions ?
Si ce n'est pas le cas, reportez-vous aux chapitres 30 à 34.

REPÉRER

1 Soulignez en rouge 2 pronoms personnels, en vert 1 pronom personnel adverbial, en bleu 1 pronom démonstratif, en noir 1 pronom indéfini.
(1 point par réponse juste) …/5

1. Je vous vois venir. – 2. C'est plus facile à dire qu'à faire. – 3. Il va falloir s'y mettre. – 4. Chacun protège les siens.

2 Dans ces titres de livres, surlignez en jaune les pronoms indéfinis, en vert les pronoms interrogatifs, en bleu les pronoms relatifs.
(0,5 point par réponse juste) …/5

1. *Qui a peur de Virginia Woolf ?* (Edward Albee, 1962)
2. *L'autre qu'on adorait* (Catherine Cusset, 2016)
3. *Rien ne s'oppose à la nuit* (Delphine de Vigan, 2011)
4. *L'homme qui rit* (Victor Hugo, 1869)
5. *Qui a dit quoi ?* (Phil Bedsom, Marc Hillman, 2016)
6. *À quoi rêvent les loups* (Yasmina Khadra, 1999)
7. *L'arbre qui donna du bois dont on fit Pinocchio* (Jean-Marie Gourio, 2016)

3 Quelle est la valeur des pronoms en couleur ? Reliez comme il convient.
(0,5 point par réponse juste) …/5

1. Nous avons plusieurs Dupont ici. Lequel demandez-vous ?
2. J'ai vu le film qui a remporté la palme d'or.
3. Chacun voit midi à porte.
4. J'en étais sûr : il a oublié notre rendez-vous !
5. Es-tu sûre de toi ?
6. Achète cinq tartes, deux aux poires, trois aux quetsches.
7. Il est arrivé premier et cela ne m'étonne pas.

- a. nominal
- b. nominal déictique
- c. représentant (représentation totale)
- d. représentant (représentation partielle)

4 Dans l'exercice 3, quelle phrase comporte un pronom à valeur cataphorique ?

ANALYSER

5 Quel est le sens du pronom personnel dans la situation d'énonciation : (1) locuteur, (2) destinataire, (3) personne/chose dont on parle ? Attention ! il faut attribuer deux numéros à certains pronoms. *(0,5 point par réponse juste)*

1. Ton père et moi sommes heureux pour toi. Tu penseras à nous envoyer une carte postale !
2. Vous êtes prié d'enregistrer ce bagage : il est trop volumineux pour rester en cabine.
3. Elle doit se prendre en charge. Je refuse de lui payer son billet d'avion.
4. N'oublie pas ta crème solaire : nous allons avoir un temps magnifique !

6 Dans l'exercice 5 : a. Repérez un pronom personnel de forme disjointe et un pronom personnel réfléchi. b. Que pouvez-vous dire de l'emploi de *vous* dans la phrase 2 ? *(1 point par réponse juste)* …/5

....
....

7 Quelle est la fonction des pronoms en couleur : COI, COS, COD, sujet ou complément de l'adjectif ? Cochez la bonne réponse. *(1 point par réponse juste)* …/4

1. L'intelligence artificielle **dont** on parle tant est déjà utilisée. ❏ COI ❏ COS
2. Il a déjà vendu l'application **dont** il était si fier. ❏ compl. de l'adjectif ❏ COI
3. **Qu'est-ce qui** pourrait arrêter la généralisation des robots ? ❏ COD ❏ sujet
4. Le monde a connu de nombreuses révolutions. Je ne vois pas **à laquelle** comparer celle que nous vivons. ❏ COI ❏ COS

EMPLOYER

8 Pour supprimer les répétitions, remplacez le groupe de mots souligné par le pronom qui convient. *(1 point par réponse juste)* …/5

1. Ses enfants sont très sportifs. <u>Mes enfants</u> ne sont pas <u>sportifs</u> du tout.
2. Paris voudrait accueillir les Jeux Olympiques. <u>Accueillir les Jeux Olympiques</u> serait une grande chance !
3. Les concurrents étaient de haut niveau. <u>Aucun concurrent</u> n'a abandonné la course.
4. Les finalistes s'affronteront dimanche. <u>Quel finaliste</u> remportera le tournoi ?

9 Complétez avec la forme composée du pronom relatif. Attention aux accords ! *(1 point par réponse juste)* …/4

1. « Nos défauts sont les yeux par .... nous voyons l'idéal. »
   (Friedrich Nietzsche, *Le Voyageur et son ombre*)
2. « Elle était avec son mari, madame Homais et le pharmacien, ... se tourmentait beaucoup sur le danger des fusées perdues. »
   (Gustave Flaubert, *Madame Bovary*)
3. « Mais l'esprit humain répugne à s'accepter des mains du hasard, à n'être que le produit passager de chances .... aucun dieu ne préside, surtout pas lui-même. »
   (Marguerite Yourcenar, *Mémoires d'Hadrien*)
4. « Je me figurais l'hôtel de la princesse de Guermantes comme plus ou moins fréquenté par la duchesse de Longueville et par le Grand Condé, ... la présence rendait bien peu vraisemblable que j'y pénétrasse jamais. »
   (Marcel Proust, *Le Côté de Guermantes*)

10 Complétez les phrases de manière à employer le pronom indéfini demandé. *(1 point par réponse juste)* …/3

1. Il ne faut pas accepter que .... (pronom indéfini exprimant la quantité égale à un).
2. Il est évident que .... (pronom indéfini exprimant la quantité nulle).
3. Dans ce cas, je préfère .... (pronom indéfini exprimant la différence).

Calculez votre score

Entre 37 et 29 points	Entre 29 et 20 points	Moins de 20 points
Bravo, vous maîtrisez les pronoms ! Passez aux chapitres suivants !	Pas mal. Mais des points vous posent encore problème. Les avez-vous identifiés ?	Vous hésitez encore. Révisez les leçons à tête reposée.

Bilan 5 – Les pronoms

35 Le verbe

Courir, marcher, nager, manger, naître, mourir, devenir, sembler, paraître…
Tous ces mots indiquent des actions ou des états :
ce sont des verbes.

A Qu'est-ce qu'un verbe ?

- Le verbe est le pivot autour duquel s'organise la phrase. C'est le **noyau du groupe verbal**.

- On distingue traditionnellement trois groupes de verbes : le **1er groupe** (infinitifs en *-er*, sauf *aller*) ; le **2e groupe** (infinitifs en *-ir* et participe présent en *-issant*) ; le **3e groupe** (tous les autres verbes).

B Conjuguer un verbe

1 Les modes

- Le **subjonctif**, l'**indicatif** et l'**impératif** sont les **modes personnels**.
Leurs formes varient selon la personne.
    Pourvu que je gagne, que tu gagnes, que nous gagnions, qu'ils gagnent.

- L'**infinitif**, le **participe** et le **gérondif** sont les **modes impersonnels**.
Leurs formes ne varient pas selon la personne.
    Tu as gagné en trichant. Vous avez gagné en trichant.

2 Les voix

- Une phrase à la **voix passive** s'obtient en transformant une phrase à la **voix active** : le verbe se met au passif, le COD devient sujet, le sujet devient complément d'agent (groupe prépositionnel introduit par *par* ou, plus rarement, *de*).
    Mon cousin a peint ce tableau.   Ce tableau a été peint par mon cousin.
          voix active   voix passive

3 L'aspect

- Le temps du verbe donne des indications sur le déroulement de l'action : c'est l'**aspect du verbe**.

- Les temps simples marquent l'**aspect inaccompli**, les temps composés l'**aspect accompli**.

C Les périphrases verbales

- On appelle périphrase verbale l'ensemble formé par un semi-auxiliaire et un infinitif. Le semi-auxiliaire perd une partie de son sens et porte l'indication du temps, du mode, de la personne, etc.
    Il va appeler ce soir.
    [Le semi-auxiliaire *aller* n'indique pas qu'il se déplacera, mais que l'action d'*appeler* se passe dans un futur proche.]

- On distingue :
— des **périphrases verbales temporelles**, qui marquent le passé récent (*venir de*) ou le futur proche (*aller*) ;
— des **périphrases verbales aspectuelles**, qui envisagent l'action à son début (*commencer à*), dans son déroulement (*être en train de*), dans sa fin (*finir de*) ;
— des **périphrases verbales de voix**, qui indiquent que le sujet fait faire l'action ou la laisse faire (*faire, laisser*) ;
— des **périphrases verbales modales**, qui marquent la possibilité, l'obligation, la permission… (*pouvoir, devoir, sembler*…).

REPÉRER

1. Dans le texte suivant, surlignez en jaune les trois périphrases verbales, en vert les autres verbes conjugués.

> Vendredi à Bratislava, vingt-sept présidents et premiers ministres vont sonner le branle-bas de combat pour doter l'UE de vrais moyens militaires, avec d'ici à six mois une liste d'objectifs et un calendrier précis. [...] La perspective du Brexit fait disparaître un droit de véto britannique vieux de 43 ans. Elle libère, un peu partout, une ambition sécuritaire nourrie par l'instabilité aux frontières [...]. Au sommet de Bratislava, « l'Europe qui protège » doit passer du leitmotiv à l'action. Le rythme est dicté par l'urgence, avec quelques arrière-pensées électorales.
>
> ■ *Le Figaro*, mercredi 14 septembre 2016

ANALYSER

2. Donnez l'infinitif de chaque verbe puis classez tous les infinitifs en trois colonnes, selon le groupe auquel ils appartiennent : 1er groupe, 2e groupe et 3e groupe.

1. ils ont découvert – 2. nous eûmes préféré – 3. j'accueillerai – 4. Va ! – 5. elle choisissait – 6. vous avez prédit – 7. nous haïssons – 8. en se taisant.

3. Les phrases suivantes sont à la voix passive. Vrai ou faux ?

	Vrai	Faux
1. Les boissons sont offertes par la maison.	☐	☐
2. De nouvelles mosaïques ont été découvertes à Pompéi.	☐	☐
3. Cette actrice est longtemps restée inconnue du grand public.	☐	☐

4. Quelle est la valeur de la périphrase verbale en couleur ? Reliez comme il convient.

1. Il vient d'appeler.
2. Ils se sont tous mis à rire.
3. Tu la laisseras se débrouiller toute seule.
4. J'ai failli rater mon train.
5. Ils continuent de protester contre la réforme.
6. Je ne saurais accepter une telle faveur.

- a. valeur temporelle
- b. valeur aspectuelle
- c. valeur de voix
- d. valeur modale

EMPLOYER

5. Complétez le tableau selon le modèle.

Voix active	Voix passive
Le public l'a ovationnée.	Elle a été ovationnée par le public.
Les musiciens avaient déjà installé les pupitres.	
	Le la est donné par le hautbois au premier violon.
On rénovera bientôt la salle Pleyel.	

Pour former le verbe à la voix passive, il faut mettre l'auxiliaire être *au même temps que le verbe à la voix active. Voix active, futur :* il aimera → *voix passive, futur :* il sera *aimé.*
Faites attention au temps du verbe !

L'infinitif

> *Vous devez lire attentivement la notice pour comprendre comment monter ce meuble.*
> Les verbes *lire*, *comprendre* et *monter* sont donnés sous cette forme dans le dictionnaire : ce sont des infinitifs.

A. Les formes de l'infinitif

L'infinitif est un **mode impersonnel**.

1 L'infinitif possède deux temps.
- L'**infinitif présent** (*regarder, saisir, confondre…*) indique l'**aspect inaccompli**.
- L'**infinitif passé** (*avoir regardé, être parti…*) indique l'**aspect accompli**.

2 Bien que **non temporel**, l'infinitif situe parfois l'action par rapport à une autre action.
- L'**action de l'infinitif présent** se déroule souvent en même temps que celle du verbe conjugué.
  Je me réjouissais de les savoir réconciliés.
- L'**action de l'infinitif passé** se déroule souvent avant celle du verbe conjugué.
  Je me félicite de lui avoir confié ce secret.

B. Les emplois nominaux de l'infinitif

- L'infinitif peut avoir la fonction d'un nom ou d'un groupe nominal.
- Il est alors employé seul ou comme noyau d'un groupe appelé groupe infinitif.
  Il a préféré accepter ce compromis. [Le groupe infinitif est COD de *a préféré*.]

À NOTER
L'infinitif conserve néanmoins ses propriétés verbales : il peut avoir des compléments et être mis à la forme négative. Dans l'exemple ci-dessus, *accepter* a pour COD *ce compromis*.

C. Les emplois verbaux de l'infinitif

L'infinitif peut avoir le même rôle qu'un verbe conjugué : il sert alors à construire le prédicat.

1 Dans une proposition indépendante

- L'**infinitif de narration** exprime la soudaineté de l'action : *Et tous d'accourir.*
- L'**infinitif délibératif**, dans une phrase interrogative, permet au locuteur de s'interroger sur ce qu'il doit faire : *Comment l'aider ? Que faire ?*
- L'**infinitif exclamatif** exprime la protestation, l'étonnement ou le souhait : *Moi, y aller ! Lui, t'avoir souri ! Partir loin d'ici !*
- L'**infinitif injonctif** exprime un ordre ou un conseil : *Battre 3 œufs. Appeler le 18.*

2 Dans une proposition subordonnée

- Dans une **interrogative indirecte**, l'infinitif a une valeur délibérative : *Elle ne sait pas où aller.*
- Dans une **relative**, l'infinitif exprime la possibilité : *Il cherche une place où se garer.*
- Dans une **infinitive**, l'infinitif a son sujet propre : *J'ai vu les touristes affluer.*

À NOTER
L'infinitif peut également être employé dans une périphrase verbale (→ 35).

REPÉRER

1. Surlignez en vert les infinitifs et groupes infinitifs à valeur nominale, en jaune les infinitifs à valeur verbale.

Comment circuler à Londres ? Prendre un taxi est onéreux. Le mieux reste d'investir dans une Oyster Card pour prendre le bus ou le métro. Elle se commande en ligne, mais sur place, on trouve également de nombreux endroits où l'acheter. Ne pas oublier de la recharger régulièrement !

ANALYSER

2. Quelle est la fonction des infinitifs ?

1. Tricher n'est pas jouer. – 2. Entrez sans frapper. – 3. C'est facile à dire.

3. Quelle est la valeur des infinitifs dans ces propositions indépendantes ? Reliez comme il convient.

1. Se lever à midi et n'avoir rien à faire !
2. Où aller à cette heure de la nuit ?
3. Conserver au frais après ouverture.
4. Et la jeune fille de s'écrier : « Je vous jure que je dis vrai ! »

a. infinitif de narration
b. infinitif injonctif
c. infinitif délibératif
d. infinitif exclamatif

4. Dans quel type de proposition subordonnée l'infinitif est-il employé ? Encadrez le(s) mot(s) qui permet(tent) de le savoir et reliez comme il convient.

1. « Je vois rêver Platon et penser Aristote. »
   (Alfred de Musset, « L'Espoir en Dieu », *Poésies nouvelles*)
2. Il ne sait plus qu'inventer pour attirer leur attention.
3. Je cherche un collaborateur sur lequel m'appuyer.
4. J'ignore où trouver les horaires.

a. relative
b. interrogative indirecte
c. infinitive

👍 *Pour reconnaître une proposition infinitive, il faut repérer le sujet de l'infinitif, qui n'est pas le même que celui du verbe conjugué.*

EMPLOYER

5. En suivant le modèle, remplacez le verbe en couleur par un infinitif au temps qui convient.

Il affirmait qu'il avait passé tous ses diplômes à l'étranger.
→ *Il affirmait avoir passé tous ses diplômes à l'étranger.*

1. Comme toujours, il prétendra qu'il a obtenu le meilleur score.
2. Nous espérons que nous aurons du beau temps durant notre séjour.
3. Elle prétendait qu'elle le connaissait depuis plus d'un an.

6. Employez, dans une phrase de votre choix, les infinitifs et les groupes infinitifs avec la valeur et la fonction demandées.

1. Voler de ses propres ailes (valeur nominale ; COI)
2. S'engouffrer (valeur verbale dans une proposition infinitive)
3. Étonner (valeur verbale dans une subordonnée interrogative indirecte)

36 – L'infinitif

Le participe

> J'ai croisé un homme <u>haletant</u> sous le poids d'une énorme valise.
> *Haletant* est un participe présent.

A — Les formes du participe

Le participe est un **mode impersonnel**.

1 Les deux temps du participe

- Le **participe présent**
– Il se termine toujours en *-ant* : *discutant, rougissant, s'émouvant, souriant…*
– Il est invariable.

- Le **participe passé**
– Il se termine en *-é* pour les verbes du 1er groupe, en *-i* pour les verbes du 2e groupe, en *-i (-is, -it)*, *-u (-û, -us)* et *-t* pour les verbes du 3e groupe : *approuvé, applaudi, surpris, promu, écrit…*
– Il a une **forme simple** (sans auxiliaire : *bu*) et une **forme composée** (avec l'auxiliaire *avoir* ou *être* : *étant sorti, ayant bu*).
– Il **peut s'accorder** : *Elles seront bien <u>accueillies</u>.*

2 Le participe, un mode non temporel

- Le participe présent, comme temps simple, indique l'**aspect inaccompli**.
Son action se déroule donc en même temps que l'action du verbe conjugué.

> *Ne <u>disposant</u> pas de connexion, je ne consulterai pas ma messagerie cet été.*

- Le participe passé, comme temps composé, indique l'**aspect accompli**.
Son action se déroule donc avant l'action du verbe conjugué.

> *<u>Ayant accepté</u> une mission à l'étranger, il ne peut pas se joindre à nous.*

B — Les emplois du participe

1 Le participe peut avoir les **fonctions d'un adjectif**.

- Il peut être :
– **épithète** : *Je rêve d'une grande baie vitrée <u>donnant</u> sur la mer.*
– **apposé** : *D'abord <u>connue</u> pour ses talents musicaux, elle est ensuite devenue actrice.*
– **attribut du COD** : *J'imagine Flora <u>déambulant</u> dans les rues de Naples.*

- Seul le participe passé peut être attribut du sujet.
On peut dire *Elle est très <u>respectée</u> dans ses fonctions de directrice.*
Mais on ne peut pas dire **Elle est très <u>respectant</u> ses collaborateurs.*

> **À NOTER**
> Tout en ayant les fonctions d'un adjectif, le participe conserve ses propriétés verbales :
> il peut avoir des compléments et être mis à la forme négative.
> *N'<u>ayant</u> jamais <u>exercé</u> en libéral, j'ignore tout des démarches à faire.*

2 Le participe a également des **emplois verbaux**.

- Le participe passé, précédé de l'auxiliaire *avoir* ou *être,* permet de former les temps composés de la voix active, ainsi que les formes de la voix passive.

- Dans une subordonnée participiale, le participe est le noyau du groupe verbal. Il a un sujet différent de celui du verbe principal : *Les soldes <u>s'achevant</u> demain, on ne trouve plus rien dans les rayons.*

REPÉRER

1. Surlignez en bleu les participes passés de forme simple, en jaune les participes passés de forme composée, en rose les participes présents.

Les travaux sur la ligne A du RER ayant duré tout l'été, elle avait pris l'habitude d'emprunter la ligne 14 pour se rendre au travail. Un peu moins fréquentée, cette ligne la conduisait directement à la station Gare de Lyon, lui permettant finalement de gagner un temps précieux. Les travaux du RER achevés, elle se décida pourtant à reprendre son ancien itinéraire.

ANALYSER

2. Les participes en couleur ont-ils la valeur d'un adjectif ou celle d'un verbe ? Cochez la bonne réponse.

	Adjectif	Verbe
1. Les gratuits rencontrant un vif succès, la presse écrite voit ses ventes diminuer.	☐	☐
2. La rédaction s'est réunie pour discuter des stratégies possibles.	☐	☐
3. La direction envisage de créer un site web offrant un complément d'information.	☐	☐
4. Cette proposition ayant été adoptée, il faudra recruter un webmestre.	☐	☐

👍 *Le participe a un emploi verbal, soit lorsqu'il a son sujet propre, soit lorsqu'il suit un auxiliaire.*

3. Les participes soulignés sont employés comme adjectifs. Quelle est leur fonction ?

1. Elle était elle-même <u>étonnée</u> d'avoir remporté un pareil succès.
2. <u>Étonnés</u> de se retrouver là, ils s'embrassèrent aussitôt.
3. <u>Se dissipant</u> peu à peu, le brouillard laissa place à un paysage enneigé.
4. Je crois ses doutes <u>dissipés</u>.

👍 *L'attribut du COD se construit souvent avec des verbes d'opinion.*

EMPLOYER

4. Accordez le participe passé lorsque c'est nécessaire.

Les activités proposé…… par le club nautique ont rencontré…… cette année un vif succès, grâce aux nouveaux moniteurs que le président a recruté……. Expérimenté…… et rempli…… d'énergie, ils ont initié…… de nombreux vacanciers à la voile, mais aussi au paddle ou au kitesurf. Les équipements dans lesquels le club a investi…… en début de saison ont été largement rentabilisé…….

👍 *Le participe passé employé avec l'auxiliaire* être *s'accorde avec le sujet. Le participe passé employé avec l'auxiliaire* avoir *s'accorde avec le COD, uniquement lorsque celui-ci est placé avant.*

5. Transformez les phrases en remplaçant le participe par le groupe de mots ou la proposition demandés.

1. Il quitta la pièce, n'ayant pas prononcé un mot. (groupe prépositionnel avec infinitif)
2. Décidée à se montrer conciliante, elle accepta sa proposition. (subordonnée circonstancielle)
3. Oubliant sa peur, elle s'élança sur la piste noire. (proposition indépendante coordonnée)
4. Il écoute attentivement le guide donnant les consignes de sécurité. (proposition relative)

38 Les formes associées au participe présent : l'adjectif verbal et le gérondif

> *Elle s'est montrée <u>convaincante</u> et a emporté l'adhésion <u>en exposant</u> clairement les enjeux.*
>
> *Convaincante* et *en exposant* ont des formes proches, mais différentes, des participes présents *convainquant* et *exposant* : *convaincante* est un adjectif verbal, *en exposant* est un gérondif.

A L'adjectif verbal

1 Qu'est-ce que l'adjectif verbal ?

L'adjectif verbal est un adjectif formé à partir du participe présent. Mais, contrairement au participe présent, il s'accorde, il peut être attribut et il ne conserve pas les propriétés du verbe.

> *Elle est fuyante.*
> [La phrase **Elle est fuyante la canicule* n'a pas de sens. L'adjectif verbal n'admet pas de complément verbal.]

2 Particularités orthographiques de certains adjectifs verbaux

- À certains participes présents en **-quant** correspondent des adjectifs verbaux en **-cant** : *provocant, communicant, convaincant, suffocant, vacant, intoxicant, claudicant*.

- À certains participes présents en **-guant** correspondent des adjectifs verbaux en **-gant** : *fatigant, divagant, extravagant, intrigant, navigant, zigzagant*.

- À certains participes présents en **-ant** correspondent des adjectifs verbaux en **-ent** : *convergent, divergent, différent, excellent, influent, précédent, négligent*.

B Le gérondif

1 Qu'est-ce que le gérondif ?

- Il est composé de la préposition **en** suivie du **participe présent**. Il est invariable.
- Le gérondif de forme simple indique l'**aspect inaccompli**.
  > *Hier, j'ai retrouvé ta carte de bus en rangeant la bibliothèque.*
- Le gérondif de forme composée (plus rare) indique l'**aspect accompli**.
  > *En ayant signé le contrat sans le lire, tu t'exposes à des déconvenues.*

2 Les emplois du gérondif

Le gérondif peut avoir la **fonction d'un complément circonstanciel** :
- de **manière** : *Il a accepté en soupirant.*
- de **moyen** : *J'ai ranimé le feu en soufflant sur les braises.*
- de **temps** : *Tu éteindras la lumière en partant.*
- de **condition** : *En cliquant ici, vous acceptez les conditions de vente.*
- d'**opposition** : *Tout en se montrant aimable, il est prêt au pire.*
- de **cause** : *Je l'ai vexé en refusant son offre.*

À NOTER

- Le gérondif conserve ses propriétés de verbe : il peut avoir des compléments et être mis à la forme négative.
  > *En n'acceptant aucun poste à l'étranger, tu te prives de belles opportunités.*

REPÉRER

1. Adjectif verbal ou participe présent ? Cochez la bonne réponse.

	Adjectif verbal	Participe présent
1. Les facteurs influant sur l'environnement sont multiples.	❏	❏
2. Il est très influent au ministère.	❏	❏
3. Elle est arrivée toute tremblante.	❏	❏
4. Tremblant d'effroi, il frappa à la porte.	❏	❏
5. Elle a adopté un ton tranchant qui n'admettait pas la réplique.	❏	❏
6. Tranchant dans le vif, elle a décidé de lui retirer le dossier.	❏	❏

2. Dans ces incipits, surlignez en vert les participes présents, en bleu les adjectifs verbaux, en jaune les gérondifs.

1. « De chaque côté du fleuve glacé, l'immense forêt de sapins s'allongeait sombre et menaçante. » (Jack London, *Croc-Blanc*, 1906)
2. « Une fois, par un minuit lugubre, tandis que je m'appesantissais, faible et fatigué, sur maint curieux et bizarre volume de savoir oublié, – tandis que je dodelinais de la tête, somnolant presque, soudain se fit un heurt, comme de quelqu'un frappant doucement, frappant à la porte de ma chambre, – cela seul et rien de plus. » (Edgar Poe, *Le Corbeau*, traduction Charles Baudelaire, 1853)
3. « En se réveillant un matin après des rêves agités, Gregor Samsa se retrouva, dans son lit, métamorphosé en un monstrueux insecte. » (Franz Kafka, *La Métamorphose*, 1912)

ANALYSER

3. Quelle est la fonction du gérondif ? Reliez comme il convient.

1. Il est parti en courant.
2. Il s'est luxé le genou en tombant à ski.
3. En reconnaissant ton erreur, tu risques de te discréditer.
4. Vous argumenterez en vous appuyant sur des exemples concrets.
5. Tu nous enverras un message en arrivant.

a. cause
b. manière
c. moyen
d. temps
e. condition

EMPLOYER

4. Participe présent ou adjectif verbal ? Cochez la bonne orthographe.

1. L'atmosphère ❏ suffoquante ❏ suffocante du salon me fit aussitôt fuir.
2. Il annonça que tous les billets étaient vendus, ❏ provoquant ❏ provocant un véritable tollé.
3. ❏ Négligeant ❏ négligent les uns, favorisant les autres, il crée la zizanie.
4. J'ai le souvenir d'un voyage particulièrement ❏ fatiguant ❏ fatigant pour nous tous.

5.  Imaginez trois légendes pour cette image, en employant :

a. un participe présent
b. un adjectif verbal
c. un gérondif

38 – Les formes associées au participe présent

39 L'indicatif

Aujourd'hui, je visite le château, demain je découvrirai le musée.
Les deux actions se déroulent respectivement pendant et après le moment de l'énonciation : l'indicatif est un mode temporel, qui permet de situer chronologiquement une action.

A Les temps de l'indicatif

1 Les temps simples

- Ils sont formés d'un seul mot à la voix active : *elle chuchote, ils bavardaient, tu répondis, j'argumenterai*.

- Ils marquent l'**aspect inaccompli**, c'est-à-dire qu'ils envisagent l'action en cours d'accomplissement.
    Ils bavardaient depuis bientôt une heure, sans voir le temps passer.

2 Les temps composés

- Ils sont formés de deux mots : *elle a chuchoté, ils avaient bavardé, tu eus répondu, j'aurai argumenté*.

- Ils marquent l'**aspect accompli**, c'est-à-dire qu'ils envisagent l'action comme étant achevée.
    Nous avons fini le montage du dossier.

- Dans une phrase où un temps simple et un temps composé sont mis en relation, le temps composé marque l'antériorité, en raison de son aspect accompli.
    Dès qu'elle eut donné son accord, il se mit au travail.

3 Correspondance temps simples/temps composés

À chaque temps simple correspond un temps composé. Le temps composé est formé de l'auxiliaire *avoir* ou *être* au temps simple correspondant et du participe passé du verbe conjugué.

Temps simple	Exemple	Temps composé	Exemple
Présent	j'aide	Passé composé	j'ai aidé
Imparfait	j'aidais	Plus-que-parfait	j'avais aidé
Futur	j'aiderai	Futur antérieur	j'aurai aidé
Passé simple	j'aidai	Passé antérieur	j'eus aidé
Conditionnel présent	j'aiderais	Conditionnel passé	j'aurais aidé

B Les valeurs des temps de l'indicatif

- Un temps de l'indicatif peut avoir une valeur :
- **temporelle** : il situe chronologiquement l'action par rapport au présent d'énonciation ;
    Je l'appellerai demain matin.

- **modale** : il indique le degré de réalité de l'action ;
    Si nous partions avant 8 h, nous éviterions les embouteillages.
    [L'indicatif imparfait indique que l'événement est envisagé comme possible.]

- **stylistique** : un temps est utilisé à la place d'un autre pour donner davantage de relief à l'expression.
    Onze ans après, il perdait la bataille de Waterloo.
    [L'imparfait est mis à la place du passé simple pour mettre l'action en relief.]

- Sur les valeurs des différents temps de l'indicatif → 40 à 43.

REPÉRER

1. Surlignez en bleu les temps simples de l'indicatif, en jaune les temps composés.

Sérieusement, Vicomte, vous avez quitté la Présidente ? Vous lui avez envoyé la lettre que je vous avais faite pour elle. En vérité, vous êtes charmant ; et vous avez surpassé mon attente ! J'avoue de bonne foi que ce triomphe me flatte plus que tous ceux que j'ai pu obtenir jusqu'à présent. Vous allez trouver peut-être que j'évalue bien haut cette femme, que naguère j'appréciais si peu ; point du tout ; mais c'est que ce n'est pas sur elle que j'ai remporté cet avantage ; c'est sur vous : voilà le plaisant et qui est vraiment délicieux. Oui, Vicomte, vous aimiez beaucoup madame de Tourvel, et même vous l'aimez encore ; vous l'aimez comme un fou : mais parce que je m'amusais à vous en faire honte, vous l'avez bravement sacrifiée.

■ Pierre Choderlos de Laclos, *Les Liaisons dangereuses* (1782)

ANALYSER

2. Quelle est la valeur du temps du verbe en couleur ? Reliez comme il convient.

1. Les Alliés **mirent** près d'un an à libérer la France.
2. Les Alliés **mettront** près d'un an à libérer la France.
3. Si les Alliés ne nous **avaient** pas **libérés**, nous serions allemands.
4. En 1870, Rimbaud **décide** de partir pour Paris.
5. Après le drame de Bruxelles, Verlaine ne **revit** plus jamais Rimbaud.

• valeur stylistique
• valeur temporelle
• valeur modale

EMPLOYER

3. Complétez le tableau.

Temps simple	Temps composé correspondant
vous demandez	vous avez demandé
nous cherchons	
	il avait deviné
tu inventeras	
	ils eurent trouvé
je répondrais	

4. Mettez le verbe de la subordonnée au temps composé qui convient.

1. Je devinais toujours à son humeur s'il (remporter) le match.
2. Quand elle (choisir) la couleur, nous repeindrons sa chambre.
3. Dès que les retardataires nous (rejoindre), nous partîmes.
4. Je me demande si tu (travailler) sérieusement ta partition.

👍 *Identifiez d'abord le temps simple dans la principale pour déterminer quel temps composé correspondant vous devez employer dans la subordonnée.*

5. Mettez le verbe de la principale au temps simple qui convient.

1. Nous (lancer) le projet une fois que nous aurons réuni tous les fonds.
2. Quand on l'avait trahi, il ne (redonner) plus sa confiance.
3. J'(ignorer) comment ils ont réussi à sauver cette entreprise.
4. Après qu'elle eut parlé, les langues (se délier).

👍 *Identifiez d'abord le temps composé de la subordonnée pour déterminer quel temps simple correspondant vous devez employer dans la principale.*

40 Le présent de l'indicatif

Si tu veux bien, aujourd'hui je saisis les dépenses, demain je m'occupe des recettes.

La première action est possible, la deuxième action se déroule au moment de l'énonciation, la troisième action se déroule après l'énonciation : le présent de l'indicatif a différentes valeurs.

A Les formes du présent de l'indicatif

1 Verbes du 1er groupe
Les terminaisons sont toujours : *-e, -es, -e, -ons, -ez, -ent*.

je compte, tu comptes, elle compte, nous comptons, vous comptez, elles comptent

2 Verbes du 2e groupe
Les terminaisons sont toujours : *-s, -s, -t, -ons, -ez, -ent*. Le radical présente une forme longue en **ss** aux trois personnes du pluriel.

je choisis, tu choisis, il choisit, nous choisissons, vous choisissez, ils choisissent

3 Verbes du 3e groupe
Le radical est souvent variable. Les terminaisons sont généralement : *-s, -s, -t, -ons, -ez, -ent* ; parfois *-x, -x, -t* (*pouvoir, vouloir, valoir*), *-e, -es, -e*.

je vois, je veux, j'ouvre

B Les valeurs du présent de l'indicatif

1 Les valeurs temporelles

Valeurs	L'action se déroule :	Exemple
Présent de l'énonciation	– au moment où l'on parle	*Je l'aperçois qui traverse la rue.*
Futur proche	– juste après le moment où l'on parle	*Elle arrive dans un instant.*
Passé proche	– juste avant le moment où l'on parle	*Il sort à l'instant*
Présent descriptif	– au-delà du moment où l'on parle	*Elle est petite et menue.*
Présent itératif (répétition)		*Ils se réunissent une fois par an.*
Présent gnomique	– de tout temps (vérités générales, définitions, proverbes, etc.)	*Deux et deux font quatre.* *Une hirondelle ne fait pas le printemps.*

2 Les valeurs stylistiques

Le présent peut remplacer :	Effet recherché	Exemple
• un temps du passé (présent de narration)	rendre le récit plus vivant	*Napoléon meurt le 5 mai 1821.*
• le futur simple	présenter l'action comme certaine	*L'an prochain, je passe le permis.*

3 Une valeur modale
Dans une subordonnée hypothétique introduite par *si*, le présent de l'indicatif a une valeur modale : il indique que l'hypothèse est envisagée comme probable : il exprime l'**éventuel**.

Si tu viens à Paris, je prendrai une journée de congé.

REPÉRER

1. Entourez les verbes au présent de l'indicatif.

> Cet animal concentre à peu près tous les défauts. Il est affreusement laid (une grosse saucisse noire à large gueule et queue boudinée), il sent mauvais (une façon de se défendre), son appétit est sans limites, avec un goût prononcé pour les charognes (jamais très ragoûtant) ; enfin, ses cris stridents et sa propension à voir ses oreilles virer au rouge à la moindre excitation lui ont donné le doux nom de diable de la Tasmanie (on a fait plus populaire).
>
> ■ *Le Monde*, 7 septembre 2016

ANALYSER

2. Quelle est la valeur de l'indicatif présent des verbes en couleur :
valeur temporelle (1), valeur stylistique (2), valeur modale (3) ?
Attribuez à chaque phrase le bon numéro.

1. En 2005, la Bibliothèque nationale de France *décide* de numériser massivement ses fonds.
2. Beaucoup d'éditeurs *redoutent* la concurrence des publications en ligne.
3. Si tu *cherches* de nouveaux talents, navigue sur le Web !
4. Les internautes *passent* en moyenne 2 h par jour sur les réseaux sociaux.

3. Dans chacune des phrases suivantes, quelle est la valeur temporelle du présent *commence* ?

1. Dépêche-toi : ça *commence* dans cinq minutes !
2. Pas de panique : ça *commence* tout juste !
3. Dépêche-toi : ça *commence* !
4. « Toujours, quand l'affection *commence*, le drame *commence*. »
(Henry de Montherlant, *Demain il fera jour*)

4. Quelle est la valeur des verbes au présent de l'indicatif ?
Quel est l'effet produit ?

> Pendant cette marche en avant, l'adjudant Pesnel veut obliger les soldats couchés à se lever pour avancer. D'un coup de pied, il pense être obéi, mais aucun sursaut ne répond ; il se baisse et s'aperçoit que ce ne sont que des cadavres. Ces soldats ont été tués pendant qu'ils tiraient à plat ventre et sont restés tels.
>
> ■ Pierre Chausson, *Paroles de poilus. Lettres et carnets du front, 1914-1918*

EMPLOYER

5. Complétez les verbes en couleur avec la bonne terminaison.

Une éolienne *produi*........ de l'énergie renouvelable : elle *transform*........ la puissance du vent en énergie mécanique, laquelle *fourni*........ ensuite de l'énergie électrique. Si l'on *enten*........ parfois parler de ses inconvénients, il *fau*........ admettre qu'elle *rest*........ aujourd'hui l'une des rares sources d'énergie propre.

6. Faites quatre phrases dans lesquelles les verbes *claque* et *sonne* auront la valeur indiquée entre parenthèses.

1. La porte claque (itératif).
2. La porte claque (présent de l'énonciation).
3. Le réveil sonne (hypothèse).
4. Le réveil sonne (futur proche).

40 – Le présent de l'indicatif

41 L'imparfait et le passé simple de l'indicatif

> Nous <u>attendions</u> sur le quai depuis vingt minutes lorsque le train <u>entra</u> enfin en gare.
> L'entrée du train en gare vient interrompre l'attente : *attendions* est à l'imparfait, *entra* au passé simple.

A L'imparfait

1 Les terminaisons de l'imparfait sont : *-ais, -ais, -ait, -ions, -iez, -aient*.
   j'attend<u>ais</u>, tu attend<u>ais</u>, il attend<u>ait</u>…

2 L'imparfait a une **valeur temporelle** lorsqu'il s'emploie :
- pour une action qui se déroule dans le passé ;
   Il y a un mois, nous <u>emménagions</u>.
- dans un récit au passé, pour évoquer les circonstances secondaires, pour commenter l'événement principal ➔ **imparfait d'arrière-plan** ;
   La nuit <u>tombait</u>, nous <u>étions</u> épuisés, cela <u>devait</u> arriver.
- pour marquer la répétition dans le passé ➔ **imparfait itératif** ;
   Il l'<u>appelait</u> tous les mardis soirs.
- au discours indirect, lorsque le verbe principal est au passé ➔ **imparfait de concordance**.
   Il a dit qu'il <u>fallait</u> persister. Mais : *Il dit qu'il <u>faut</u> persister.*

3 L'imparfait a une **valeur modale** lorsqu'il s'emploie dans une subordonnée introduite par *si* :
- pour un fait possible dans le présent ou l'avenir ➔ **potentiel** ;
   S'il <u>venait</u>, nous le recevrions.
- pour un fait impossible dans le présent ➔ **irréel du présent**.
   S'il <u>était</u> fiable, je l'embaucherais.

À l'oral, l'imparfait a aussi une valeur modale lorsqu'il s'emploie pour atténuer une demande.
   Qu'est-ce qu'il vous <u>fallait</u> ?

4 L'imparfait a une **valeur stylistique** lorsqu'il remplace le passé simple dans un récit pour donner du relief à l'action (➔ **imparfait pittoresque**).
   L'année suivante, il <u>remportait</u> le tournoi et <u>retrouvait</u> son premier rang mondial.

B Le passé simple

1 Les terminaisons du passé simple sont :
- *-ai, -as, -a, -âmes, -âtes, -èrent* pour le 1ᵉʳ groupe : *je march<u>ai</u>, nous march<u>âmes</u>* ;
- *-is, -is, -it, -îmes, -îtes, -irent* pour le 2ᵉ groupe : *je ralent<u>is</u>, nous ralent<u>îmes</u>* ;
- *-is, -is, -it, -îmes, -îtes, -irent* ou *-us, -us, -ut, -ûmes, -ûtes, -urent* ou *-ins, -ins, -int, -înmes, -întes, -inrent* pour le 3ᵉ groupe : *je su<u>ivis</u>, je cour<u>us</u>, je v<u>ins</u>*.

2 Le passé simple s'emploie :
- dans un récit, pour les actions qui occupent le **premier plan** ;
   J'écoutais de la musique, confortablement installée dans le canapé. On <u>sonna</u>.
- pour marquer la répétition dans le passé (➔ **valeur itérative**).
   Il l'<u>invita</u> à plusieurs reprises. Chaque fois elle <u>refusa</u>.

REPÉRER

1. Surlignez en jaune les verbes à l'imparfait et en vert les verbes au passé simple.

> Assis à la table desservie, Richard feuilletait un cours de droit. Daniel dessinait face à lui. Par la porte entrouverte arrivait le bruit que faisait Sophie en mettant de l'ordre dans la cuisine. Richard rejeta brusquement son cahier polycopié et dit : « Je vais faire un tour. » Le docteur glissa un regard vers son fils par-dessus ses lunettes et, alerté par le ton et l'expression de Richard, eut envie de lui demander « Où ? », se ravisa et, fidèle à la règle de ne jamais empiéter sur la liberté de son fils, murmura : « Bonne promenade, mon grand. »
>
> ■ Joseph Kessel, *La Fontaine Médicis* (1950).

ANALYSER

2. Quelle est la valeur de l'imparfait des verbes en couleur ? Reliez comme il convient.

1. Il nous rendait visite régulièrement. •   • imparfait de concordance
2. Si j'avais le moindre doute, je te le dirais. •   • imparfait itératif
3. Elle a dit qu'il logeait chez elle. •   • imparfait pittoresque
4. Deux ans après, il réalisait enfin son premier film. •   • irréel du présent

3. Soulignez en rouge les passés simples de premier plan et en vert les imparfaits d'arrière-plan.

> J'attendais le 467 depuis bientôt un quart d'heure lorsque je vis arriver un garçon, grand, blême et dégingandé. Comme il me dévisageait, je détournai le regard. Dans le bus, tandis qu'il cherchait sa carte et que le chauffeur s'impatientait, je le reconnus soudain : notre ancien voisin !

EMPLOYER

4. Conjuguez les verbes au passé simple suivant le modèle.

Infinitif	Groupe	Passé simple
applaudir	2ᵉ	*nous applaudîmes*
grimper		il grimp............
comprendre		elles compr............
choisir		tu chois............
croire		je cr............

5. Complétez les phrases avec un verbe au passé simple pour une action de premier plan.

1. Tandis que la fête battait son plein, un jeune homme ....
2. Alors que le public applaudissait à tout rompre, le chanteur ....
3. La salle était comble, on avait fermé les portes, la lumière ....

6. Réécrivez le texte au passé, en utilisant l'imparfait et le passé simple.

Les Portugais commencent à explorer la côte atlantique de l'Afrique en 1418. En 1492, Christophe Colomb, alors qu'il recherche une nouvelle voie vers l'Asie, financé par la monarchie espagnole, découvre l'Amérique. L'Espagne et le Portugal, parce qu'il faut éviter un conflit, se partagent alors le monde avec le traité de Tordesillas.

42 Les autres temps de l'indicatif

> *Nous vous verserons le solde lorsque vous aurez terminé les travaux.*
> Le verbe *verserons,* formé d'un seul mot, est au futur simple.
> Le verbe *aurez terminé,* formé de deux mots, est au futur antérieur : c'est un temps composé.

A Le futur simple

1 Les terminaisons du futur simple sont : *-rai, -ras, -ra, -rons, -rez, -ront*.
emporter → *j'emporterai ; finir* → *je finirai ; suivre* → *je suivrai*

2 Les emplois temporels du futur

Le futur	situe un fait dans l'avenir.	*Elle vous recevra demain à 9 h 30.*
Le futur gnomique	évoque des vérités générales tournées vers l'avenir.	*Jamais d'un mal aucun bien ne sortira.*
Le futur itératif	marque la répétition.	*Cette année, j'irai à la piscine le mardi soir.*

3 Les autres emplois du futur

Avec une valeur modale, le futur	atténue une demande, un reproche…	*Cela fera 17 euros.*
	exprime une supposition à propos d'un fait (futur conjectural).	*Ses volets sont fermés. Elle sera en vacances.*
Avec une valeur stylistique, le futur	remplace un passé pour donner l'illusion que l'événement n'a pas encore eu lieu.	*Élu en 81, il briguera un second mandat en 88.*

B Les temps composés de l'indicatif

1 Ils sont formés de deux mots à la voix active.

2 La valeur des temps composés

• Les temps composés marquent l'**aspect accompli**, alors que les temps simples marquent l'aspect inaccompli : *Ils ont enfin terminé les travaux.*

• Les temps composés, en raison de leur aspect accompli, peuvent marquer l'**antériorité** par rapport aux temps simples : *Il nous rejoignait au bord de la mer dès qu'il avait donné son dernier concert.*

• Le passé composé se rencontre souvent dans un récit, avec une valeur temporelle de passé.
   En 1992, ses parents ont quitté la France et sont partis vivre au Canada.

3 Les emplois modaux de certains temps composés

Après *si*, le passé composé peut	exprimer l'hypothèse.	*Si je n'ai pas reçu le devis demain, je les relancerai.*
Après *si*, le plus-que-parfait peut	renvoyer à une action qui aurait pu se produire (irréel du passé).	*Si j'avais su, je l'aurais aidé.*
Le futur antérieur peut	indiquer qu'une action s'est peut-être produite (futur conjectural).	*Ils ne sont toujours pas arrivés. Ils se seront perdus.*

REPÉRER

1 Surlignez en jaune les futurs simples et en vert les futurs antérieurs. **A B**

Le premier jour, vous vous rendrez à Ellis Island, où tout a commencé pour des millions d'Américains. Lorsque vous aurez visité le Musée de l'immigration, vous ferez cap sur la Statue de la Liberté. Le deuxième jour, vous visiterez un grand musée, celui que vous aurez choisi, par exemple le Metropolitan Museum of Art. Le troisième jour, vous partirez à la découverte des quartiers les plus vivants de Manhattan : Soho, Chelsea ou Broadway.

2 Temporelle, modale, stylistique ? Indiquez la valeur du futur simple des verbes soulignés en cochant la bonne réponse. **A**

	Valeur temporelle	Valeur modale	Valeur stylistique
1. Je vous demanderai de bien vouloir attendre votre tour.	☐	☐	☐
2. Dès 1917, Lénine et Trotsky seront en rivalité.	☐	☐	☐
3. Appelle-la : elle sera peut-être encore chez elle.	☐	☐	☐
4. Nous verserons le loyer le 1ᵉʳ de chaque mois.	☐	☐	☐

3 Quelle est la valeur des temps composés des verbes en couleur : futur conjectural (1), irréel du passé (2), aspect accompli (3), hypothèse (4) ? Notez le bon numéro. **A**

1. Il aura encore oublié ses clefs ! – 2. Si tu as fait les mises à jour, ça doit marcher. – 3. Nous vous avons installé la dernière version. – 4. Si tu les avais vus !

ANALYSER

4  Observez l'image puis répondez aux questions. **A**

1. Quelle est la valeur du futur simple dans cette image ?
2. Montrez en quoi cette valeur contribue à l'efficacité du message publicitaire.
3. Imaginez un autre slogan publicitaire au futur.

EMPLOYER

5 Mettez les verbes entre parenthèses au futur simple. **B**

1. *Bélier* : Vénus (regarder) votre vie amoureuse d'un œil complice. Vous (nouer) une relation durable avec un être cher. Profitez-en !
2. *Taureau* : Mercure vous (être) favorable et vous (connaître) d'importants succès en affaires. Investissez !

6 Employez chaque verbe dans une phrase où il aura la valeur indiquée entre parenthèses. **A B**

1. Tu avais fait (antériorité) • 2. Elle passera (futur itératif) • 3. Nous avions voulu (irréel du passé).

42 – Les autres temps de l'indicatif

43 Le conditionnel

Tu affirmais qu'il ferait des miracles.
Nous aurions aimé te croire.

Ferait et *aurions aimé* sont deux formes du conditionnel.
La première a une valeur temporelle, la seconde une valeur modale.

A Les formes du conditionnel

- Le **conditionnel présent** combine le radical du futur simple et les terminaisons *-rais, -rais, -rait, -rions, -riez, -raient* : *conduire* → futur : *tu conduiras* ; conditionnel : *tu conduirais*.

- Le **conditionnel passé** est formé de l'auxiliaire *avoir* ou *être* au conditionnel présent suivi du participe passé du verbe conjugué : *j'aurais conduit, tu aurais conduit, elle aurait conduit…*

> **À NOTER**
>
> **Le conditionnel passé 2ᵉ forme**
> La forme *il eût dit*, que la grammaire traditionnelle nomme « conditionnel passé 2ᵉ forme », est en réalité un subjonctif plus-que-parfait employé avec une valeur de conditionnel.

B Les emplois du conditionnel

1 Les valeurs temporelles du conditionnel

- Le conditionnel exprime l'avenir vu du passé : il a une valeur de **futur dans le passé**.
    Il a dit que le vote se ferait à bulletin secret.
    [Le conditionnel *se ferait* indique que le vote a lieu après le moment où *il a dit*.]

- Le conditionnel passé peut exprimer l'**antériorité** par rapport au conditionnel présent.
    Il se disait qu'une fois qu'il aurait vendu sa maison, il partirait faire le tour du monde.

2 Les valeurs modales du conditionnel

- Le conditionnel dans un système hypothétique

Valeur	Temps	Exemple
Potentiel [fait possible dans le présent ou l'avenir]	Conditionnel présent + *si* suivi de l'imparfait	*Si tu avais un moment, tu posterais ce courrier.*
Irréel du présent [fait impossible dans le présent]	Conditionnel présent + *si* suivi de l'imparfait	*Si j'étais riche, j'arrêterais de travailler.*
Irréel du passé [fait qui a été possible, mais qui n'a pas eu lieu]	Conditionnel passé + *si* suivi du plus-que-parfait	*Si j'avais su, je ne serais pas venu.*

- **En dehors du système hypothétique**, le conditionnel peut exprimer :
  – l'**incertitude** : *Au kilomètre 118 de l'A10, il y aurait un obstacle sur la voie de droite.*
  – l'**éventualité** : *Je pourrais te déposer chez toi au retour.*
  – la **demande polie** : *Voudriez-vous m'accorder un instant ?*
  – le **rêve, l'imaginaire** : *Vivre au bord de la mer… ce serait merveilleux !*

> **À NOTER**
>
> **Le conditionnel est-il un mode ou un temps ?**
> La grammaire traditionnelle fait du conditionnel un mode, en raison de ses valeurs modales. Mais les temps de l'indicatif ont des emplois modaux, à côté des emplois temporels. C'est pourquoi, désormais, on classe plus souvent le conditionnel parmi les temps de l'indicatif.

REPÉRER

1. Dans ces citations, surlignez en jaune les conditionnels présents, en vert les conditionnels passés.

1. « Si j'étais Dieu, je recommencerais tout, sauf la femme. » (René Barjavel, *Si j'étais Dieu !*, 1976)
2. « Si j'avais été Dieu et si j'avais vu que l'existence du monde avait pour conséquence l'existence d'un seul damné […], jamais je n'aurais rien fait. Je me serais contenté de dormir toute une éternité. »
(Henri Bergson, *Œuvres*, 1889-1934)
3. « Et puis, si j'étais l'Bon Dieu
Je crois qu'je s'rais pas fier
Je sais, on fait c'qu'on peut
Mais y'a la manière. »
(Jacques Brel, *Fernand*, 1965)

ANALYSER

2. Temporelle ou modale ? Indiquez la valeur du conditionnel des verbes soulignés en cochant la bonne case.

	Valeur temporelle	Valeur modale
1. Elle a promis qu'elle <u>respecterait</u> ses promesses de campagne.	☐	☐
2. Ses comptes de campagne <u>auraient été falsifiés</u>.	☐	☐
3. Qui pouvait penser qu'il <u>serait élu</u> avec un tel taux d'abstention ?	☐	☐
4. S'il était élu, il <u>entreprendrait</u> les réformes annoncées.	☐	☐

3. Quelle est la valeur du conditionnel du verbe *pouvoir* : demande polie (1), irréel du passé (2), éventualité (3), futur dans le passé (4) ? Notez le bon numéro.

1. Le chantier **pourrait** prendre du retard.
2. Si tu passes à la gare, **pourrais-tu** prendre nos billets ?
3. Il a dit qu'il **ne pourrait pas** avant la semaine prochaine.
4. Si tu avais été plus attentif, tu **aurais pu** t'en douter.

EMPLOYER

4. Conditionnel présent ou conditionnel passé ?
Mettez les verbes entre parenthèses au temps qui convient.

1. S'ils s'étaient rencontrés plus tôt, ils (partir) ensemble faire le tour du monde.
2. Il lui a promis que, dès qu'elle (passer) son permis, il lui (offrir) une voiture.
3. Si c'était à recommencer, je (faire) des études d'architecte.
4. Ils ne se parlent plus. Ils (se disputer) pour une sombre histoire d'argent.

5. Transposez le texte au conditionnel. Quel est l'effet produit ?

Un voyageur a signalé un colis suspect à La Défense. Le métro et le RER ont été évacués. L'équipe de déminage est arrivée rapidement sur place. Elle n'a rien trouvé. Il s'agit d'une fausse alerte. Les autorités recherchent encore le mauvais farceur.

👍 *Les passés composés doivent être transposés au conditionnel passé et les présents au conditionnel présent.*

Le subjonctif : formes et valeurs

> Qu'il ait quitté les lieux à mon retour et qu'il ne revienne pas !
> *Ait quitté* et *revienne* sont deux formes du subjonctif :
> la première est une forme composée et la seconde une forme simple.

A Les formes du subjonctif

1 Le subjonctif présent

- Les terminaisons sont toujours : *-e, -es, -e, -ions, -iez, -ent*.
- Le radical est le même qu'au présent de l'indicatif (radical de la 1re personne du pluriel pour les verbes du 2e groupe et certains verbes du 3e groupe).

  que j'accepte ; que tu guérisses ; qu'il peigne ; que nous venions ; qu'ils courent

2 Le subjonctif imparfait

- Les terminaisons sont toujours : *-a/i/in/u + -sse, -sses, -^t, -ssions, -ssiez, -ssent*.
- Le radical est le même qu'au passé simple de l'indicatif.

  que j'acceptasse ; que tu guérisses ; qu'il peignît ; que nous vinssions ; qu'ils courussent

3 Le subjonctif passé

Il se forme avec l'auxiliaire *avoir* ou *être* au subjonctif présent, suivi du participe passé du verbe.

  que j'aie accepté ; que tu sois venu

4 Le subjonctif plus-que-parfait

Il se forme avec l'auxiliaire *avoir* ou *être* au subjonctif imparfait, suivi du participe passé du verbe.

  qu'il eût accepté ; que nous fussions venus

B Les valeurs du subjonctif

1 Un mode non temporel

Les temps du subjonctif ne permettent pas de situer chronologiquement l'action par rapport au moment de l'énonciation.

- Le **subjonctif présent** désigne une action tantôt dans le présent, tantôt dans le futur.

  Que tu puisses penser cela de moi ! Qu'elle vienne dès demain.

- Dans une principale ou une indépendante, le **subjonctif passé** indique que l'on envisage l'action comme accomplie dans le futur.

  Qu'il ait fini son rapport avant ce soir.

- Sur la valeur des temps du subjonctif dans une subordonnée → 45.

2 Les valeurs modales du subjonctif

- Dans une proposition principale ou indépendante, le subjonctif permet de marquer :
– l'**injonction** (ordre, conseil, défense) : *Qu'elle décide ! Qu'il n'oublie pas !*
– le **souhait** : *Que la force soit avec toi !*
– l'**indignation** : *Moi, que j'accepte les excuses de ce goujat !*
– la **supposition** : *Soit un triangle ABC isocèle en B.*

- Dans la langue soutenue, le subjonctif plus-que-parfait peut marquer l'irréel du passé. C'est pourquoi on le nomme parfois, de manière erronée, conditionnel passé 2e forme.

  Si vous m'eussiez cru, cela vous eût épargné bien des déconvenues.

REPÉRER

1. Entourez les verbes au subjonctif. [A]

Qu'il y ait aujourd'hui une crise du logement dans les grandes villes, nul ne peut l'ignorer. Qu'il soit nécessaire de remettre sur le marché les appartements vacants, chacun en convient. Mais pour que le droit opposable au logement puisse être appliqué, il faudrait que le quota de logements sociaux fixé par la loi soit respecté partout.

2. Les verbes en couleur sont-ils au subjonctif ? Cochez la bonne réponse. [A]

	Vrai	Faux
1. Qu'ils n'*oublient* pas leur maillot, nous irons à la piscine.	☐	☐
2. *Reste* dîner, ça lui fera plaisir !	☐	☐
3. Pourvu que ça *marche* !	☐	☐
4. Qu'elle *rentre* au plus vite !	☐	☐

ANALYSER

3. Quelle est la valeur des subjonctifs soulignés ? Reliez comme il convient. [B]

1. Qu'elle <u>loge</u> chez nous ! Pas question.
2. Qu'elle <u>prenne</u> l'autoroute, ce sera plus rapide.
3. Qu'ils me <u>fassent</u> attendre encore 5 minutes et je m'en vais.
4. Pourvu qu'elle <u>ait pensé</u> à prendre son passeport !

- a. la supposition
- b. l'indignation
- c. le souhait
- d. l'injonction

4. Lisez cet extrait des *Misérables*, de Victor Hugo, et répondez aux questions. [B]

Jean Valjean est sur le point de mourir.
Dieu sait mieux que nous ce qu'il nous faut. Que vous soyez heureux, que M. Pontmercy ait Cosette, que la jeunesse épouse le matin, qu'il y ait autour de vous, mes enfants, des lilas et des rossignols, que votre vie soit une belle pelouse avec du soleil, que tous les enchantements du ciel vous remplissent l'âme, et maintenant, moi qui ne suis bon à rien, que je meure. Il est sûr que tout cela est bien.

■ Victor Hugo, *Les Misérables* (1862)

1. Entourez les subjonctifs. Quelle est leur valeur ?
2. Comment pourrait-on qualifier l'attitude de Jean Valjean ?

EMPLOYER

5. Ajoutez les éléments manquants. [A]

Partir, subjonctif passé : qu'il <u>soit parti</u>.

1. *Parvenir*, subjonctif présent : que tu ....
2. *Surprendre*, ... : qu'il surprît.
3. *Apprendre*, ... : qu'elles aient appris.
4. *Comprendre*, subjonctif plus-que-parfait : que nous ....

6. Imaginez une phrase dans laquelle le verbe au subjonctif aura la valeur indiquée entre parenthèses. [B]

1. qu'il emporte (conseil)
2. qu'elle achète (souhait)
3. qu'ils décident (défense)

44 – Le subjonctif : formes et valeurs

45 Le subjonctif dans les subordonnées

> Bien qu'elle <u>ait</u> son permis, je ne souhaite pas qu'elle <u>prenne</u> le volant.
> *Ait* et *prenne* sont deux verbes au subjonctif, dans deux propositions subordonnées différentes.

A Dans quelles subordonnées trouve-t-on le subjonctif ?

1 Le subjonctif s'emploie dans une **subordonnée complétive conjonctive** lorsqu'elle est :
– placée en tête de phrase ;
   Qu'elle <u>ait réussi</u> est une excellente nouvelle.
– complément d'un mot qui présente le fait comme possible (possibilité, doute) ;
   Je doute qu'elle <u>ait réussi</u>.
– complément d'un mot qui émet une appréciation (sentiment, jugement, souhait, nécessité).
   Je souhaite qu'elle <u>réussisse</u>.

2 Le subjonctif s'emploie dans une **subordonnée circonstancielle** lorsqu'elle est :
– temporelle introduite par *avant que* ou *jusqu'à ce que* : *Réagis avant qu'il ne <u>soit</u> trop tard.*
– concessive : *Bien qu'il n'<u>ait</u> pas réagi, il ne faut pas désespérer.*
– finale : *Il faut tout faire pour qu'il <u>réagisse</u>.*
– causale exprimant la cause rejetée (*non que*) ou l'alternative (*soit que… soit que…*) :
   Il l'a emporté, non qu'il <u>fût</u> le plus fort, mais il était le plus motivé.
– conditionnelle introduite par *à moins que*, *pourvu que* ou *pour peu que* :
   Nous vous soutiendrons, pourvu que vous <u>acceptiez</u> nos conseils.

3 Le subjonctif s'emploie dans une **subordonnée relative** lorsque l'antécédent :
– renvoie à une personne ou à une chose dont l'existence est envisagée ;
   Je rêve d'une maison en bord de mer qui <u>puisse</u> devenir mon refuge.
– renvoie à une personne ou à une chose dont l'existence est niée ;
   Je ne connais personne qui <u>ait</u> autant d'énergie qu'elle.
– comporte un superlatif ou une expression qui isole un élément d'un tout.
   le moment le plus agréable/C'est le seul moment agréable que nous <u>ayons partagé</u>.

B Les temps du subjonctif dans les subordonnées

1 Lorsque l'action de la subordonnée est simultanée ou postérieure à l'action de la principale, on emploie :
– le **subjonctif présent** avec un verbe principal au présent ou au futur ;
   Il faut/il faudra qu'elle <u>accepte</u>.
– le **subjonctif imparfait** avec un verbe principal au passé.
   Il fallait qu'elle <u>acceptât</u>.

2 Lorsque l'action de la subordonnée est antérieure à l'action de la principale, on emploie :
– le **subjonctif passé** avec un verbe principal au présent ou au futur ;
   Je me réjouis qu'elle <u>ait accepté</u>.
– le **subjonctif plus-que-parfait** avec un verbe principal au passé.
   Je me réjouissais qu'elle <u>eût accepté</u>.

> **À NOTER**
> Les subjonctifs imparfait et plus-que-parfait sont devenus rares. Ils sont souvent remplacés par le subjonctif présent et le subjonctif passé.

REPÉRER

1. Les subordonnées sont-elles au subjonctif ou à l'indicatif ? Cochez la bonne réponse.

	Indicatif	Subjonctif
1. Dis-leur la vérité avant qu'on ne t'accuse injustement.	☐	☐
2. Il se défend bien que personne ne l'accuse.	☐	☐
3. Elle vient me saluer chaque fois qu'elle passe voir le patron.	☐	☐
4. Je crains qu'ils n'y passent la nuit.	☐	☐

👍 À certaines personnes du présent, le subjonctif et l'indicatif des verbes du 1er groupe ont la même forme. Pour entendre la différence, on peut remplacer le verbe par être ou avoir.

2. Surligner en jaune les imparfaits du subjonctif, en bleu les plus-que-parfaits du subjonctif.

1. « Un Renard jeune encor, quoique des plus madrés,/vit le premier Cheval qu'il eût vu de sa vie. »
(Jean de La Fontaine, « Le Renard, le Loup, et le Cheval », *Fables*, 1668-1693)
2. « Si insupportables qu'ils se trouvassent mutuellement, ces amis exigeaient toujours que chacun fût là. » (Marguerite Duras, *Les Petits Chevaux de Tarquinia*, 1953)

ANALYSER

3. Dans quel type de subordonnée le subjonctif est-il ici employé : complétive conjonctive (1), circonstancielle (2), relative (3) ? Attribuez à chaque phrase le bon numéro.

1. Nous aurons un nouveau président, à moins que les élections ne soient reportées.
2. Il est important que tous les candidats disposent du même temps de parole.
3. C'est le plus faible taux d'abstention que nous ayons connu depuis des décennies.

4. Encadrez la conjonction de subordination ou le verbe principal qui justifie le subjonctif des verbes en couleur.

Afin que des accords puissent être signés plus facilement, la loi prévoit la possibilité d'un référendum en entreprise. Les syndicats s'y opposent, non qu'ils rejettent le principe en lui-même, mais ils craignent que la mesure vise uniquement à contourner les organisations majoritaires.

EMPLOYER

5. Mettez les verbes entre parenthèses au temps et au mode qui conviennent.

Il faut absolument que tu (aller) voir son dernier film. Chaque fois qu'il (apparaître), il crève l'écran. Il a retrouvé toute la profondeur qui était la sienne avant qu'il ne (devenir) un acteur populaire. Après que tu (voir) ce film, je te prêterai quelques DVD pour que tu (pouvoir) le découvrir à ses débuts.

6. Remplacez les subjonctifs présents entre parenthèses par des subjonctifs imparfaits, de manière à retrouver les phrases originales.

1. « Le hasard voulut que, ce dimanche-là, un petit poisson (s'accroche) au bout de sa ligne. »
(Georges Simenon, *La Vérité sur Bébé Donge*, 1940)
2. « Je tâchais tant bien que mal de les identifier sans qu'ils (s'en aperçoivent). »
(Louis Ferdinand Céline, *Voyage au bout de la nuit*, 1932)
3. « J'ai même défendu par une expresse loi/qu'on (ose) prononcer votre nom devant moi. »
(Jean Racine, *Phèdre*, 1677).

45 – Le subjonctif dans les subordonnées

46 Les formes pronominales

Ils s'entendent à merveille et se confient tout.
Les verbes *entendre* et *confier* sont ici précédés du pronom *se* :
ce sont des formes pronominales.

A Qu'est-ce qu'une forme pronominale ?

1 Comment reconnaître une forme pronominale ?

• Une forme pronominale se construit avec un **pronom réfléchi**, c'est-à-dire un pronom qui désigne la même personne que le sujet : *je me lève*, *tu te lèves*, *il se lève*, *nous nous levons*, *vous vous levez*, *ils se lèvent*.

• Parmi les formes pronominales, on distingue les **verbes pronominaux** et les **constructions pronominales**.

2 Les verbes pronominaux
Il existe deux types de verbes pronominaux.

• Les **verbes essentiellement pronominaux**, qui n'existent qu'à la forme pronominale :
On dit *se blottir*, *se chamailler*, *se démener*, *s'enfuir*, *se fier*, mais **blottir*, **chamailler*, **démener*, **enfuir*, **fier* n'existent pas.

• Les **verbes pronominaux autonomes**, qui existent à la forme non pronominale, mais avec un sens différent : *se prononcer sur* signifie « donner son avis » ; *prononcer* signifie « dire à voix haute ».

3 Les constructions pronominales

• Une construction pronominale est formée du pronom réfléchi et d'un verbe qui existe aussi à la forme non pronominale et qui conserve le même sens.
Se fortifier signifie « se rendre soi-même plus fort » ; *fortifier* conserve son sens habituel.

• On distingue trois types de constructions pronominales :
– la **construction pronominale réfléchie** : le sujet exerce l'action sur lui-même ;
   Il se rase. [Il rase lui-même.]
– la **construction pronominale réciproque** : les différents sujets exercent l'action les uns sur les autres ;
   Les deux frères se fuient. [Ils se fuient l'un l'autre.]
– la **construction pronominale passive**, qui a la valeur d'un verbe à la voix passive.
   L'arabe se lit de droite à gauche. [Il est lu de droite à gauche.]

B Les fonctions du pronom réfléchi dans les formes pronominales

1 Le pronom réfléchi n'a aucune fonction grammaticale dans les verbes pronominaux et dans les constructions pronominales passives.

2 Dans les constructions pronominales réfléchies ou réciproques, le pronom réfléchi peut être :
– **COD** ;
   Ils s'estiment. [Chacun estime l'autre.]
   Elle se maquille. [Elle maquille elle-même.]
– **COI** ou **COS** ;
   Ils se manquent. [Chacun manque à l'autre.]
   Elle se promet des jours heureux. [Elle promet à elle-même.]
– **datif**.
   Elle s'est foulé la cheville. [*La cheville* est une partie de *elle* : *se* est un datif partitif.]

REPÉRER

1. Surlignez en jaune les verbes pronominaux et en vert les constructions pronominales.

1. Elle s'est absentée pour quelques jours.
2. Ils se retrouvent chaque année dans la même station de ski.
3. Il se protège du soleil.
4. Le président s'est recueilli sur les lieux du drame.
5. Nous ne nous attarderons pas.

2. Les verbes en couleur sont-ils essentiellement pronominaux ? Cochez la bonne réponse.

	Oui	Non
1. Certains s'obstinent à refuser la régulation des marchés.	☐	☐
2. La reprise de la croissance ne se dément pas.	☐	☐
3. L'inflation se stabilise.	☐	☐
4. Les entreprises se disent prêtes à investir.	☐	☐
5. L'État s'efforce de réduire la dette.	☐	☐

ANALYSER

3. Quelle est la valeur des constructions pronominales soulignées ? Reliez comme il convient.

1. Ils se sont connus sur les bancs de l'université.
2. De belles amitiés se nouent durant les études.
3. Elle se complique la vie.
4. Ne te compromets pas dans cette affaire.
5. La confiance se mérite.

- a. construction réfléchie
- b. construction réciproque
- c. construction passive

4. Quelle est la fonction des pronoms réfléchis en couleur : COD (1), COS (2), datif (3), inanalysable (4) ? Donnez la bonne réponse en relevant le bon numéro.

Un laboratoire de Toulouse vient de se donner (........) les moyens de répondre aux attentes des industriels de l'aéronautique, avec un nouveau robot articulé. Lors de la première démonstration, le robot s'est cassé (........) un bras, mais les chercheurs se sont aussitôt employés (........) à le réparer et chacun a pu admirer la manière dont il s'est hissé (........) jusqu'en haut d'un escalier en s'agrippant (........) à la rampe.

EMPLOYER

5. Les verbes *se tromper de* et *s'apercevoir* sont des verbes pronominaux autonomes. Employez-les sous leur forme pronominale et sous leur forme non pronominale dans deux phrases qui illustrent le changement de sens.

1. a. se tromper • b. tromper.
2. a. s'apercevoir • b. apercevoir.

47 L'accord du verbe avec un sujet unique

> Le jury <u>a</u> délibéré. Nous connaîtr<u>ons</u> bientôt les lauréats.
> Le sujet *le jury* est au singulier : le verbe *a délibéré* s'accorde au singulier.
> Le sujet *nous* est au pluriel : le verbe *connaîtrons* s'accorde au pluriel.

A. L'accord du verbe avec le sujet : règle générale

- Le verbe conjugué à un mode personnel s'accorde en personne et en nombre avec son sujet.
  je délib<u>ère</u>, tu délib<u>ères</u>, elle délib<u>ère</u>, nous délibér<u>ons</u>, vous délibér<u>ez</u>, ils délib<u>èrent</u>

- Quand la forme verbale est composée, la terminaison est portée par l'auxiliaire.
Le participe passé peut aussi varier en genre et en nombre.
  Les prix littéraires seront décern<u>és</u> le mois prochain.

B. L'accord du verbe avec un pronom : quelques cas particuliers

1 **L'accord du verbe avec les pronoms personnels *nous* et *vous***
Lorsque *nous* remplace *je* (*nous* de majesté ou *nous* de modestie) et lorsque *vous* remplace *tu* (*vous* de politesse) :
– le verbe s'accorde au pluriel ;
  Nous développ<u>ons</u> ce point dans le dernier chapitre.
– le participe passé s'accorde en genre, mais reste au singulier.
  Léa, vous êtes convoqu<u>ée</u> par le directeur.

2 **L'accord du verbe avec le pronom neutre *ce***
Lorsque le pronom neutre *ce* est sujet du verbe *être* et que l'expression qui suit le verbe est au pluriel, l'accord du verbe se fait généralement au pluriel : *Ce <u>sont</u> d'excellents étudiants.*

C. L'accord du verbe avec un sujet indiquant une quantité : quelques cas particuliers

1 Le verbe peut s'accorder au singulier ou au pluriel lorsque son sujet est :
- un nom collectif singulier + un nom pluriel : *une multitude de*, *une foule de*…
  Une vingtaine de touristes <u>est</u> arriv<u>ée</u>/<u>sont</u> arriv<u>és</u>.
- une fraction au singulier + un nom au pluriel : *la moitié de*, *le quart de*…
  La moitié des touristes log<u>e</u>/log<u>ent</u> à l'hôtel.
- un pourcentage au pluriel + un nom singulier :
  Trente-cinq pour cent du PIB provi<u>ent</u>/provi<u>ennent</u> du tourisme.
- *le* / *ce peu de* + un nom au pluriel :
  Regarde le peu de touristes qui res<u>te</u>/res<u>tent</u>.

2 Le verbe s'accorde au pluriel lorsque son sujet est :
- un déterminant formé à partir d'un adverbe comme *beaucoup, trop*…
  Beaucoup de voyageurs achèt<u>ent</u> leurs billets sur Internet.
- *la plupart de* + nom au pluriel :
  La plupart des voyageurs achèt<u>ent</u> leurs billets sur Internet.

REPÉRER

1 Encadrez chaque verbe conjugué et soulignez le sujet avec lequel il s'accorde.

1. Pour les vacances, nous avons loué un gîte en Dordogne.
2. Les enfants sont ravis, parce qu'ils pourront faire du kayak tous les jours.
3. Après cette année difficile, je prévois de longues heures de farniente au bord de la piscine.
4. Nous espérons que ton mari et toi pourrez nous rendre visite.

ANALYSER

2 Surlignez le(s) mot(s) qui justifie(nt) l'accord au pluriel des verbes en couleur.

1. Il faut favoriser les sports qui donnent l'esprit d'équipe.
2. Ce ne sont pas les entraîneurs les plus médiatisés qui s'avèrent les plus efficaces.
3. Peu de sportifs deviennent milliardaires.
4. La plupart sont avant tout motivés par le goût de la performance.
5. Beaucoup transmettent leur passion à leurs enfants.

👍 *Attention ! Lorsque le verbe a pour sujet le pronom relatif* qui, *il se met à la même personne et au même nombre que l'antécédent de* qui *:* Les journalistes qui ont suivi l'affaire sont unanimes.

3 Soulignez le(s) mot(s) qui justifie(nt) l'accord au singulier des participes en couleur.

1. La moitié des enfants de moins de 10 ans est habituée à naviguer sur le Net en toute liberté.
2. Dix pour cent du budget des ménages est consacré à la téléphonie et aux objets connectés.
3. Vous serez affecté à la veille numérique du service communication.
4. La majorité de nos collaborateurs s'est adaptée à notre nouveau logiciel, en dépit du peu d'heures qui a pu être consacré à leur formation.

EMPLOYER

4 Mettez les verbes entre parenthèses au présent.

Les études (être) unanimes : les individus qui (se rendre) chaque jour à leur travail à vélo (perdre) en moyenne 40 jours d'espérance de vie en raison de la pollution, mais en (gagner) jusqu'à 420 grâce à cette activité physique quotidienne. Le quart des urbains (se dire) prêt à renoncer à la voiture pour le vélo si les municipalités (aménager) des pistes cyclables. Mais le peu de pistes déjà ouvertes (être) souvent dissuasif et la plupart des habitants des grandes villes (être favorable) à un aménagement des voies qui (offrir) une véritable place à la bicyclette. Ce (être) souvent les financements qui (faire) défaut.

👍 *Faites attention à l'accord du sujet !*

5 Remplacez le *tu* par le *vous* de politesse, en imaginant que le locuteur s'adresse à une femme.

Plus tard, beaucoup plus tard, tu t'es réveillé plusieurs fois peut-être, rassoupi plusieurs fois, tu t'es tourné du côté droit, du côté gauche, tu t'es mis sur le dos, sur le ventre, peut-être as-tu même allumé la lumière, peut-être as-tu fumé une cigarette, plus tard, beaucoup plus tard, le sommeil devient une cible, ou plutôt non, au contraire, tu deviens la cible du sommeil. C'est un foyer irradiant, intermittent.

■ Georges Perec, *Un homme qui dort* (1967)

👍 *Respectez les temps et veillez aux accords.*

48 L'accord du verbe avec plusieurs sujets

> *Lui et moi* **avons** *une passion commune : le kayak et le rafting* **font** *notre bonheur.*
>
> Les verbes *avons* et *font* sont au pluriel parce qu'ils ont deux sujets : les pronoms *lui* et *moi*, les groupes nominaux *le kayak* et *le rafting*.

A Règle générale

1 Quand le verbe a plusieurs sujets coordonnés (ou juxtaposés), il s'accorde au pluriel.
Le kayak et le rafting **offrent** *des sensations très différentes.*

2 Si les sujets ne sont pas de la même personne, on applique les règles suivantes.

- La première personne l'emporte sur les deux autres.
Lui et moi **avons** *descendu plusieurs rivières ensemble.*
Toi et moi **avons** *déjà fait équipe.*

- La deuxième personne l'emporte sur la troisième.
Ta sœur et toi **feriez** *un parfait équipage.*

B Cas particuliers

1 Les sujets sont coordonnés par *ou* ou par *ni*

- L'accord au pluriel est le plus fréquent.
Ni ta tante ni ton cousin ne **pourront** *venir te chercher à la gare.*

- L'accord au singulier est possible, en particulier lorsque *ou* est exclusif, c'est-à-dire lorsqu'un des sujets exclut l'autre.
Ta tante ou ton cousin **viendra** *te chercher à la gare.*
[Il faut comprendre que les deux ne viendront pas ensemble.]

2 Les sujets désignent la même personne ou la même chose

- Le verbe s'accorde au pluriel.
La joie, le bonheur, la liesse **s'emparèrent** *de toute la maisonnée.*

- On rencontre parfois le singulier pour des raisons stylistiques.
La joie, le bonheur, la liesse **s'empara** *de toute la maisonnée.*
[Le singulier met ici en valeur la gradation croissante et l'intensité du sentiment.]

3 Le sujet est suivi d'une comparaison d'égalité (*comme, ainsi que, autant que*…)
Lorsqu'elles sont suivies d'un groupe nominal ou d'un pronom, les expressions *comme*, *ainsi que*, *autant que*… peuvent avoir deux sens différents.

- Si le mot de comparaison est l'équivalent de *et*, le verbe s'accorde au pluriel.
Ton père ainsi que ton frère **se joignent** *à moi.*
[Le père et le frère sont exactement sur le même plan : ils saluent tous deux le destinataire.]

- Si le mot de comparaison n'est pas l'équivalent de *et*, la comparaison n'entraîne pas l'accord au pluriel.
Ton frère, comme ton père, **exprime** *peu ses émotions.*
[L'important est de signaler que le frère exprime peu ses émotions. Il se trouve par ailleurs qu'en cela, il ressemble à son père.]

REPÉRER

1 Dans chaque phrase, encadrez le verbe conjugué et soulignez les sujets avec lesquels il s'accorde.

A B

1. Ni le chef d'orchestre ni la soprane ne sont arrivés.
2. Le premier violon et le violoncelle accordent leurs instruments.
3. La clarinette ainsi que le hautbois font entendre le thème.
4. Lui et moi avons préféré le second mouvement.

ANALYSER

2 Comment se justifie l'accord du verbe ? Reliez comme il convient.

A B

1. Ni moi, ni aucun de ses amis ne l'abandonnerons jamais.
2. « Le temps ou la mort sont nos remèdes. »
   (Jean-Jacques Rousseau, *Émile ou de l'Éducation*, 1762)
3. Ni vous ni moi ne serons élus.
4. Toi et tes amies d'enfance êtes inséparables.

- a. La 1re personne l'emporte
- b. La 2e personne l'emporte
- c. Avec *ni* et *ou*, l'accord est le plus fréquent

👍 *Une même phrase peut illustrer plusieurs règles.*

3 Pourquoi les verbes s'accordent-ils au singulier dans ces phrases ?

B

1. Le désir de réussir ou la crainte de décevoir l'avait toujours conduit à se dépasser.
2. L'échec, comme la réussite, doit te permettre d'avancer.
3. Son amabilité, sa gentillesse, son extrême bienveillance lui valait l'amitié de tous.

EMPLOYER

4 Accord au singulier ou au pluriel ? Cochez la bonne réponse.

B

En 1922, l'opiniâtreté et la force de conviction d'Howard Carter ❏ décide ❏ décident lord Carnarvon à financer une dernière campagne de fouilles dans la Vallée des Tombes. Entre 1902 et 1917, le hasard ou le talent des archéologues ❏ a ❏ ont déjà permis la découverte de nombreuses sépultures, mais la tombe de Toutankhamon est demeurée introuvable. Le 4 novembre, un porteur d'eau découvre la première marche d'un escalier qui s'enfonce dans le sol. Quelques jours plus tard, Carter ainsi que ses hommes ❏ pénètre ❏ pénètrent dans la tombe du pharaon. On imagine sans peine la surprise, la stupéfaction, la sidération qui les ❏ arrêta ❏ arrêtèrent aux portes du trésor.

👍 *Deux réponses sont parfois possibles.*

5 Dans ces phrases, extraites de blogs de voyage, remplacez *je* par le sujet indiqué et accordez comme il convient.

A

1. Je suis passée sans cesse de l'exaspération à l'émerveillement. (Blog de Sarah sur Bali)
   Lui et moi ....
2. J'ai pédalé à travers une superbe forêt de Squamish. J'étais accompagnée d'une jeune guide spécialisée de la région et de ses deux chiens ! (Blog L'Oiseau rose sur le Canada)
   Toi et moi ....
3. Je me suis sentie libre dans ces grands espaces de l'Ouest américain. (Blog World Else sur la Californie)
   Lui et moi ....

48 – L'accord du verbe avec plusieurs sujets

49 L'accord du participe passé

Elle n'a pas eu de chance : les livres qu'elle a <u>commandés</u> pour Noël sont <u>arrivés</u> avec un mois de retard.

Le participe passé varie parfois en genre et en nombre : c'est le cas de *commandés* et de *arrivés*.

A Le participe passé employé sans auxiliaire

1 Il s'accorde avec le mot ou le groupe de mots auquel il se rapporte.
Les commandes <u>passées</u> avant le 1ᵉʳ décembre…

2 *Ci-joint, ci-inclus, ci-annexé* sont invariables devant un nom sans déterminant, mais peuvent varier devant un nom avec déterminant.
Veuillez trouver <u>ci-joint</u> copie/<u>ci-joint(e)</u> la copie du contrat.

- *Vu, attendu, excepté* sont invariables quand ils introduisent un mot ou un groupe de mots comme le ferait une préposition.
Tous sont partis en classe de neige, <u>excepté</u> deux élèves. [= sauf]

- Dans cette position, **étant donné** est souvent invariable, mais **mis à part** et **passé** peuvent varier.
<u>Mis(e) à part</u> la pluie, tout s'est bien passé.

- En dehors de ces cas, ces participes s'accordent normalement.
Veuillez trouver la copie <u>ci-jointe</u>. La pluie <u>mise à part</u>, tout s'est bien passé.

B Le participe passé conjugué avec l'auxiliaire *être*

- Il s'accorde avec le sujet : *Les livres <u>sont arrivés</u> en retard.*
- Le participe passé d'un verbe pronominal ne s'accorde pas toujours avec le sujet (→ 50).

C Le participe passé conjugué avec l'auxiliaire *avoir*

1 Il ne s'accorde jamais avec le sujet : *Elle n'a pas <u>eu</u> de chance.*

2 Il s'accorde avec le COD si celui-ci est placé avant lui.
Les livres qu'elle <u>a commandés</u> sont arrivés en retard.

3 S'il est suivi d'un infinitif, il s'accorde avec le COD placé avant si ce COD est bien son COD.
Marie qu'il <u>a aidée</u> à se lancer dans la carrière…

- Si le COD placé avant est en fait le COD de l'infinitif, le participe passé reste invariable.
Cette entreprise, qu'il <u>a aidé</u> Marie à créer…
[*que* représentant *cette entreprise* est COD, non de *a aidé*, mais de *créer*]

- S'il est suivi d'un infinitif, le participe passé de *faire*, et de *laisser* (selon la nouvelle orthographe), est invariable.
Cette usine, qu'il <u>a fait/laissé construire</u>…

4 Le participe passé ne s'accorde pas avec le pronom *en* : *Des livres, il <u>en a lu</u> !*

5 Les verbes **peser, mesurer, valoir, durer**… ont un complément de mesure qui n'est pas un COD. Le participe passé est donc invariable : *Les trois cents euros <u>qu'a coûté</u> ta tablette sont excessifs.*

Avec un sens différent, ces verbes peuvent avoir un COD. Dans ce cas, le participe passé s'accorde avec ce COD s'il est placé avant : *Quand je pense aux efforts <u>qu'a coûtés</u> l'écriture de ce livre !*

REPÉRER

1 Soulignez les participes passés qui sont accordés.

1. Les paroles prononcées ont alors beaucoup apaisé les choses. – 2. Des vacances, cela fait longtemps que je n'en ai pas pris ! – 3. Arrivées enfin au théâtre, les deux amies entrèrent, mais elles se rendirent compte qu'elles avaient oublié les billets achetés la veille ! – 4. Le chanteur a retrouvé la voix qu'il avait perdue. – 5. Je vous prie de trouver ci-joint les éléments demandés pour l'établissement du dossier.

2 Encadrez les mots ou groupes de mots avec lesquels s'accordent les participes passés que vous avez soulignés dans l'exercice 1.

ANALYSER

3 *Fait, faite, faits, faites ?*
Complétez chaque phrase avec la bonne orthographe.

1. Il a déjà (........) cette randonnée l'année dernière. – 2. Grâce à ce logiciel, des sauvegardes sont (........) tous les jours. – 3. Cette photo, il l'a (........) sur la place de l'Hôtel de Ville. – 4. À toi d'imaginer la suite à partir des choix que tu auras (........). – 5. Les travaux qu'il a (........) faire ont été coûteux. – 6. Les lits sont (........) tous les jours.

4 Accordez le participe passé quand c'est nécessaire, en justifiant votre réponse.

1. Ce logiciel est capable de réactiver les téléphones (volé). – 2. Ils ont (marché) longtemps dans la ville (endormi). – 3. (Mis) à part la vue magnifique sur la montagne, cet hôtel est finalement assez médiocre. – 4. Le tout nous a (paru) un peu cher mais (vu) la qualité de l'accueil, il faut y aller ! – 5. Tous les élèves sont (arrivé) en retard au centre. – 6. La maire, (élu) l'année dernière, n'a pas (oublié) la promesse qu'elle a (fait) de favoriser le petit commerce.

5 Même exercice.

1. Je vous envoie (ci-annexé) quatre exemplaires (signé) du contrat. – 2. Ce logiciel a (piraté) les comptes de nombreux utilisateurs. – 3. Les disques qu'elle a (acheté) lui ont beaucoup (plu). – 4. (Étant donné) sa réponse, je préfère renoncer au projet. – 5. Il est loin des soixante kilos qu'il a (pesé) autrefois ! – 6. De la fenêtre qu'il a (ouvert), il a (assisté) à la cérémonie (organisé) sur la place.

6 Même exercice.

1. La convention qu'il a (réussi) à organiser a été un grand succès. – 2. Je fais partie de ceux qu'elle a (invité) à dîner. – 3. La journaliste lui a (proposé) de venir plus tôt. – 4. Pierre, qui connaît bien Julie, l'a (laissé) entrer sans difficulté. – 5. Les spectateurs qu'on n'a (pu) accepter sont (reparti) mécontents. – 6. Les informations qu'il a (refusé) de donner sont pourtant essentielles au dossier.

EMPLOYER

7 Employez chacun de ces participes passés dans deux phrases : dans la première, il sera invariable ; dans la seconde, il variera.

1. bouleversé
2. découvert
3. mangé
4. revu.

49 – L'accord du participe passé

50 L'accord du participe passé d'une forme pronominale

> *Elles se sont acheté une grosse armoire.*
> Malgré la présence de l'auxiliaire *être*, le participe passé d'une forme pronominale (ici *se sont acheté*) ne s'accorde pas toujours avec le sujet.

A Règle générale

Il existe deux grands types de formes pronominales.

- Quand le pronom réfléchi peut être analysé (comme, par exemple, dans *se laver* [= laver soi-même]), on applique la règle du participe passé conjugué avec *avoir*.

- Quand le pronom réfléchi ne peut pas être analysé (comme, par exemple, dans *s'enfuir*), on applique la règle du participe passé conjugué avec *être*.

B L'accord du participe passé d'une forme pronominale dont le pronom est COD ou COI

1 Le participe passé ne s'accorde jamais avec le sujet, mais avec le COD si celui-ci est placé avant.

2 Si le pronom réfléchi est COD comme dans *se laver*, le pronom a la fonction qu'aurait *quelqu'un* dans *laver quelqu'un*, car *se laver*, c'est *laver soi-même*. Le COD du verbe étant placé avant, le participe passé s'accorde avec ce COD.

> *Les enfants se sont lavés ce matin.*
> [Le participe passé *lavés* s'accorde avec le pronom réfléchi *se*, qui est COD du verbe.]

3 Si, en revanche, le pronom réfléchi est COI, le participe passé ne s'accorde pas avec ce pronom : dans *s'acheter (quelque chose)*, le pronom a la fonction qu'aurait *à quelqu'un* dans *acheter (quelque chose) à quelqu'un*. Le pronom n'étant pas COD, mais COI, le participe passé ne s'accorde pas avec lui.

> *Elles se sont acheté une grosse armoire.*

4 Une forme pronominale dans laquelle le pronom réfléchi est COI peut aussi avoir un COD. Si ce COD est placé avant, le participe passé s'accorde avec ce COD.

> *la grosse armoire qu'elles se sont achetée*
> [Le participe passé *achetée* s'accorde avec le COD placé avant, le pronom relatif *que*, qui représente *la grosse armoire*.]

C L'accord du participe passé d'une forme pronominale dont le pronom ne peut pas être analysé

1 Parfois, le pronom réfléchi ne peut pas être analysé : il ne reçoit aucune fonction. Dans ce cas, le participe passé s'accorde avec le sujet.

> *Les lions se sont échappés.*

2 Font exception les verbes *se rire*, *se plaire*, *se déplaire* et *se complaire* dont les participes passés sont toujours invariables, quel que soit le sens de la forme pronominale.

> *Ils se sont plu à arriver en retard.*

REPÉRER

1 Soulignez les formes pronominales qui varient.

1. Ils se sont emparés de leur butin. – 2. Nous nous sommes écrit chaque semaine. – 3. Elles se sont souvent revues par la suite. – 4. Les troupes d'élite se sont succédé lors de la cérémonie. – 5. Voici la recette de la petite crème au chocolat que je me suis préparée.

ANALYSER

2 Justifiez l'accord ou l'absence d'accord des participes passés des phrases de l'exercice 1.

3 Accordez le participe passé quand c'est nécessaire, en justifiant votre réponse.

1. Les réunions se sont (étalé) sur une dizaine de semaines. – 2. La personne s'est (nommé), puis elle est entrée dans la salle. – 3. Ils se sont (parlé) pendant des heures. – 4. Quelques lions s'étaient alors (approché) de notre camp. – 5. Elle s'est (fracturé) le pied gauche.

4 Même exercice.

1. Les membres du groupe se sont (retrouvé) dans la villa qu'ils s'étaient (acheté) quand ils vendaient des millions de disques. – 2. Les équipes se sont (distribué) les tâches à accomplir. – 3. Les comptes se sont finalement (équilibré). – 4. Les indemnités qu'ils se sont (accordé) ne paraissent pas justifiées. – 5. Les deux se sont (déplu) immédiatement. – 6. Ils ne se sont pas assez (méfié) de ces paroles trompeuses.

EMPLOYER

5 Complétez les phrases en imaginant un groupe nominal qui convient.

1. En montagne, …….. se sont fortement améliorées. – 2. Et voici …….. que nous nous sommes installée ! – 3. …….. se sont interdit de dire ce qu'ils savaient à ce sujet. – 4. …….. se sont finalement ralliées à la présidente. – 5. Peu après, …….. se sont adressé des lettres d'insultes. – 6. …….. s'est obstinée et a fini par réussir.

👍 *Faites attention aux accords !*

6 Formez une seule phrase en utilisant un pronom relatif.

Elles se sont acheté une armoire. Cette armoire est chère.
→ *L'armoire qu'elles se sont achetée est chère.*

1. Ils se sont procuré des informations importantes. Ils analysent ces informations.
2. Elles se sont dit des mots. Ces mots ont été violents.
3. Nous nous sommes prêté des disques. Nous pouvons garder encore un peu ces disques.
4. Elle s'est coupé une mèche de cheveux. Il veut garder cette mèche de cheveux.

7 Formez des phrases en conjuguant le verbe au passé composé.

1. (sujet au féminin singulier) se réchauffer au cours du dernier siècle.
2. (sujet au féminin pluriel) se doucher après le match.
3. (sujet au masculin pluriel) s'insurger violemment à cette époque-là.
4. (sujet au féminin pluriel) se faire confiance.
5. (deux sujets coordonnés) s'épouser samedi dernier.

Bilan 6 — Le verbe

Maîtrisez-vous ces notions ?
Si ce n'est pas le cas, reportez-vous aux chapitres 35 à 50.

REPÉRER

1. Soulignez en bleu les verbes à l'indicatif, en jaune les verbes au subjonctif.
(0,5 point par réponse juste) .../5

1. Yves a loué un gîte pour que nous puissions tous nous retrouver. - 2. À Londres, ce qu'Adèle aime par-dessus tout, c'est le petit-déjeuner. - 3. Sandro travaillera chez son oncle tant qu'il n'aura pas trouvé mieux. - 4. Le tennis est le seul sport qu'Hadrien ait pratiqué avec passion. - 5. Bien qu'elle ne réclame jamais quoi que ce soit, Mathilde obtient tout ce qu'elle veut.

2. Surlignez en vert les verbes à la voix active, en rose les verbes à la voix passive.
(0, 5 point par réponse juste) .../4

Aujourd'hui, de nombreuses informations sont transmises par les réseaux sociaux avant d'être relayées par les médias classiques. Ces derniers sont soumis à des règles déontologiques qui les rendent moins réactifs. Un bon journaliste, avant de divulguer une information, aura vérifié sa validité. Il ne la rendra publique que lorsqu'elle aura été confirmée par plusieurs sources fiables.

3. Surlignez en bleu un verbe essentiellement pronominal, en jaune deux constructions pronominales réciproques et en rose une construction pronominale réfléchie.
(1 point par réponse juste) .../4

1. « Comment s'étaient-ils rencontrés ? Par hasard, comme tout le monde. »
(Denis Diderot, *Jacques le Fataliste*, 1796)
2. « Doukipudonktan, se demanda Gabriel excédé. » (Raymond Queneau, *Zazie dans le métro*, 1959)
3. « Les familles heureuses se ressemblent toutes ; les familles malheureuses sont malheureuses chacune à leur façon. » (Léon Tolstoï, *Anna Karénine*, 1877)
4. « Des galopins qui sentent encore le lait n'ont pas à se blottir dans les bras des dames qui sentent le scotch. » (Françoise Sagan, *Le Garde du cœur*, 1968)

ANALYSER

4. Donnez la voix, le mode et le temps des verbes en couleur.
(1 point par réponse juste) .../4

1. Nous **sommes conquis**. ....
2. Elle **est partie**. ....
3. Il faut que tu **sois reçu**. ....
4. Qu'ils **soient rentrés** à 22h ! ....

**5. Quelle est la fonction du gérondif :
moyen (1), condition (2), temps (3), cause (4) ?** *(1 point par réponse juste)* .../4

1. En entrant dans son appartement, j'ai senti une odeur inhabituelle. ....
2. En entrant dans son appartement, ils ont enfreint la loi. ....
3. En signant le contrat, il a fait taire les mauvaises langues. ....
4. En signant le contrat, vous vous engagez pour 24 mois. ....

6 Les verbes en couleur ont-ils une valeur temporelle ou une valeur modale ? *(1 point par réponse juste)* …/5

1. Il n'**aura** pas **eu** le temps de nous écrire. ……………
2. Chaque fois que je la **croise**, elle me donne de tes nouvelles. ……………
3. Si tu y **penses**, tu lui transmettras mon meilleur souvenir. ……………

7 Dans les phrases suivantes, soulignez le(s) mot(s) qui justifie(nt) l'emploi du subjonctif. *(1 point par réponse juste)* …/4

1. Bien qu'il m'ait invité à son mariage, je n'ai pas envie de l'inviter au mien.
2. Il est bon qu'elle se rende compte de tout ce que tu fais pour elle.
3. C'est le seul cavalier auquel ce cheval obéisse.

8 Lisez le texte, puis répondez aux questions. *(1 point par réponse juste)* …/3

a. Quelle est la valeur du conditionnel passé dans le premier paragraphe ?
b. Quelle est la valeur du conditionnel présent dans le second paragraphe ?
c. Quel est l'effet produit par le passage de l'un à l'autre ?

> Ils auraient aimé être riches. Ils croyaient qu'ils auraient su l'être. Ils auraient su s'habiller, regarder, sourire comme des gens riches. Ils auraient eu le tact, la discrétion nécessaires. […] Leur vie aurait été un art de vivre.
>
> La vie, là, serait facile, serait simple. Toutes les obligations, tous les problèmes qu'implique la vie matérielle trouveraient une solution naturelle. Une femme de ménage serait là chaque matin. On viendrait livrer, chaque quinzaine, le vin, l'huile, le sucre.
>
> ■ Georges Perec, *Les Choses* (1965)

EMPLOYER

9 Mettez les verbes entre parenthèses au présent de l'indicatif. Attention à l'accord du verbe avec le sujet ! *(1 point par réponse juste)* …/4

La plupart des étudiants (obtenir) …………………… une licence. Ce (être) …………………… les masters de droit et de psychologie qui (attirer) …………………… le public le plus large. La biologie ainsi que la physique (susciter) …………………… encore trop peu de vocations chez les filles.

10 Mettez les verbes entre parenthèses au passé composé de l'indicatif. Attention à l'accord du participe passé ! *(0,5 point par réponse juste)* …/4

La fête que nous (organiser) …………………… pour les 20 ans de Karima (être) …………………… une réussite. Nous (contacter) …………………… tous ses amis, qui (se répartir) …………………… les tâches. Certains nous (aider) …………………… à préparer le buffet. D'autres (s'occuper) …………………… d'acheter le cadeau.

11 Imaginez des phrases dans lesquelles le verbe aura la valeur demandée. *(1 point par réponse juste)* …/3

1. Nous t'encouragerons (répétition) ……………………………………………………………………………
2. Le soleil se couchait (arrière-plan) ……………………………………………………………………………
3. Elle se marie (narration) ……………………………………………………………………………

Calculez votre score

Entre 41 et 34 points	Entre 34 et 24 points	Moins de 24 points
Bravo, vous maîtrisez le verbe ! Passez aux chapitres suivants !	Pas mal. Mais des points vous posent encore problème. Les avez-vous identifiés ?	Vous hésitez encore. Révisez les leçons à tête reposée.

Bilan 6 – Le verbe

L'adverbe

Nous bavardions tranquillement. Il fut pris soudain d'un fou rire irrépressible.

Tranquillement et *soudain* sont des mots invariables, ajoutés pour apporter des précisions : ce sont des adverbes.

A Comment reconnaître un adverbe ?

1 L'adverbe présente quatre caractéristiques essentielles.

- Il est invariable : *Soudain il se mit à rire. Soudain nous nous mîmes à rire.*
- On peut généralement le supprimer : *Il se mit à rire.*
- Il modifie un élément de la phrase ou la phrase : *Soudain il se mit à rire bruyamment.*
- Il n'introduit aucun mot ou groupe de mots : *Il est redevenu sérieux après.*
  [Lorsqu'il est suivi d'un ou plusieurs mot(s), *après* est une préposition : « après son fou-rire », « après s'être calmé ».]

2 On distingue les **adverbes** (un seul mot : *autrefois, là, dehors*…) et les **locutions adverbiales** (plusieurs mots : *à nouveau, dès lors, en amont*…).

> **À NOTER**
>
> **L'adverbe *tout***
> Lorsqu'il équivaut à *complètement*, *tout* est adverbe. Il s'accorde cependant devant un adjectif féminin qui commence par une consonne ou un *h* aspiré : *Elle est tout essoufflée,* mais *elle est toute rouge.*

B Les différentes catégories d'adverbes

Un adverbe ou une locution adverbiale peut :
– préciser les circonstances : adverbes de lieu (*ici, là, derrière*…), de temps (*hier, tôt, tard*…), de manière (*bien, vite, lentement*…) ;
– préciser le degré (*beaucoup, assez, plus, très*…) ;
– avoir différents rôles dans la phrase : adverbes interrogatifs (*où, quand, comment*…) ; exclamatifs (*que, comme, combien*…) ; de négation (*non, ne… pas, guère*…) ; de liaison (*cependant, pourtant, enfin*…) ; d'énonciation (*assurément, peut-être, sans doute*…).

C La fonction des adverbes

- Un adverbe ou une locution adverbiale peut modifier un mot ou un groupe de mots :
– un **adjectif** : *Il est extraordinairement généreux.*
– un **autre adverbe** : *Elle m'a reçu très gentiment.*
– un **verbe** : *Je l'ai vu partir en catimini.*
– un **groupe prépositionnel ou nominal** : *Nous irons plutôt au bord de la mer.*
– un **pronom** : *C'est précisément lui qui me l'a dit.*
– une **proposition subordonnée** : *Nous nous baignons même quand il pleut.*

- Un adverbe ou une locution adverbiale peut modifier l'ensemble de la phrase.
  Évidemment il n'a pas donné de nouvelles.
  [L'adverbe *évidemment* souligne l'évidence du fait qu'*il n'a pas donné de nouvelles* : il porte sur toute la phrase.]

- Un adverbe peut permettre l'articulation entre deux propositions ou phrases. C'est alors un **adverbe de liaison** : *Il m'a souri, puis il est parti.*

REPÉRER

1. Surlignez en bleu les adverbes et en jaune les locutions adverbiales.

L'accès à la culture s'est beaucoup démocratisé durant les dernières décennies. Il serait naïf de croire que tout le monde fréquente régulièrement les musées, bien sûr. Les grandes expositions font cependant le plein et les billets d'entrée sont souvent réservés à l'avance sur Internet.

ANALYSER

2. À quelle catégorie les adverbes et locutions adverbiales soulignés se rattachent-ils ? Reliez comme il convient.

1. J'ai <u>toujours</u> rêvé d'escalader le mont Blanc.
2. Il est <u>fort</u> probable qu'il vienne cet été.
3. Il a réussi <u>brillamment</u>.
4. Il veut refaire sa vie <u>ailleurs</u>.

- adverbe de lieu
- adverbe de temps
- adverbe de manière
- adverbe de degré

3. Quel est le rôle des adverbes soulignés dans ces phrases : adverbe interrogatif (1), exclamatif (2), de négation (3), d'énonciation (4) ? Donnez le bon numéro.

1. <u>Comme</u> c'est gentil de votre part !
2. Cela ne fait <u>guère</u> de doute.
3. Elle a <u>sans doute</u> trouvé une meilleure solution.
4. <u>Pourquoi</u> ne commencerais-tu pas par un stage ?

4. L'adverbe ou la locution adverbiale en couleur modifie la phrase entière. Vrai ou faux ?

	Vrai	Faux
1. Les résultats de l'entreprise sont très encourageants.	☐	☐
2. Évidemment, chacun de vous a contribué à cette hausse.	☐	☐
3. Le comité de direction a unanimement décidé de vous verser une prime.	☐	☐
4. Notre entreprise n'a jamais été aussi florissante !	☐	☐
5. Nous comptons sur vous pour continuer à tenir vos objectifs, bien sûr.	☐	☐

5. Soulignez les mots ou groupes de mots que modifient les adverbes en couleur.

1. « On veut trop être quelqu'un. » (Henri Michaux, *Plume*, 1938)
2. « Le véritable courage consiste à être courageux précisément quand on ne l'est pas. » (Jules Renard, *L'Écornifleur*, 1892)
3. « On ne retient presque rien sans le secours des mots, et les mots ne suffisent presque jamais pour rendre précisément ce que l'on sent. » (Denis Diderot, « Pensées détachées sur la peinture, la sculpture et la poésie », *Correspondance littéraire*, 1772)

EMPLOYER

6. Modifiez le sens des mots ou groupes de mots soulignés à l'aide d'un adverbe de votre choix.

1. La publicité <u>a changé</u> de supports.
2. Les agences de tourisme n'ont plus recours <u>à l'affichage publicitaire</u>.
3. Elles <u>financent</u> le voyage de blogueurs qui, à leur retour, <u>vanteront</u> les beautés du pays qu'ils ont découvert.
4. C'est <u>efficace</u> et <u>moins</u> coûteux.

51 – L'adverbe

52 Les conjonctions

Quand les travaux seront finis, tu pourras inviter Jeanne et Tanguy à déjeuner ou à dîner.

Quand, et, ou sont invariables et relient des groupes de mots et des propositions dans la phrase : ce sont des conjonctions.

A La conjonction de coordination : *mais, ou, et, or, ni, car*

1 Qu'est-ce qu'une conjonction de coordination ?

La conjonction de coordination est un mot invariable qui permet de relier des phrases ainsi que des mots, des groupes de mots ou des propositions ayant la même fonction dans la phrase.

Elle n'a ni chat ni chien, mais elle a adopté un joli lapin nain.

2 Le sens des conjonctions de coordination

- Les conjonctions *et* et *ni* marquent l'**adjonction**, l'**accumulation**.
- La conjonction *ou* marque la **disjonction**, c'est-à-dire la séparation ou le choix.
- La conjonction *car* marque la **cause**.
- La conjonction *mais* marque l'**opposition**.
- La conjonction *or* introduit généralement une **nouvelle donnée**.

3 Il ne faut pas confondre la conjonction de coordination et l'adverbe de liaison

Contrairement aux conjonctions de coordination, les **adverbes de liaison** (*ainsi, donc, cependant, en effet...*) peuvent :
– généralement se déplacer dans la phrase : *Pourtant je te l'ai dit./Je te l'ai pourtant dit.*
– être précédés d'une conjonction de coordination : *Et pourtant je te l'ai dit.*

B La conjonction de subordination

1 Qu'est-ce qu'une conjonction de subordination ?

La conjonction de subordination permet de relier à une autre proposition des subordonnées conjonctives qui ont les fonctions de :

– sujet, attribut, complément d'objet… ; la subordonnée est dite complétive ;

Je préférerais [que tu viennes avec nous].

– complément circonstanciel ; la subordonnée est dite circonstancielle.

[Puisque tu ne pars pas], je te laisserai les clefs [pour que tu nourrisses les poissons rouges].

À NOTER

- On distingue les conjonctions de subordination (un seul mot : *quand, lorsque, quoique, puisque*…)
- et les locutions conjonctives (formées de plusieurs mots fonctionnant comme un seul : *parce que, dès que, bien que*…).

2 Il ne faut pas confondre la conjonction de subordination *que* et le pronom relatif *que*

Contrairement à la conjonction de subordination *que*, le pronom relatif *que* :
– a une fonction dans la proposition subordonnée ;
– est précédé d'un antécédent.

L'écharpe que tu m'as offerte est bien chaude.

[*Que* est COD de *as offerte* et a pour antécédent *L'écharpe* : c'est un pronom relatif.]

REPÉRER

1. *Que* est-il conjonction de subordination ou pronom relatif ?
Cochez la bonne réponse.

	Conj. de subordination	Pronom relatif
1. C'est un jeune artiste *que* j'ai découvert par hasard.	☐	☐
2. Il faut absolument *que* tu voies ses dernières toiles.	☐	☐
3. Ce sont les peintures les plus solaires *que* j'aie jamais vues.	☐	☐
4. Il est évident, mon ami, *que* cet artiste a un grand avenir devant lui.	☐	☐
5. J'espère *qu'*une galerie l'exposera bientôt.	☐	☐

👍 *Si* que *est pronom relatif, vous devez pouvoir entourer son antécédent.*

2. Surlignez en jaune trois conjonctions de coordination, en vert un adverbe de liaison, en bleu une conjonction de subordination.

Le jour me fatigue et m'ennuie. Mais quand le soleil baisse, une joie confuse, une joie de tout mon corps m'envahit. Je m'éveille, je m'anime. Alors j'ai envie de crier de plaisir comme les chouettes, de courir sur les toits comme les chats ; et un impétueux, un invincible désir d'aimer s'allume dans mes veines.

▪ D'après Guy de Maupassant, « La Nuit », *Contes et nouvelles* (1883)

ANALYSER

3. Encadrez chaque adverbe de liaison et indiquez, à l'aide d'une croix, à quel endroit il pourrait être déplacé dans la phrase.

Nous avons fait nos études ensemble. Je le connais donc parfaitement. Je ne m'attendais cependant pas à ce qu'il me demande de lui prêter de l'argent. Néanmoins j'ai accepté, car il avait l'air tout à fait démuni. Il m'a alors chaleureusement remercié et a promis de me rembourser au plus vite. Mais je ne l'ai jamais revu.

4. Quels mots, groupes de mots ou propositions les conjonctions de coordination en couleur relient-elles ?
Soulignez-les, puis donnez leur fonction grammaticale.

Ni ton père *ni* moi ne réussirons à la convaincre. (sujet)

1. Nous avons fêté nos dix ans de mariage *et* mes quarante ans.
2. Elle dit qu'il est revenu épuisé, *mais* qu'elle ne l'a jamais vu aussi heureux.
3. Quand tu viendras voir tes parents *ou* quand tu passeras chez ta sœur, fais-moi signe.

👍 *Deux propositions, deux mots ou deux groupes de mots reliés par une conjonction de coordination n'ont pas toujours la même nature, mais ils ont toujours la même fonction.*

EMPLOYER

5. Reliez les deux propositions indépendantes par une conjonction de subordination ou une locution conjonctive.

Les sources d'information se sont multipliées. Il faut éduquer le sens critique des adolescents.
→ *Dans la mesure où* les sources d'information se sont multipliées, il faut éduquer le sens critique des adolescents.

1. Les jeunes vivent entourés d'écrans. Leur besoin de socialisation reste le même.
2. Un enfant veut utiliser les réseaux sociaux. Ses parents doivent lui rappeler la limite d'âge fixée par la loi.
3. Les enfants d'aujourd'hui sont nés avec le numérique. Ils sont souvent plus doués que leurs parents.

53 La préposition

Je me suis organisée pour assister à la première représentation.
Les mots *pour* et *à* permettent de construire les mots *assister*
et *la première représentation* : ce sont des prépositions.

A Comment reconnaître une préposition ?

1 La préposition présente deux caractéristiques essentielles.

- Elle permet de relier des mots et des groupes de mots dans une phrase.
- Elle est indissociable des mots qui la suivent : elle forme avec eux un **groupe prépositionnel** dont elle constitue le **noyau**.

   Il a offert à ses voisins des macarons au chocolat.
   [Chaque groupe prépositionnel (*à ses voisins*, *au chocolat*) forme un tout et peut être remplacé par un mot unique :
   → *Il leur a offert de délicieux macarons.*]

À NOTER
On distingue les prépositions (un seul mot : *à, de, par, pour, sans, sur*…) et les locutions prépositionnelles (formées de plusieurs mots : *au lieu de, de façon à, au-delà de*…).

2 Attention à la contraction de *à* et *de*

- L'article défini *le* ou *les* se contracte avec les prépositions *à* et *de*.
   Nous avons parlé aux [= à + les] *enfants des* [= de + les] *prochaines vacances.*
- Le mot *lequel* aussi se contracte avec les prépositions *à* et *de*.
   C'est un avocat duquel [= de + lequel] *j'ai entendu parler et auquel* [= à + lequel] *tu peux te fier.*

B Le complément de la préposition

La préposition ou la locution prépositionnelle peut être suivie de mots de différentes natures :
- un **nom** ou un **groupe nominal** : *la boule à thé* ; *une tasse de porcelaine fine* ;
- un **infinitif** ou un **groupe infinitif** : *un dé à coudre* ; *une histoire à faire peur* ;
- un **pronom** : *grâce à toi* ; *en dehors de celui-ci* ;
- un **adverbe** : *le repas d'hier* ; *les gens d'ici* ;
- un **autre groupe prépositionnel** : *devant chez toi* ;
- une **proposition** : *Tu peux venir avec qui tu voudras.*

C La fonction du groupe prépositionnel

Le groupe prépositionnel peut avoir différentes fonctions :
- **complément du nom** : *Il faudrait changer les rideaux du salon.*
- **complément de l'adjectif** : *Ce gâteau est facile à faire.*
- **COI/COS** : *Ils songent à déménager./Il donnera sa nouvelle adresse à ses amis.*
- **complément essentiel de lieu** : *Nous sommes passés par Dijon.*
- **complément circonstanciel** : *Sans ton aide, je n'aurais jamais réussi.*
- **complément d'agent** : *Il a été élu par les jeunes.*
- **attribut du sujet** : *Ce tissu est de mauvaise qualité.*
- **attribut du COD** : *Il me prend pour un imbécile !*
- **groupe apposé à un GN** : *Ce cours, d'un intérêt relatif, est peu suivi.*

REPÉRER

1. Surlignez en jaune cinq prépositions différentes, en bleu quatre articles contractés avec une préposition et en vert une locution prépositionnelle.

> Que penser des motivations de l'acquéreur anonyme du téléphone rouge en Bakélite d'Adolf Hitler, qui a déboursé 243 000 euros, dimanche 19 février, pour emporter la mise lors d'une vente aux enchères ? […] Débourser autant pour acquérir le téléphone d'Hitler raconte des choses sur celui qui l'a acquis : son rapport à l'histoire, à la politique, aux événements de la Seconde Guerre mondiale mais aussi au pouvoir, à l'ordre, à ses propres valeurs et à son histoire personnelle.
>
> ■ Marlène Duretz, LeMonde.fr, 23 février 2017

ANALYSER

2. Donnez la nature du complément de la préposition / locution prépositionnelle en couleur.

1. Il revient de loin. – 2. Tous les produits seront contrôlés de manière à éviter la contamination. – 3. Quant à la promesse qu'elle t'a faite, méfie-toi. – 4. Il n'ose jamais rien dire devant nous.

3. Soulignez les groupes prépositionnels et cochez la bonne fonction.

1. Il découvre la nécessité de s'entraîner.   ❏ compl. du nom   ❏ COS
2. Je suis impatiente de voir son nouvel appartement.   ❏ COI   ❏ compl. de l'adjectif
3. Il habite en face du marché.   ❏ compl. essentiel de lieu   ❏ CC de lieu
4. Il passe pour un doux rêveur.   ❏ attribut du sujet   ❏ attribut du COD

4. Montrez que la phrase joue sur deux sens de la préposition *en*.

UN JOUR, J'IRAI VIVRE EN THÉORIE PARCE QU'EN THÉORIE TOUT SE PASSE BIEN

👍 *Certaines prépositions ou locutions prépositionnelles ont des sens qui varient selon les contextes.*
Nous avons été accueillis par le maire.
Au retour, il est passé par Toulouse.

EMPLOYER

5. Complétez les phrases suivantes avec la préposition ou locution prépositionnelle qui convient.

1. Le dessert consistait …… une magnifique pièce montée. – 2. Tu dois croire …… lui et …… ses capacités. – 3. Je me rappelle …… notre premier voyage en amoureux. – 4. Cette affaire ressortit …… une autre juridiction. – 5. La décision du conseil municipal permettra de pallier …… l'absence de cadre législatif clair.

👍 *Attention ! Dans certains cas, il ne faut pas de préposition.*

6. Faites suivre les prépositions ou locutions prépositionnelles d'un groupe de mots de la nature demandée.

1. D'après (groupe nominal), ils devraient arriver ce soir. – 2. Sauf à (groupe infinitif), elle n'a aucune raison d'échouer. – 3. Avec (pronom), nous ne risquons rien.

54 Les types de phrases : vue d'ensemble

- *Ce tiramisu est délicieux.*
- *En voulez-vous une deuxième part ?*

Ces deux phrases se distinguent par leur type :
la première est déclarative, la seconde est interrogative.

A Qu'est-ce qu'un type de phrase ?

1 Chaque phrase :
– relie un sujet et un prédicat, c'est-à-dire quelque chose qui est dit à propos du sujet ;
– relève d'un type de phrase, qui indique le point de vue du locuteur sur ce qu'il dit.

2 Les types de phrases se distinguent notamment par l'intonation, la ponctuation, la place du sujet (ou son absence), les modes verbaux (indicatif, impératif, subjonctif…) et la présence éventuelle de certains mots (interrogatifs, exclamatifs…).

B Quels sont les différents types de phrases ?

1 Il existe quatre types de phrases.

- La **phrase déclarative** affirme le prédicat à propos du sujet.
    Ce tiramisu est délicieux.

- La **phrase interrogative** n'affirme pas le prédicat.
Elle permet en particulier de poser une question.
    En voulez-vous une deuxième part ?

- La **phrase injonctive** demande que le prédicat soit exécuté.
    Apporte le tiramisu !

- La **phrase exclamative** renforce l'expression du prédicat.
    Ce tiramisu est particulièrement réussi !

2 Les formes de phrases
Une phrase peut aussi faire apparaître, facultativement, une forme de phrase.
On appelle forme de phrase une construction particulière qui est ajoutée à l'un des quatre types de phrases : la **négation**, le **passif**, la **forme impersonnelle** et l'**emphase**.

C Type de phrase et acte de langage

1 Chaque type de phrase correspond à un acte de langage accompli par le locuteur :
– la **phrase déclarative** permet de communiquer une information, de promettre, de suggérer, de flatter, de menacer…
– la **phrase interrogative** permet de demander une information ;
– la **phrase injonctive** permet d'exprimer un ordre, un souhait, un conseil… ;
– la **phrase exclamative** permet d'exprimer une réaction affective (surprise, tristesse…).

2 Cependant, il est fréquent qu'un type de phrase n'ait pas la valeur d'acte de langage qui lui est habituellement associée. L'acte de langage est alors indirect : la phrase déclarative, par exemple, peut exprimer un ordre (*Vous serez là à 15 h.* [= Soyez là à 15 h]), de même que la phrase interrogative (*Peux-tu m'apporter le tiramisu ?* [= Apporte-moi le tiramisu]).

REPÉRER

1 Déclarative, interrogative, injonctive ou exclamative ?
Quel est le type de phrase utilisé ? **B**

1. Les jours commencent à rallonger. – 2. Qu'il est agréable de se promener dans cette forêt ! – 3. Quel est le prix de ce téléphone ? – 4. N'oubliez pas d'éteindre vos téléphones portables. – 5. Viens ici immédiatement ! – 6. Est-il distrait ! – 7. Entre alors en scène le chanteur tant attendu. – 8. Qui n'a pas rangé ses chaussures ?

ANALYSER

2 Comparez des types de phrases :
quelles sont les différences entre la phrase déclarative (1re colonne) et celle de la 2e colonne ? **A** **B**

		Ponctuation	Sujet (présence ou absence, place)	Autre(s) particularité(s) éventuelle(s)	Type de la phrase de la 2e colonne
Il a pris le train de 8 h 57.	A-t-il pris le train de 8 h 57 ?				
Il a pris le train de 8 h 57.	Quel train a-t-il pris ?				
Tu n'arriveras pas en retard.	N'arrive pas en retard !				
Il a encore cassé une assiette.	Il a encore cassé une assiette !				

3 Quel est le type de phrase ? Relevez pour chaque phrase deux éléments (ponctuation, absence ou place du sujet…) qui vous permettent de répondre. **A** **B**

1. As-tu trouvé un stage pour les vacances d'hiver ? – 2. Oh ! comme il est maladroit ! – 3. Peux-tu passer chez moi ? – 4. Rappelez-nous un peu plus tard, s'il vous plaît. – 5. La sonnerie de l'école vient de retentir.

4 Quel acte de langage est effectué par chaque phrase de l'exercice 3 ?
Relevez un acte de langage indirect. **C**

EMPLOYER

5 Imaginez deux phrases différentes
pour chacune des quatre phrases proposées. **A** **B** **C**

1. Tu accompagneras ta petite sœur au cours de clarinette.
   (phrase interrogative, phrase injonctive)
2. Samuel viendra me voir avant de partir pour New York.
   (phrase interrogative, phrase injonctive)
3. Où as-tu acheté cette délicieuse galette des rois ?
   (phrase déclarative, phrase injonctive)
4. Qu'il arrête enfin de se plaindre !
   (phrase interrogative, phrase exclamative)

54 – Les types de phrases : vue d'ensemble

55 La phrase interrogative

Comment les pyramides d'Égypte ont-elles été construites ?
La phrase commence par *comment*, qui est un adverbe interrogatif, elle se termine par un point d'interrogation et son sujet est inversé : c'est une phrase interrogative.

A La phrase interrogative : vue d'ensemble

1 La phrase interrogative se caractérise par un point d'interrogation et une intonation ascendante. Souvent, elle commence par un mot interrogatif et son sujet est inversé.

2 L'interrogation est :
- **totale**, si elle porte sur la phrase et appelle une réponse par *oui, non, si* : *Viens-tu ce soir ?*
- **partielle**, si elle porte sur un élément de la phrase : *Comment ont-elles été construites ?*

B L'inversion du sujet dans la phrase interrogative

1 Le sujet est souvent inversé. Il est :
- placé après le verbe (**inversion simple**) : *Comment ont-elles été construites ?*
- ou placé avant le verbe et repris par un pronom personnel (**inversion complexe**) : *Comment les pyramides ont-elles été construites ?*

2 Des locutions rétablissent l'ordre sujet-verbe :
- **est-ce que**, dans l'interrogation totale : *Est-ce que tu viens ce soir ?*
- **qu'est-ce que, qui est-ce que**… dans l'interrogation partielle : *Qu'est-ce que tu fais ce soir ?*

3 Le langage oral rétablit souvent l'ordre sujet-verbe : *Tu fais quoi ce soir ?*

C Les mots interrogatifs

1 On distingue les pronoms et les locutions pronominales :
- les pronoms nominaux *qui* (pour les personnes), *que* et *quoi* (pour les choses et les animaux) ;
- le pronom représentant *lequel*, variable en genre et en nombre : *Les tablettes : laquelle choisir ?*
- les locutions *qui est-ce qui, qu'est-ce que*… : *Que fais-tu* → *Qu'est-ce que tu fais ?*

2 *Quel*, variable en genre et en nombre, est déterminant du nom (*Quel livre préfères-tu ?*) ou adjectif attribut (*Quelle est ta couleur préférée ?*).

3 Les adverbes *où, quand, comment, combien, pourquoi* font porter l'interrogation sur les circonstances : *Comment les pyramides ont-elles été construites ?*
Ils possèdent des **formes renforcées** (locutions) : *Comment est-ce qu'elles ont été construites ?*

D Les emplois de la phrase interrogative

1 La phrase interrogative permet de demander une information.

2 Elle peut être employée à la place :
- d'une phrase injonctive, pour exprimer un ordre atténué : *Peux-tu te taire ?* [= Tais-toi !]
- d'une phrase déclarative, pour exprimer un contenu évident (**interrogation rhétorique**) : *Qui peut croire à cette histoire ?* [= Personne ne peut croire à cette histoire.]

REPÉRER

1. Interrogation totale ou interrogation partielle ? Cochez la bonne réponse.　**A**

	Totale	Partielle
1. As-tu réussi à réserver l'hôtel ?	☐	☐
2. Pourquoi le directeur n'a-t-il pas annulé la réunion ?	☐	☐
3. Qui a laissé traîner une peau de banane dans le couloir ?	☐	☐
4. Où avez-vous acheté ces jolis vases ?	☐	☐
5. Son avion avait trois heures de retard ?	☐	☐
6. Qu'est-ce qui vous ferait plaisir ?	☐	☐

ANALYSER

2. Le sujet en couleur est-il inversé ? L'inversion est-elle simple ou complexe ?　**B**

1. Quel est le prix de cet ordinateur ? – 2. À qui parlais-tu au téléphone ? – 3. Les extraterrestres existent-ils ? – 4. Elle s'est fait voler son portefeuille dans le métro ? – 5. Est-ce que la randonnée s'est bien passée ? – 6. Qui veut un peu plus de soupe ? – 7. Avec qui partez-vous ce week-end ? – 8. Quel film a rencontré le plus grand succès cette année ?

3. Encadrez les mots interrogatifs et indiquez leur nature (pronom, déterminant, adjectif ou adverbe) en cochant la bonne case.　**C**

	Pronom	Déterm.	Adjectif	Adverbe
1. Dans quelles conditions l'enquête s'est-elle déroulée ?	☐	☐	☐	☐
2. À quoi penses-tu ?	☐	☐	☐	☐
3. Qu'est-ce que tu regardes à la télévision ?	☐	☐	☐	☐
4. Quand l'avez-vous rencontré pour la dernière fois ?	☐	☐	☐	☐
5. Quelles sont précisément vos motivations ?	☐	☐	☐	☐
6. Parmi les phrases suivantes, lesquelles sont bien formées ?	☐	☐	☐	☐

4. Quelle est la valeur d'emploi de ces phrases interrogatives ?　**D**

1. Ma commande a-t-elle été expédiée ? – 2. Pouvez-vous me tenir la porte quelques instants, s'il vous plaît ? – 3. Comment peux-tu passer autant de temps dans les magasins ? – 4. Est-ce que j'ai l'air de plaisanter ?

EMPLOYER

5. Transformez chaque phrase déclarative en interrogation totale, d'abord en inversant le sujet, puis en utilisant la locution *est-ce que*.　**A** **B**

1. Vous avez trouvé une solution pour votre mariage.
2. L'épidémie de grippe est terminée.
3. Il faut toujours faire des efforts.
4. Ceux qui remettront leur dossier en retard seront pénalisés.

6. Formez une interrogation partielle en remplaçant le groupe de mots en couleur par le mot interrogatif qui convient.　**A**

1. M. et Mme Delaunay ont réservé la chambre à partir de samedi.
2. Le président s'est rendu à Rome par avion.
3. Le prix de ce médicament est de cinq euros.
4. Cet événement s'est produit dans une zone montagneuse.
5. Sa fille part en randonnée avec sa meilleure amie.
6. Les réparations vont coûter près de deux mille euros.

56 La phrase injonctive

Ouvrez grand les yeux et les oreilles, et profitez bien du spectacle !

Les deux phrases sont à l'impératif et expriment un conseil, une recommandation : ce sont deux phrases injonctives.

A La phrase injonctive : vue d'ensemble

La phrase injonctive présente trois caractéristiques :
- elle se termine par un point ou par un point d'exclamation ;
- elle est au mode impératif, subjonctif ou infinitif ;
- elle présente souvent, à l'oral, une intonation descendante.

B Le mode de la phrase injonctive

1 La phrase injonctive est :

– à l'**impératif** quand l'ordre est adressé à un ou plusieurs interlocuteurs ;
   Ouvrez grand les yeux et les oreilles, et profitez bien du spectacle !

– au **subjonctif** quand l'ordre concerne une troisième personne ;
   Qu'il pense bien à envoyer son dossier !

– à l'**infinitif** quand l'ordre ne concerne aucune personne en particulier.
   Ne pas marcher sur les pelouses.

2 L'impératif présente deux particularités :

– il n'existe qu'à la deuxième personne du singulier et aux première et deuxième personnes du pluriel ; c'est donc un mode défectif ;
   Ouvre ! Ouvrons ! Ouvrez !

– il ne possède pas de sujet exprimé. La phrase peut cependant comporter un groupe nominal ou pronominal mis en apostrophe, qui désigne le destinataire de l'énoncé.
   Les enfants, ouvrez grand les yeux et les oreilles !

3 Le **subjonctif** de la phrase injonctive est en général précédé du mot **que**, appelé **béquille** ou **introducteur du subjonctif**. Ce mot ne doit pas être confondu avec la conjonction de subordination *que*, puisque la phrase qu'il introduit n'est pas une proposition subordonnée. Ce mot *que* est absent dans certaines expressions figées : *Soit un rectangle ABC. Dieu vous garde !*

> **À NOTER**
> **Phrase impérative ou phrase injonctive ?**
> La phrase injonctive n'étant pas toujours formée à partir d'un impératif, il est préférable d'abandonner la notion de « phrase impérative ».

C Les emplois de la phrase injonctive

1 La phrase injonctive sert à exprimer un ordre.
   Ouvrez la porte ! N'ouvrez pas la porte ! [ordre négatif, qu'on appelle défense]

2 Elle peut aussi avoir une valeur atténuée et exprimer le souhait, le conseil, la suggestion, la prière…
   Prenez plutôt la première rue à droite.

REPÉRER

1. Ces phrases sont-elles des phrases injonctives ? Cochez la bonne réponse. **A B**

	Oui	Non
1. Recule encore un peu.	☐	☐
2. Que le spectacle commence !	☐	☐
3. J'aimerais beaucoup que vous laissiez un commentaire sur le site.	☐	☐
4. Pourriez-vous m'indiquer l'adresse d'une bonne pizzeria ?	☐	☐
5. Assurez-vous de ne rien oublier avant de partir.	☐	☐
6. Le mot de passe doit comporter au moins un chiffre.	☐	☐
7. Qu'il est agaçant avec toutes ses remarques !	☐	☐

👍 *Dans* Dépêchez-vous ! vous *n'est pas le sujet du verbe mais le pronom réfléchi de la forme pronominale :* Vous vous dépêchez *(phrase déclarative à l'indicatif)* → Dépêchez-vous ! *(phrase injonctive à l'impératif, sans sujet).*

ANALYSER

2. Quel est le mode utilisé dans ces phrases injonctives ? **B**

1. Ne mets pas tes mains sur les portes. – 2. Que personne ne sorte ! – 3. Préparez-vous à déposer tout objet métallique dans la corbeille. – 4. Après utilisation, mettre l'appareil hors tension. – 5. Allons plutôt dans ce restaurant. – 6. Le diable m'emporte si j'y comprends un mot !

3. Quelles sont les marques de la phrase injonctive dans chacune de ces phrases ? **B**

1. Ne pas aller sur le pont sans autorisation. – 2. Mettez bien un bonnet car il fait très froid. – 3. Et toi, Pierre, fais-moi le plaisir de ranger tout de suite ta chambre. – 4. Comprenne qui pourra ! – 5. Qu'il prenne ses responsabilités dans cette affaire. – 6. Puisse-t-il enfin être entendu !

4. Dans les exercices 2 et 3, relevez quatre phrases injonctives exprimant : **C**
1. un ordre – 2. un conseil – 3. une suggestion – 4. une prière.

EMPLOYER

5. Transformez chaque phrase en phrase injonctive. **A B**

1. Pour votre santé, vous éviterez de manger trop gras et trop sucré. – 2. Sa sœur doit la laisser tranquille. – 3. Tu téléchargeras l'application gratuite. – 4. Il faut faire mijoter le plat pendant deux bonnes heures. – 5. Nous ne devons pas aller sur ce lac gelé. – 6. Chacun doit s'occuper de ses affaires.

6. Transformez ces phrases de façon à ce qu'elles expriment un ordre : **C**
a. Faites d'abord une phrase injonctive.
b. Puis faites une phrase interrogative ayant valeur d'injonction.

1. Tu dois me dire qui a cassé le vase du salon. – 2. Vous allez ouvrir votre manuel à la page 150. – 3. Vous pouvez entrer. – 4. Vous me réserverez une table.

👍 *Un ordre peut être exprimé par une phrase interrogative :* Peux-tu me passer le sel ? *[=* Passe-moi le sel ! *]*

7. Formez une phrase déclarative et une phrase injonctive à partir de ces verbes. **A B**

1. déjeuner (première personne du pluriel)
2. transmettre (deuxième personne du pluriel)
3. oublier (troisième personne du singulier)

57 La phrase exclamative

J'ai entendu hier un guitariste exceptionnel ! Quel son !
Les deux phrases se terminent par un point d'exclamation, elles expriment une réaction affective de celui qui parle, et la deuxième commence par un mot exclamatif : ce sont des phrases exclamatives.

A La phrase exclamative : vue d'ensemble

La phrase exclamative présente trois caractéristiques :
– elle se termine par un point d'exclamation ;
– elle présente à l'oral une intonation contrastée, qui met souvent un mot en relief ;
   J'ai entendu hier un guitariste EXCEPTIONNEL !
– elle comporte parfois un mot exclamatif ou une structure particulière.

B Les mots exclamatifs

1 Comme *quel* interrogatif, **quel** exclamatif varie en genre et en nombre et il peut être déterminant du nom (*Quel son !*) ou adjectif attribut du sujet (*Quelle n'est pas sa surprise !*).

2 Les adverbes exclamatifs **que, comme, combien** modifient en intensité le contenu ou une partie du contenu de la phrase : *Qu'il a grandi ! Comme il a bien joué hier !*

3 On rencontre également, surtout à l'oral et dans un style familier, les locutions **ce que** et **qu'est-ce que**.
   Ce qu'il a bien joué hier ! Qu'est-ce qu'il a bien joué hier !

4 Cependant, une phrase exclamative peut ne comporter aucun mot exclamatif.
   J'ai entendu hier un guitariste exceptionnel !

C Les structures particulières de la phrase exclamative

1 La phrase exclamative peut présenter un sujet inversé : *Est-il bête !*

2 La structure d'une phrase exclamative est parfois incomplète.
   Encore, s'il s'était mieux entraîné ! [= Il aurait mieux réussi son solo de guitare s'il s'était mieux entraîné !]

3 La phrase exclamative peut être nominale : *Quel son !*

À NOTER

• **Exclamation et interjection**
• La phrase exclamative peut être renforcée par une interjection : *Oh, quel son !*
L'interjection se rencontre cependant avec d'autres types de phrases.

D Les emplois de la phrase exclamative

1 La phrase exclamative exprime une réaction affective du locuteur (amour, surprise, joie…).
   Le spectacle commence ! [joie, surprise] *La température baisse enfin !* [soulagement]

2 Elle exprime ou suggère souvent une intensité forte.
   Comme il joue bien ! [= Il joue très bien.] *Est-il bête !* [= Il est très bête.]

REPÉRER

1 Ces phrases sont-elles des phrases exclamatives ?

	Oui	Non
1. Quelle magnifique semaine de vacances nous avons passée !	☐	☐
2. Quel est l'ouvrage que vous recherchez ?	☐	☐
3. Le train est annoncé avec vingt minutes de retard.	☐	☐
4. Oh, vingt minutes de retard !	☐	☐
5. Qu'est-ce qu'il m'a plu, ce livre !	☐	☐
6. Qu'est-ce que tu disais ?	☐	☐
7. Que c'est horrible !	☐	☐
8. Oui, c'est vrai que c'est horrible.	☐	☐

2 Exclamation ou injonction ? Cochez la bonne réponse.

	Exclamation	Injonction
1. Elle se décide enfin à appeler le garagiste !	☐	☐
2. Qu'elle a bien fait d'appeler le garagiste !	☐	☐
3. Qu'elle se décide enfin à appeler le garagiste !	☐	☐
4. Ne pas toucher la porte du four !	☐	☐
5. Faut-il être maladroit pour renverser tout le plat !	☐	☐
6. Comme cette musique me plaît !	☐	☐
7. Écoute comme cette musique est belle !	☐	☐

👍 *Attention ! Le point d'exclamation est commun à l'exclamation et à l'injonction.*

ANALYSER

3 Surlignez les marques de la phrase exclamative.

1. Ziad a obtenu la note de 20/20 ! – 2. Qu'est-ce qu'il nous a fait rire avec ses blagues ! – 3. Quelle chaleur ici ! – 4. Il faut reprendre tout le dossier depuis le début ! – 5. Quelle ne fut pas sa colère quand il comprit qu'on lui avait menti ! – 6. Comme il aurait préféré partir en vacances plutôt que de rester travailler en ville !

4 Quelles valeurs d'emploi pouvez-vous accorder à chacune des phrases exclamatives de l'exercice 3 ?

EMPLOYER

5 Transformez ces phrases déclaratives en phrases exclamatives en ajoutant un mot exclamatif de votre choix.

1. Elle a bien joué ce soir. – 2. Il est agréable d'arriver à l'hôtel après plusieurs heures d'avion. – 3. La mise en scène est réussie. – 4. Vous me faites un grand honneur, Messieurs.

6 Formez une phrase exclamative à partir des indications fournies, en respectant l'ordre indiqué.

pas de mot exclamatif ; groupe verbal (être trop cuit) → *Le gâteau au chocolat est trop cuit !*

1. adverbe exclamatif (que) ; adjectif attribut (agréable).
2. pas de mot exclamatif ; sujet inversé, groupe verbal (être drôle).
3. déterminant exclamatif (quel) ; nom commun au féminin pluriel ; phrase nominale.

57 – La phrase exclamative

58 La forme négative

Je ne peux ni appeler ni recevoir d'appels ! Pourquoi n'ai-je aucun réseau ?
La négation est exprimée dans ces phrases par les mots : *ne, ni, aucun*.

A La négation : vue d'ensemble

1 C'est une **forme de phrase** qui peut se combiner aux quatre types de phrases :
– phrase déclarative : *Je ne peux pas venir.*
– phrase interrogative : *Pourquoi n'ai-je aucun réseau ?* [la phrase est interro-négative]
– phrase injonctive : *Ne viens pas !* ou exclamative : *Je ne peux ni appeler ni recevoir d'appels !*

2 La négation est souvent exprimée par une **corrélation**, c'est-à-dire par deux mots séparés mais fonctionnant ensemble : *Pourquoi n'ai-je aucun réseau ?*

B Négation totale et négation partielle

1 La **négation totale** porte sur la phrase entière.
Elle est exprimée par les adverbes *ne… pas* (ou *point*) : *Il n'est pas là.* [= Il est faux qu'il soit là.]

> **À NOTER**
>
> **Le mot *ne* à l'écrit**
> Attention à ne pas oublier *ne* à l'écrit, qui ne s'entend pas toujours à l'oral ! *On n'entre pas.*

2 La **négation partielle** porte sur une partie de la phrase. Elle est exprimée :
- par *pas* ou *point* : *La pizza n'est pas trop cuite.* [= Elle est cuite, mais pas trop. La négation porte sur *trop*.]
- ou par des mots négatifs spécifiques :
– pronoms indéfinis : *personne, rien, nul, aucun* ;
– déterminants indéfinis *nul, aucun* : *Je n'ai aucun réseau !*
– adverbes ou locutions adverbiales : *jamais, plus, guère, nulle part*.
Ces mots négatifs peuvent se cumuler : *Personne n'a aucun réseau !*

C Négations particulières

1 La **négation restrictive** *ne… que* a le sens de « seulement » : *Ce maraîcher ne cultive que des salades.*
Pas ou *point* annulent la restriction : *Il ne cultive pas que des salades.* [= Il cultive aussi autre chose.]

2 La négation peut être réduite à *ne* seul dans des expressions figées (*N'ayez crainte !*) avec les verbes *oser, cesser, pouvoir, savoir* (*Il ne cesse de pleuvoir.*).

3 Parfois, *ne* n'est pas pleinement négatif et peut être supprimé : il est dit **explétif**.
Je crains que ton téléphone ne soit cassé. [= Je crains qu'il soit cassé.]

4 L'adverbe **non** est notamment employé :
– comme mot-phrase : *Est-ce qu'il pleut ? – Non.*
– juxtaposé à une phrase « ordinaire » : *Non, il ne pleut pas.*
– pour exclure un élément coordonné ou juxtaposé : *Il a vu Marie et non Marielle.*

5 La **conjonction de coordination** *ni* coordonne des éléments négatifs.
Je ne peux ni appeler ni recevoir d'appels !

REPÉRER

1 Encadrez les mots négatifs en corrélation. **A B C**

1. Elle n'est pas venue depuis longtemps à la maison. – **2.** Nous n'avons rencontré personne sur les routes. – **3.** Rien ne la fera changer d'avis ! – **4.** Mes amis n'ont trouvé de billets que pour le concert de juin. – **5.** Sur ce point, il est étonnant qu'il n'ait jamais exprimé aucun remords.

ANALYSER

2 La négation exprimée par les mots en couleur est-elle totale ou partielle ? Cochez la bonne case. **B**

	Totale	Partielle
1. Je n'ai trouvé aucun bus qui fasse l'aller et retour dans la journée.	☐	☐
2. Son bébé ne veut pas boire de lait.	☐	☐
3. Ne marchez pas trop vite lors de votre première randonnée.	☐	☐
4. Personne n'ose le contredire.	☐	☐
5. La fièvre, fort heureusement, n'est plus aussi forte.	☐	☐

3 Donnez la nature (adverbe, pronom, déterminant) des mots en couleur dans les phrases de l'exercice 2. **B**

4 Négation restrictive *ne… que*, négation réduite à *ne* seul ou *ne* explétif ? Reliez comme il convient. **C**

1. Il n'achète que des produits de luxe soldés.
2. La star a peur que les paparazzi ne la photographient encore avec son compagnon.
3. Elle ne sait si elle doit répondre à cette question.
4. Il a une espèce de torticolis depuis hier et il ne peut tourner la tête d'un côté ou de l'autre !
5. On ne peut faire une réclamation que si l'on a bien les références du dossier.
6. Il se croit plus intéressant qu'il n'est.

- *ne … que* restrictif
- *ne* seul
- *ne* explétif

EMPLOYER

5 Ajoutez le(s) mot(s) négatif(s) manquant(s). **A B C**

1. Il n'a parlé à …….. de son projet.
2. Cette chapelle n'est …….. si loin de l'hôtel.
3. Partons avant qu'il …….. soit trop tard.
4. Il n'y a …….. deux lits dans cette chambre.
5. Le candidat craint de …….. être présent au second tour des élections.
6. « Pour le folklore, et …….. pour le football, l'après-match au Parc OL valait le détour » (Internet).

6 Formez une phrase négative à partir des indications suivantes. **A B C**

1. Verbe *se rendre* (négation totale).
2. Groupe nominal *le mardi* (négation partielle).
3. Groupe prépositionnel complément de lieu *dans les grandes villes* (négation restrictive).
4. Verbe *oser* (négation réduite à *ne*).
5. Proposition subordonnée (avec *ne* explétif).

58 – La forme négative

59 La forme passive

La tour Eiffel <u>a été construite</u> par Gustave Eiffel et ses collaborateurs pour l'Exposition universelle de 1889.

La phrase est construite autour du verbe *a été construite* qui est à la voix passive : c'est une phrase passive.

A — La voix passive

1 On distingue, pour le verbe, la voix active et la voix passive.
La voix passive correspond à une **forme composée**, qui associe l'auxiliaire *être* et le participe passé. L'auxiliaire est au même temps et au même mode que la forme conjuguée du verbe actif.

> *Gustave Eiffel et ses collaborateurs <u>construisent</u> une tour.* [présent de l'indicatif]
> → *La tour <u>est construite</u> par Gustave Eiffel et ses collaborateurs.* [présent passif]
>
> *Gustave Eiffel et ses collaborateurs <u>ont construit</u> une tour.* [passé composé]
> → *La tour <u>a été construite</u> par Gustave Eiffel et ses collaborateurs.* [passé composé passif]

À NOTER

- **L'auxiliaire *être***
- *Être* est aussi l'auxiliaire de quelques verbes intransitifs et des verbes pronominaux aux temps composés : *Il est né. Il s'est blessé.*

2 Verbes pouvant être mis à la voix passive :
– la plupart des **verbes transitifs directs**, qui se construisent avec un COD : *construire, lire, regarder...*
– quelques **verbes transitifs indirects**, qui se construisent avec un COI, et qui se construisaient autrefois avec un COD.

> *Cet homme sévère <u>est obéi</u> de ses employés.* [tournure ancienne, peu utilisée aujourd'hui]

B — La phrase passive

1 Le passif est une **forme de phrase** qui peut se combiner aux quatre types de phrases :
– phrase déclarative : *La tour Eiffel a été construite par Gustave Eiffel...*
– phrase interrogative : *La tour Eiffel a-t-elle été construite...?* etc.

2 La phrase passive est obtenue par **transformation d'une phrase active** :
– le verbe se met à la voix passive ;
– le sujet de la phrase active est changé en complément d'agent ;
– le COD de la phrase active est changé en sujet.

> *Gustave Eiffel et ses collaborateurs <u>ont construit</u> la tour Eiffel.*
>   sujet   voix active   COD
>
> → *La tour Eiffel <u>a été construite</u> par Gustave Eiffel et ses collaborateurs.*
>   sujet   voix passive   complément d'agent

3 Le **complément d'agent** est un groupe prépositionnel introduit par la préposition *par* (*par Gustave Eiffel et ses collaborateurs*) ou, plus rarement, *de* (*Ses qualités étaient reconnues de tous.*).
Il n'est pas toujours exprimé.

> *La tour Eiffel <u>est repeinte</u> tous les sept ans.*

Dans ce cas, il peut correspondre au pronom *on* dans la phrase active :

> *<u>On</u> repeint la tour Eiffel tous les sept ans.*

REPÉRER

1 Active ou passive : à quelle voix sont les verbes ?
Cochez la bonne case.

	Active	Passive
1. Les enfants sont arrivés en retard.	☐	☐
2. La bande son du film est composée par John Williams.	☐	☐
3. Marie s'est endormie.	☐	☐
4. L'école a accueilli le futur président de la République.	☐	☐
5. Des alertes avaient pourtant été envoyées aux autorités compétentes.	☐	☐
6. Quand les sanctions seront-elles levées ?	☐	☐
7. Ces chemins sont envahis de mauvaises herbes.	☐	☐

ANALYSER

2 Quel est le temps du verbe ?

1. sont tombées – 2. sont achetées – 3. furent décidés – 4. regarda – 5. eut regardé – 6. eut été regardé – 7. aient mangé – 8. aient été mangées – 9. serai libéré – 10. aurions été libérés.

👍 *Attention ! tous les verbes ne sont pas à la voix passive.*

3 Trouvez l'intrus.

1. ☐ est découvert ☐ a été découvert ☐ a découvert ☐ sera découvert
2. ☐ est entré ☐ est emmené ☐ est devenu ☐ est venu
3. ☐ exerçait ☐ a exercé ☐ exerce ☐ est exercé
4. ☐ acquérir ☐ avoir ☐ marcher ☐ valoir

4 Soulignez les compléments d'agent.

1. Le rapport lui a été transmis par la présidente. – 2. Le pianiste est accompagné de ses musiciens habituels. – 3. Tous les billets ont été vendus en quelques minutes ! – 4. Il est accablé de fatigue. – 5. Le document sera signé par le responsable. – 6. Ses revenus ont été divisés par deux en dix ans.

👍 *Attention ! Toutes les phrases ne comportent pas de complément d'agent.*

5 Trouvez la phrase active correspondante.

Ce logiciel a été acheté par des milliers d'internautes.
→ *Des milliers d'internautes ont acheté ce logiciel.*

1. Les habitants ont été prévenus bien trop tard par la municipalité.
2. Une troisième étoile a été attribuée au restaurant.
3. Le texte, dans cette édition, est suivi d'un commentaire très utile.
4. Ce logiciel malveillant doit être supprimé par tous les utilisateurs dans les plus brefs délais.
5. Quelle fleur a été choisie comme symbole par l'association ?
6. La boxe va être mise à l'honneur ce week-end.
7. Aucune chambre n'est réservée à mon nom !

EMPLOYER

6 Formez la phrase passive correspondante.

Michel-Ange peignit ce tableau à Rome. → *Ce tableau fut peint par Michel-Ange à Rome.*

1. Les habitants de l'île exploitent les mines d'or et d'argent depuis très longtemps.
2. Tous les candidats devront remplir ce document.
3. On a prêté ce tableau à un musée à l'occasion d'une exposition temporaire.
4. Sur quel disque pourra-t-on sauvegarder les données ?
5. Les étudiants choisissaient souvent ce modèle d'ordinateur.

60 La forme impersonnelle

> *Il manque plusieurs images sur ma page d'accueil.*
> Le pronom sujet *il* ne renvoie à rien de précis :
> la phrase est à la forme impersonnelle.

A Qu'est-ce qu'une forme impersonnelle ?

On appelle forme impersonnelle la construction d'un verbe dans laquelle le sujet est le pronom impersonnel *il*. Ce pronom ne renvoie à rien de précis (ni une personne, ni une chose) et il ne peut pas être remplacé par un autre mot ou par un groupe de mots.

B Les verbes impersonnels

1 Ils sont employés uniquement avec le sujet impersonnel *il*. Il s'agit :
– de verbes et de locutions verbales désignant des **phénomènes météorologiques** ;
   Il neige. Il fait froid.
– des verbes et des locutions verbales comme *falloir, être question de, en aller ainsi*… ;
   Il faudrait peut-être la réveiller.
– de *être* et *avoir* dans **il est, il y a,** qui sont des **présentatifs**.

2 Ils introduisent parfois des **compléments**, **directs** (sans préposition) ou **indirects** (avec préposition), qui ne sont pas des compléments d'objet : *Il s'agit de travailler.*

> **À NOTER**
>
> **Particularités des verbes météorologiques**
> Un verbe météorologique peut recevoir un complément, notamment avec un sens figuré (*Il pleut des récompenses !*). Il peut même se construire comme un verbe personnel ordinaire et recevoir un authentique sujet (*Les récompenses pleuvent !*).

C Les constructions impersonnelles

1 Elles associent le sujet impersonnel *il* à un verbe qui connaît par ailleurs des emplois personnels. Elles résultent toujours d'une transformation.

   Plusieurs images manquent sur ma page d'accueil.
   → *Il manque plusieurs images sur ma page d'accueil.*
   S'organiser est nécessaire. → *Il est nécessaire de s'organiser.*

Une telle transformation n'est pas possible avec les verbes impersonnels.

2 On appelle **séquence** le groupe de mots qui suit le verbe et qui correspond au sujet dans la phrase personnelle.

   Il manque plusieurs images sur ma page d'accueil. Il est nécessaire de s'organiser.

> **À NOTER**
>
> **Le sujet réel**
> La grammaire traditionnelle parle de « sujet réel » à propos de la séquence et de « sujet apparent » à propos du pronom *il*. Ce pronom est pourtant bien le seul sujet grammatical du verbe, et il est donc préférable d'abandonner les notions de « sujet réel » et de « sujet apparent ».

3 La transformation impersonnelle peut se combiner à la phrase passive.
   Il a été construit plusieurs digues pour protéger la ville.
   [= Plusieurs digues ont été construites pour protéger la ville.]

REPÉRER

1 L'une des deux phrases est impersonnelle. Laquelle ? A B C

1. a. Il est arrivé du Maroc. • b. Il m'est arrivé une histoire incroyable.
2. a. Il n'est pas question d'utiliser mon adresse. • b. Le bonheur est-il une question de chance ?
3. a. Il s'est produit une catastrophe sur le site. • b. Il s'est produit comme chanteur soliste sur les plus grandes scènes.
4. a. Il sera construit deux passerelles dans le parc municipal. • b. En ce qui concerne le collège, il sera construit à côté du parc municipal.
5. a. Il convient que vous m'adressiez une attestation signée. • b. Il convient parfaitement à tous les types de peaux.

ANALYSER

2 Verbe impersonnel ou construction impersonnelle ?
En vous appuyant sur le point C1 de la leçon, cochez la bonne réponse. B C

	Verbe impersonnel	Construction impersonnelle
1. Il y a une araignée !	☐	☐
2. Il fait un temps splendide.	☐	☐
3. Il est arrivé un colis.	☐	☐
4. Il vous sera attribué une place de parking.	☐	☐
5. Il est dix-neuf heures.	☐	☐
6. Il est recommandé de manger cinq fruits et légumes par jour.	☐	☐
7. Il est temps que nous passions à autre chose.	☐	☐
8. Il a tonné tout à l'heure.	☐	☐

3 Dans les phrases de l'exercice 2, soulignez en bleu les compléments des verbes impersonnels, et en rouge les séquences des constructions impersonnelles. B C

4 Retrouvez la phrase personnelle correspondante et soulignez le sujet. C

Il manque plusieurs images sur ma page d'accueil.
→ *Plusieurs images* manquent sur ma page d'accueil.

1. Il me vient une idée. – 2. Ici, il s'établit facilement une relation de confiance. – 3. Il sera créé beaucoup d'emplois dans la région. – 4. Il passe un bus toutes les heures. – 5. Il est relativement facile de poser des carreaux dans une salle de bains. – 6. Il importe peu qu'il ait finalement reconnu sa faute.

EMPLOYER

5 Transformez ces phrases en phrases impersonnelles. C

1. Des bruits courent à son sujet dans l'entreprise.
2. Reporter la décision me paraît plus raisonnable.
3. Qu'il ait dit la vérité n'est pas douteux.
4. De nouvelles sanctions ont été décidées.
5. Une nouvelle grotte a été découverte sur la côte.
6. On vous a réservé un billet sur ce vol.

6 Imaginez deux phrases, l'une personnelle, l'autre impersonnelle, avec chacun de ces six verbes. C

1. s'élever • 2. entrer • 3. dire • 4. se vendre • 5. plaire • 6. suffire.

60 – La forme impersonnelle

61 La forme emphatique et les présentatifs

C'est à dix heures que le musée ouvre ses portes.
La phrase met en relief le groupe de mots *à dix heures* grâce au présentatif *c'est … que*.

A Qu'est-ce que l'emphase en grammaire ?

C'est une forme de phrase qui met en relief un élément, par extraction ou par dislocation.

B La mise en relief par extraction

1 On extrait un élément au moyen du présentatif *c'est … qui/que* (ou *il n'y a que … qui/que*).
Le musée ouvre ses portes à dix heures. → *C'est à dix heures que le musée ouvre ses portes.*

2 Cet élément peut être :
– le sujet : *C'est Pierre qui a cassé le vase. Il n'y a que lui qui connaisse la recette.*
– ou un autre élément, COD, complément circonstanciel, etc. :
C'est ce tableau [COD] *que j'apprécie* ; *C'est à dix heures* [CC] *que le musée ouvre ses portes*…

3 L'extraction, implicitement, a une valeur négative : *C'est à dix heures* [et non à midi] *que*…
L'élément mis en relief représente le propos de l'énoncé, c'est-à-dire l'information nouvelle.

C La dislocation

1 On détache un élément (sujet, COD…) et on le reprend ou l'annonce par un pronom représentant, personnel ou démonstratif.

J'ai trouvé ton livre. → *Je l'ai trouvé, ton livre.*
          COD   pronom personnel *l'*

Lire est une passion. → *Lire, c'est une passion.*
  sujet   pronom démonstratif *c'*

2 L'élément ainsi détaché rappelle un élément connu et relève du thème de l'énoncé (→ 71).

3 Cet élément peut être de diverses natures : un groupe nominal (*Le musée, il*…), un groupe prépositionnel (*Je lui ai dit, à Marc, que*…), un pronom (*Toi, tu viens tout de suite !*)…

D Les présentatifs

1 Employés seuls, ils présentent une personne ou une chose : *c'est* précise l'identité (*C'est Gabrielle.*) ; *voici* et *voilà* indiquent la survenue (*Voilà Ariane !*) ; *il y a* et *il est* indiquent la présence ou l'existence (*Il y a un cinéma.*). *Il est* indique aussi le temps (*Il est dix heures.*).

2 Ils possèdent un complément qui peut être : un groupe nominal (*Il est dix heures.*), un pronom (*C'est moi.*), une subordonnée complétive (*Voilà qu'il fait la tête.*).

3 Employés en corrélation avec *qui* ou *que*, ils peuvent extraire un élément de l'énoncé.
C'est à 10 heures que le musée ouvre ses portes.

REPÉRER

1. L'une des trois phrases présente une forme emphatique. Laquelle ? [A B C D]

1. **a.** Ils rentrent des États-Unis ce soir. • **b.** Ce soir, ils rentrent des États-Unis • **c.** C'est ce soir qu'ils rentrent des États-Unis.
2. **a.** Son téléphone, il l'a oublié dans le métro. • **b.** Trop distrait, il a oublié son téléphone dans le métro. • **c.** Où a-t-il oublié son téléphone ?
3. **a.** Il y a une tache sur ta chemise. • **b.** Il n'y a qu'une tache sur ta chemise. • **c.** Il n'y a que cette chemise qui t'aille vraiment.
4. **a.** Quand doit-on payer les impôts ? • **b.** Impôts sur le revenu : quand doit-on les payer ? • **c.** Quand doit-on les payer, les impôts ?

ANALYSER

2. Soulignez les procédés d'extraction et encadrez l'élément ainsi mis en relief. [B]

<u>C'est à</u> |dix heures| <u>que</u> le musée ouvre ses portes.

1. C'est cette histoire d'abominable homme des neiges qui lui fait faire des cauchemars ! – 2. Ce n'est pas moi qui suis responsable de ce dysfonctionnement. – 3. C'est quand on s'y attend le moins que les choses se réalisent. – 4. Il n'y a qu'avec lui qu'elle puisse s'entendre. – 5. Voilà bien trois heures qu'il n'y a plus d'électricité.

👍 *On peut aussi extraire un complément circonstanciel de temps au moyen des présentatifs* voilà/voici … que *ou* il y a … que *:* Voilà longtemps qu'il travaille. [= Il travaille depuis longtemps.] Il y a une heure que je t'attends ! [= Je t'attends depuis une heure.]

3. Encadrez l'élément détaché par dislocation et soulignez le pronom qui le représente. [C]

1. Julien, tu peux lui faire confiance. – 2. Franchement, réagir ainsi, c'est inadmissible. – 3. Qu'il soit fatigué, je veux bien l'admettre. – 4. Je l'ai acheté, ce billet, sur Internet.

4. Quelle est la nature des éléments détachés par dislocation dans l'exercice 3 ? [C]

5. Soulignez les présentatifs et encadrez leurs compléments. [D]

1. C'est l'électricien. – 2. Nous voilà ! – 3. Il y avait, au bord de la route, un joli petit chalet. – 4. Voilà qu'il refuse encore de répondre. – 5. Il n'y a malheureusement plus de billet.

EMPLOYER

6. Transformez les phrases en mettant en relief l'élément en couleur au moyen de c'est … *qui/que*. [B]

1. Paul a commandé *une glace à la fraise*.
2. Il lui écrit *tous les jours*.
3. On jouit d'un point de vue magnifique *au sommet de cette montagne*.
4. Les habitants sont revenus au pays *pour profiter de l'essor du tourisme*.
5. *Le maire* a pris la décision de créer des voies piétonnes.

7. Transformez les phrases en disloquant l'élément en couleur. [C]

1. *Nos voisins* partent au Japon.
2. Comment pourrai-je trouver *la voiture* sur le parking ?
3. Ils ont repeint *leur chambre* cet été.
4. *Attendre encore* n'est pas la bonne solution.
5. *Que la machine soit déjà en panne* m'étonne beaucoup.

61 – La forme emphatique et les présentatifs

62 La phrase nominale et autres cas particuliers

> *Ah, ces paysages, magnifiques !*
> Cette phrase ne comporte aucun verbe : c'est une phrase nominale.

A La phrase nominale

1 Qu'est-ce qu'une phrase nominale ?

La phrase nominale est une phrase sans verbe, en général constituée autour d'un groupe nominal.
Ah, ces paysages, magnifiques !

2 Le sujet et le prédicat dans la phrase nominale

- Malgré l'absence de verbe, on distingue souvent un sujet et un prédicat.
Ah, ces paysages, magnifiques ! [On peut rétablir le verbe *être* : *Ces paysages sont magnifiques* ; le GN *Ces paysages* est le sujet, *magnifiques* est le prédicat.]

- Parfois, le prédicat apparaît en premier.
Magnifiques, ces paysages !
Difficile d'avoir une meilleure situation ! [Avoir une meilleure situation est difficile.]

- Certaines phrases se réduisent au prédicat (*Magnifiques !*), d'autres au sujet (*Ces paysages !*).

B Les phrases tronquées

Certaines phrases non verbales sont constituées de simples fragments de phrases.
Il a bu son café. En prenant son temps.

C Le mot-phrase et l'interjection

1 Le **mot-phrase** est un mot invariable qui constitue une phrase complète.

2 Les **adverbes** *oui*, *non* et *si* servent à confirmer ou à nier.
As-tu bien dormi ? – Oui. [= J'ai bien dormi.] *– Non.* [= Je n'ai pas bien dormi.]
Tu ne t'es pas couché très tôt. – Si. [= Je me suis couché très tôt.]

Ils peuvent renforcer une phrase en lui étant juxtaposés (ce ne sont plus des mots-phrases).
Non, je n'ai pas bien dormi.

3 L'**interjection** est souvent un mot-phrase.
Allô ? [Qui est à l'appareil ?] *Chut !* [Taisez-vous !]

- Quand elle imite un bruit ou un mouvement, c'est une onomatopée (*Plouf ! Brr…*).

- On distingue : les interjections simples (*Ah ! Plouf !*) ; les locutions interjectives (*Miam miam !*).

- L'interjection peut être formée à partir de mots ou de groupes de mots de différentes natures : un nom ou un groupe nominal (*Flûte !*) ; un pronom (*Quoi !*) ; un groupe prépositionnel (*À la bonne heure !*) ; un adjectif ou un groupe adjectival (*Chic ! Tout doux !*) ; un verbe (*Allons !*).

- Son sens dépend souvent du contexte. *Ah !* peut signifier la satisfaction [Nous nous sommes bien amusés !], le soulagement [Tu es enfin rentrée !]…

- Elle peut renforcer une phrase en lui étant juxtaposée (ce n'est plus un mot-phrase).
Ah, ces paysages sont magnifiques !

REPÉRER

1. Les phrases en couleur sont-elles des phrases nominales (1), des phrases tronquées (2) ou des interjections (3) ? **A B C**

> Dans son bureau, il inspecta la manche. Zut ! Une auréole. Tant pis, il tiendrait le bas du bras un peu dissimulé. Cette convocation, c'était évidemment quelque chose d'important, mais d'important en bien ou en mal ? S'il téléphonait à miss Wilson pour savoir de quoi il retournait ? Non, il ne la connaissait pas assez, elle le ferait à la discrétion. En dire un mot à Vévé ? Non, gaffe. Si cette convocation était un sale coup de Vévé qui serait allé se plaindre de ses retards ? Le mémo britannique ? Un savon verbal du S.S.G. avant l'envoi officiel de la réprimande ou même du blâme ?
>
> ■ Albert Cohen, *Belle du Seigneur* (1968)

ANALYSER

2. Soulignez, dans ces phrases nominales, le sujet en bleu et le prédicat en rouge. **A**

1. Quatre et quatre, huit. – **2.** Ce sourire ! – **3.** Très confortable, cet avion ! – **4.** Ah, se promener tôt sur la plage, un vrai bonheur ! – **5.** Absolument charmant ! – **6.** Impossible d'être plus rapide !

👍 Attention ! Certaines phrases ne comportent qu'un élément (sujet ou prédicat).

3. Analysez *oui* et *non* : sont-ils employés comme mots-phrases ? Quel est leur sens ? **C**

1. Est-ce que tu as réservé deux places ? – Non.
2. Est-ce que tu as réservé deux places ? – Oui, je te l'ai dit, c'est fait.
3. Non, tu n'as pas le droit de lui parler sur ce ton.

4. Surlignez les interjections. Quel est, selon vous, leur sens dans chaque phrase ? **C**

1. Tiens, prends cette carte de visite. – **2.** On va devoir rentrer plus tôt, dommage ! – **3.** Eh bien, téléphone à Marie ! – **4.** Quel beau film, hein, qu'en penses-tu ? – **5.** Bon sang, un sacré menteur !

5. Trouvez l'intrus. **C**

1. ☐ Patatras ! ☐ Non ! ☐ Si ! ☐ J'arrive.
2. ☐ Ouste ! ☐ Hue ! ☐ Euh… ☐ Chut !
3. ☐ Crac ! ☐ Ah bon ? ☐ Tsoin-Tsoin ! ☐ Dring…

EMPLOYER

6. Transformez ces phrases en phrases nominales. **A**

1. Ces nouveaux immeubles sont très réussis.
2. Au bout du couloir, vous trouverez une belle terrasse.
3. Il est interdit de traverser les pelouses du jardin.
4. Garçon, pouvez-vous m'apporter un café s'il vous plaît ?

7. Exercice inverse : transformez les phrases nominales en phrases verbales. **A**

1. Cet achat, une pure folie !
2. Retour du soleil le 29.
3. Étonnant qu'il ne se soit pas encore manifesté.
4. Demain, grande douche pour tout le monde !

8. Employez quatre interjections de l'exercice 5 dans quatre phrases différentes. **C**

Bilan 7 — Types et formes de phrases

Maîtrisez-vous ces notions ?
Si ce n'est pas le cas, reportez-vous aux chapitres 54 à 62.

REPÉRER

1 Quel est le type de chaque phrase : déclarative (1), interrogative (2), injonctive (3) ou exclamative (4) ? *(1 point par réponse juste)* …/6

1. Quel livre es-tu en train de lire ? ....
2. Il ne craint pas de dire la vérité ! ....
3. Tu ne pourrais pas être un peu plus aimable ? ....
4. Qu'il vienne lui-même faire la demande ! ....
5. Le temps est sec, ensoleillé, les températures très agréables pour la saison. ....
6. Éteins l'ordinateur et viens au cinéma avec nous. ....

2 Relevez, dans cette vignette de bande dessinée extraite de Béatrice Bottet et Émilie Harel, *La Mythologie en BD. Les douze travaux d'Héraclès* (2016) :
   a. trois phrases exclamatives ;
   b. deux phrases nominales ;
   c. une phrase comportant une dislocation.
(1 point par réponse juste) …/6

(Bulles : UN BEAU MATIN, AU PALAIS D'AMPHITRYON… / Des jumeaux ! Deux garçons ! Les dieux nous ont comblés ! / Celui-ci, nous l'appellerons Iphiklès.)

👍 *Une même phrase peut apparaître dans deux rubriques.*

....
....
....
....
....
....

ANALYSER

3 Quelle est la forme de phrase employée : négative (1), passive (2), impersonnelle (3), phrase avec extraction (4) ou dislocation (5) ? *(1 point par réponse juste)* …/6

1. Une boîte de chocolats a été offerte par le maire aux membres de son cabinet. ....
2. C'est ma sœur qui a téléphoné. ....
3. Ces champignons doivent être mangés rapidement. ....
4. Il est vraisemblable que le chauffage au bois augmente ce type de pollution. ....
5. Le lave-vaisselle ne s'est pas mis en route. ....
6. Cette musique qu'on entend à la fin du film, on la connaît déjà, depuis le début. ....

4

Analysez le type de phrase et la forme de phrase. Attention ! une phrase ne présente aucune forme particulière : laquelle ? *(1 point par réponse juste)* … 12

	Type de phrase	Forme de phrase
Ne te l'avais-je pas dit ?	phrase interrogative	phrase négative
Par qui le candidat a-t-il été évalué ?		
Qu'elle prenne ses responsabilités !		
Non, je ne peux pas attendre demain.		
Pierre, le matin, il lui faut beaucoup de temps pour se réveiller !		
C'est cette cravate que tu lui as achetée ?		
Il sera plus pratique de réserver la voiture sur place.		

5

Ces phrases présentent, non pas une, mais deux formes de phrases : lesquelles ? *(1 point par réponse juste)* … 10

1. Ce n'est pas cette année qu'ils iront en Autriche. ....
2. Il est rappelé par tous les spécialistes que la fonte des glaciers est liée au réchauffement climatique. ....
3. Cet appartement, il a été vendu la semaine dernière. ....
4. Ce type de dessert n'est pas proposé par la maison. ....
5. Voilà plus de vingt ans que ces copropriétaires ne se parlent plus. ....

6

Identifiez les phrases en couleur : (1) phrase « ordinaire », (2) phrase nominale, (3) mot-phrase… *(1 point par réponse juste)* …/5

> OCTAVE. – *Ah ! fâcheuses nouvelles pour un cœur amoureux !* Dures extrémités où je me vois réduit ! Tu viens, Silvestre, d'apprendre au port que mon père revient ?
> SILVESTRE. – *Oui.*
> OCTAVE. – *Qu'il arrive ce matin même ?*
> SILVESTRE. – Ce matin même.
> OCTAVE. – Et qu'il revient dans la résolution de me marier ?
> SILVESTRE. – Oui.
> OCTAVE. – Avec une fille du seigneur Géronte ?
> SILVESTRE. – Du seigneur Géronte. […]
> OCTAVE. – *Et tu tiens ces nouvelles de mon oncle ?*
> SILVESTRE. – De votre oncle. […]
> OCTAVE. – Ah, parle, si tu veux, et ne te fais point de la sorte arracher les mots de la bouche.
>
> ■ Molière, *Les Fourberies de Scapin* (1671)

EMPLOYER

7

Imaginez des phrases à partir des indications suivantes. *(1 point par réponse juste)* …/4

1. phrase exclamative – présentatif *voilà*. • 2. phrase injonctive – forme négative – verbe *hésiter*. • 3. phrase déclarative – extraction – verbe *aller*. • 4. phrase interrogative – forme impersonnelle – verbe *arriver*.

Calculez votre score

Entre 49 et 38 points	Entre 38 et 20 points	Moins de 20 points
Bravo, vous maîtrisez les types et les formes de phrases ! Passez aux chapitres suivants !	Pas mal. Mais des points vous posent encore problème. Les avez-vous identifiés ?	Vous hésitez encore. Révisez les leçons à tête reposée.

Bilan 7 – Types et formes de phrases

63 La phrase complexe : vue d'ensemble

Dès que tu as fini, nous faisons les bagages et nous partons !
Cette phrase comporte plusieurs propositions :
c'est une phrase complexe.

A Qu'est-ce qu'une phrase complexe ?

1 Une phrase complexe comporte au moins deux propositions, c'est-à-dire au moins deux fois la structure sujet + groupe verbal.
  Dès que tu as fini, nous faisons les bagages et nous partons ! [Il y a 3 propositions.]

2 Les types de propositions

- L'**indépendante** peut être séparée sans modification de temps, de mode ni de structure.
  Nous faisons les bagages et nous partons. → *Nous faisons les bagages. Et nous partons.*

- La **subordonnée** ne peut pas être séparée sans être modifiée.
  Dès que tu as fini, nous partons. → *Tu as fini. Nous partons.* [On supprime *dès que*.]

- La **principale** gouverne une ou des subordonnée(s) : *Il dit que nous partons.*

- L'**incise** indique qu'on rapporte des paroles ou des pensées : *C'est formidable ! dit-elle.*

- L'**incidente** introduit un commentaire : elle est détachée par des virgules, des tirets ou des parenthèses : *Tu réserveras – soyons fous ! – un hôtel quatre étoiles.*

B Juxtaposition et coordination dans la phrase complexe

1 Deux propositions sont **juxtaposées** lorsqu'elles sont séparées par une virgule, un point-virgule ou deux points : *Je connais bien sa sœur : nous étions dans le même cours de danse.*

2 Deux propositions sont **coordonnées** lorsqu'elles sont reliées entre elles par une conjonction de coordination ou un adverbe de liaison : *Je te crois, mais je l'ignorais.*

C Les trois grands types de propositions subordonnées

1 Les propositions subordonnées complétives

- Elles sont souvent l'équivalent d'un groupe nominal ou d'un groupe prépositionnel.
  J'admire comme elle est douée. → *J'admire son talent.*

- Parmi les subordonnées complétives, on distingue la subordonnée conjonctive, l'interrogative et l'exclamative indirectes, l'infinitive.

2 Les propositions subordonnées relatives jouent souvent le rôle d'un adjectif.
  Un musicien qui ne travaille pas ne progresse pas.
  → *Un musicien paresseux ne progresse pas.*

3 Les propositions subordonnées circonstancielles

- Elles jouent souvent le rôle d'un adverbe ou d'un groupe prépositionnel.
  Si tu t'entraînes, tu y arriveras. → *Avec de l'entraînement, tu y arriveras.*

- Parmi les subordonnées circonstancielles, on distingue notamment la subordonnée conjonctive et la subordonnée participiale.

REPÉRER

1 Combien de propositions chaque phrase comporte-t-elle ?

1. La mondialisation est considérée par la plupart des économistes comme une fatalité.
2. Comme les grandes marques se vendent dans le monde entier, on retrouve les mêmes enseignes dans toutes les capitales.
3. Aujourd'hui, la plupart des formations prévoient un stage à l'étranger, afin que les étudiants, une fois arrivés sur le marché du travail, soient prêts à s'exporter à l'international.

2 Soulignez en bleu deux propositions indépendantes, en vert deux propositions subordonnées, en rouge deux propositions principales, en noir une proposition incise.

> Les investissements chinois en Europe, qui ont augmenté de 77 % l'an dernier, défraient régulièrement la chronique. Dans le sens inverse, les emplettes des investisseurs européens en Chine, sans doute parce qu'ils ne suscitent pas d'inquiétude, font moins de bruit. […] Les cibles des acquisitions étrangères dans l'empire du Milieu sont en train de changer. Près de la moitié des transactions, en 2017, concernent les secteurs de la distribution et de la grande consommation, précise Reuters.
>
> ■ Fabrice Nodé-Langlois, *Le Figaro*, mardi 21 février 2017

👍 *Une proposition subordonnée peut être enclavée à l'intérieur d'une proposition principale* : Les Chinois, lorsqu'ils visitent Paris, sont souvent en groupe.

ANALYSER

3 Entourez les conjonctions de coordination et les adverbes de liaison et dites si les propositions indépendantes sont coordonnées ou juxtaposées.

1. La côte Ouest des États-Unis offre des paysages grandioses, elle compte de nombreuses villes mythiques.
2. Les touristes ont une nette préférence pour la côte Ouest ; en effet, les paysages y sont grandioses.
3. Il faut voir la côte Ouest bien sûr, mais la Caroline du Sud porte encore toute l'histoire des États-Unis.

EMPLOYER

4 Transformez les propositions indépendantes coordonnées en une proposition principale suivie ou précédée d'une proposition subordonnée.

Je leur ai déjà envoyé trois courriels, mais ils ne m'ont pas répondu.
→ *Bien que je leur aie déjà envoyé trois courriels, ils ne m'ont pas répondu.*

1. Appelle-la demain, car elle attend notre réponse.
2. J'ai passé la commande il y a huit jours, mais je n'ai rien reçu.
3. J'ai été absent, les commandes ont donc pris du retard.

5 Remplacez, suivant le modèle, chaque proposition en couleur par le mot ou le groupe de mots indiqué entre parenthèses et dites à quel type de proposition elle se rattache.

Le conseil municipal a débloqué des fonds pour que la piscine soit rénovée. (groupe prépositionnel)
→ *Le conseil municipal a débloqué des fonds pour la rénovation de la piscine.*
Pour que la piscine soit rénovée est une proposition subordonnée circonstancielle.

1. La piscine, parce qu'elle connaît une fréquentation grandissante, doit absolument être modernisée. (groupe prépositionnel)
2. Le conseil municipal a décidé que la piscine serait rénovée en 2018. (groupe nominal)
3. L'architecte, qui a beaucoup d'expérience, propose d'en repenser totalement l'organisation. (adjectif)

63 – La phrase complexe : vue d'ensemble

64 La subordonnée complétive conjonctive

> *Il me dit que l'on construit de nouvelles tours à La Défense.*
> La subordonnée est introduite par *que* et ne peut pas être supprimée : c'est une subordonnée complétive conjonctive.

A Comment reconnaître une subordonnée complétive conjonctive ?

- La subordonnée complétive conjonctive est introduite par la conjonction de subordination *que* ou par les locutions conjonctives *à ce que* ou *de ce que*.

   Il prétend que c'est très facile. Je m'attends à ce que ce soit difficile.

- Elle est essentielle à la construction et au sens de la phrase et ne peut pas, en général, être supprimée : la suite de mots **Il prétend* n'a aucun sens.

B Les fonctions de la subordonnée complétive conjonctive

- La subordonnée complétive conjonctive peut être **complément d'objet direct**. Elle est alors introduite par la conjonction de subordination *que*. On peut la remplacer par le pronom *le*.

   Elle affirme que nous n'avons pas d'autre solution. → *Elle l'affirme.*

- La subordonnée complétive conjonctive peut être **complément d'objet indirect**. On peut la remplacer par les pronoms *en* ou *y*.

   Je me félicite de ce que tout se soit bien passé. → *Je m'en félicite.*

- La subordonnée complétive conjonctive peut avoir d'autres fonctions et être :
– sujet d'un verbe personnel : *Que tu sois là me réjouit.*
– complément d'un verbe impersonnel : *Il faut absolument que tu voies ça.*
– séquence d'une construction impersonnelle : *Il a été prouvé qu'il a détourné de l'argent.*
– attribut du sujet : *Sa force est que rien ne la déstabilise jamais.*
– complément du nom : *J'ai la conviction que tout finira par s'arranger.*
– complément de l'adjectif : *Il est attentif à ce que chacun se sente bien.*
– apposition : *Je ne vois qu'une solution : qu'elle renonce.*
– complément d'un présentatif : *Voilà que tout le monde s'y met.*
– constituant détaché par dislocation : *Qu'il se soit laissé convaincre, cela me surprend.*

C Le mode dans la subordonnée complétive conjonctive

- Lorsque le fait est présenté comme certain, la complétive conjonctive est à l'**indicatif**. On la trouve alors après un verbe de perception (*il constate que…*), de jugement (*il pense que…*), de savoir (*il sait que…*), de déclaration (*il affirme que…*).

- Lorsque le fait n'est pas présenté comme certain, la complétive conjonctive est au **subjonctif**. On la trouve alors après un verbe de souhait (*il veut que…*), de nécessité (*il faut que…*), de doute (*il doute que…*), de sentiment (*il craint que…*), d'appréciation exprimée avec un attribut (*il trouve étrange que…*), de possibilité (*il est possible que…*).

- La complétive conjonctive sujet est toujours au **subjonctif**.

   Qu'aucun de leurs amis ne soit au courant est tout de même surprenant.

REPÉRER

1. Soulignez cinq subordonnées complétives conjonctives dans le texte suivant.

[*Bernard, qui vient de découvrir qu'il est un fils illégitime, écrit à son père.*]
J'ai compris, à la suite de certaine découverte que j'ai faite par hasard cet après-midi, que je dois cesser de vous considérer comme mon père, et c'est pour moi un immense soulagement. En me sentant si peu d'amour pour vous, j'ai longtemps cru que j'étais un fils dénaturé ; je préfère savoir que je ne suis pas votre fils du tout. Peut-être estimez-vous que je vous dois la reconnaissance pour avoir été traité par vous comme un de vos enfants ; mais d'abord j'ai toujours senti entre eux et moi votre différence d'égards, et puis tout ce que vous en avez fait, je vous connais assez pour savoir que c'était par horreur du scandale.

■ André Gide, *Les Faux-Monnayeurs* (1925)

Attention ! deux que *sont des pronoms relatifs, précédés d'un antécédent ; ils introduisent des propositions relatives, et non des propositions complétives conjonctives.*

2. La proposition subordonnée introduite par *que* est-elle relative ou conjonctive ? Cochez la bonne réponse.

	Relative	Conjonctive
1. Tiendras-tu la promesse que tu lui as faite ?	☐	☐
2. Elle tient à ce que vous soyez tous là le jour de son anniversaire.	☐	☐
3. Il s'excusa de ce que son épouse n'ait pu l'accompagner.	☐	☐
4. Je ne peux pas répondre à tous les courriels que je reçois.	☐	☐

ANALYSER

3. Remplacez la subordonnée complétive conjonctive par le pronom *le* ou le pronom *en* et cochez la bonne fonction.

	COD	COI
1. Je doute qu'elle puisse trouver mieux ailleurs.	☐	☐
2. Il a reconnu qu'il mourait d'envie de revenir.	☐	☐
3. Il s'est aperçu qu'il avait oublié son parapluie dans le bus.	☐	☐
4. Tu admettras que c'est une occasion unique.	☐	☐

4. Quelle est la fonction de la subordonnée complétive conjonctive : sujet d'un verbe personnel (1), séquence d'une construction impersonnelle (2), COD (3), attribut du sujet (4), complément du nom (5) ?

1. Il est généralement admis qu'Homère n'a pas existé.
2. Que l'*Énéide* ait été écrite à la gloire d'Auguste ne fait aucun doute.
3. Nous n'avons pas la certitude que Plaute ait joué lui-même ses comédies.
4. J'admire qu'Aristophane ait pu se moquer ouvertement de Socrate ou d'Euripide.
5. Le rêve des Romains était que leur littérature surpassât celle des Grecs.

EMPLOYER

5. Complétez les phrases suivantes avec une subordonnée complétive conjonctive.

1. Je vois que ....
2. Nous nous réjouissons que ....
3. Je suis certaine que ....
4. Il est urgent que ....

Faites bien attention au mode !

64 – La subordonnée complétive conjonctive

65 Les autres subordonnées complétives

Je me demande si nous ne devrions pas prendre l'avion.
La proposition subordonnée ne peut pas être supprimée et se trouve après un verbe d'interrogation : c'est une interrogative indirecte.

A La subordonnée interrogative indirecte

1 Comment reconnaître une subordonnée interrogative indirecte ?

• Elle rapporte de manière indirecte une question posée par quelqu'un.
   J'ignore si on peut y aller en train. → *Peut-on y aller en train ?*

• Elle complète un verbe exprimant le plus souvent une demande ou un manque d'information : *demander, chercher, ignorer, oublier, ne pas savoir, expliquer…*

2 L'interrogative indirecte est introduite par :
– la conjonction *si* lorsque l'interrogation est totale : *Demande-lui si elle a besoin d'aide.*
– divers **mots interrogatifs** lorsque l'interrogation est partielle : pronom (*qui, à qui, lequel…*), locution pronominale (*ce qui, ce que…*), déterminant ou adjectif (*quel, quelle…*), adverbe (*quand, pourquoi…*).

3 La plupart des subordonnées interrogatives indirectes sont **complément d'objet direct** du verbe et peuvent être remplacées par *le*.
   Je ne sais pas à qui est ce sac. → *Je ne le sais pas.*

4 Le mode de la subordonnée interrogative indirecte est en général l'**indicatif**. Certaines subordonnées interrogatives indirectes à valeur délibérative sont à l'**infinitif**.
   J'ignore où aller.

B La subordonnée exclamative indirecte

• Elle rapporte de manière indirecte une exclamation. Elle est introduite par un **mot exclamatif** : adverbe (*combien, comme, si*), déterminant ou adjectif (*quel, quels, quelle, quelles*).
   Regarde comme c'est beau. → *Comme c'est beau !*
   J'admire quelle énergie il déploie. → *Quelle énergie il déploie !*

• Comme la subordonnée interrogative indirecte, elle est le plus souvent **complément d'objet direct** du verbe et son mode est généralement l'**indicatif**.

C La proposition infinitive

1 Comment reconnaître une proposition infinitive ?

• La proposition infinitive est composée d'un infinitif qui a un sujet propre.

• On la trouve après des verbes de perception : *voir, regarder, écouter, sentir…*
   J'ai vu cette entreprise se développer.

2 La proposition infinitive est le plus souvent **complément d'objet direct** du verbe.
   cette entreprise se développer = COD du verbe *ai vu*.

3 Le sujet de la proposition infinitive, placé avant l'infinitif, peut parfois se déplacer après, notamment lorsqu'il n'est pas un pronom du type *me, le…*
   J'ai entendu une porte claquer. J'ai entendu claquer une porte.

REPÉRER

1. Surlignez en bleu une interrogative directe, en jaune deux interrogatives indirectes et en vert une exclamative indirecte.

> Je trouve les caprices de la mode, chez les Français, étonnants. Ils ont oublié *comment ils étaient habillés cet été* ; ils ignorent encore plus *comment ils le seront cet hiver*. Mais, surtout, on ne saurait croire **combien il en coûte à un mari pour mettre sa femme à la mode**.
> **Que me servirait de te faire une description exacte de leur habillement et de leurs parures ?** Une mode nouvelle viendrait détruire mon ouvrage, comme celui de leurs ouvriers, et, avant que tu eusses reçu ma lettre, tout serait changé
>
> ■ Montesquieu, *Lettres persanes*, lettre 99 (1721)

👍 *Pour distinguer l'interrogative indirecte et l'exclamative indirecte, demandez-vous si, au style direct, la subordonnée deviendrait une interrogation ou une exclamation.*

2. L'infinitif en couleur est le noyau d'une proposition infinitive. Vrai ou faux ? Cochez la bonne réponse.

	Vrai	Faux
1. En entendant la nouvelle, il sentit une immense joie l'envahir.	☐	☐
2. Nous nous réjouissons d'apprendre cette excellente nouvelle.	☐	☐
3. L'orage n'a cessé de gronder cette nuit.	☐	☐
4. J'aime écouter gronder l'orage lorsque je suis bien à l'abri.	☐	☐

👍 *Dans le cas de la proposition infinitive, vous devez pouvoir encadrer le sujet de l'infinitif, qui doit être différent du sujet du verbe conjugué.*

ANALYSER

3. Encadrez les mots interrogatifs et donnez leur nature.

Le biographe doit d'abord se demander pourquoi il choisit d'écrire sur la vie de tel homme ou de telle femme en particulier. Il doit identifier ce qu'il admire, ce qui le fascine ou ce qui le révolte chez son personnage, afin de ne pas laisser ses sentiments, positifs ou négatifs, entraver la quête de vérité qui est la sienne. Il doit ensuite chercher qui a déjà écrit sur le même sujet, à quelle époque et dans quel contexte il l'a fait. Il est important de déterminer, par exemple, si les biographies existantes se font portrait à charge, entreprise de réhabilitation ou tentative de rendre compte des complexités du réel. C'est face à toute cette tradition que le nouveau biographe devra se situer.

EMPLOYER

4. Transformez l'interrogation directe en interrogation indirecte, en changeant les pronoms et les temps si nécessaire.

1. Que veux-tu faire dimanche ? → Elle lui demande ....
2. Êtes-vous disponibles samedi prochain ? → Elle m'a demandé ....
3. Quelle serait l'heure la plus commode pour vous ? → Il ignore ....
4. Quand arriveront-ils ? → Elle ignorait ....

5. Complétez chaque phrase en formant une proposition infinitive.

1. Vers cinq heures, j'ai vu un inconnu ....
2. Je l'ai entendu ....
3. Nous avons senti une légère brise ....
4. J'ai aperçu un contrôleur ....

66 La proposition subordonnée relative

Le film <u>dont je t'ai parlé</u> est déjà disponible en DVD.
Le pronom relatif *dont* reprend *le film* et permet de construire la proposition relative *dont je t'ai parlé*.

A Qu'est-ce qu'une proposition subordonnée relative ?

- C'est une proposition subordonnée introduite par un pronom relatif, qui a une fonction dans la subordonnée relative.

    Le film <u>que j'ai vu hier</u> est un chef-d'œuvre ! [*que* est COD de *ai vu*.]

- Le pronom relatif est représentant dans la subordonnée relative adjective : il reprend l'antécédent (*que* reprend *le film*). Il est nominal (sans antécédent) dans la relative substantive.

    <u>Qui dort dîne</u>.

B La subordonnée relative adjective

1 Les fonctions de la subordonnée relative adjective

- Elle peut être **épithète** de l'antécédent : elle permet souvent d'identifier précisément l'antécédent ; elle est alors **déterminative**.

    Les séries <u>que je préfère</u> sont les séries policières.
    [La relative *que je préfère* ne peut pas être supprimée du point de vue du sens.]

- Elle peut être **apposée** à l'antécédent : elle apporte une information supplémentaire ; on dit qu'elle est **explicative**.

    C'est déjà la 4ᵉ saison de cette série, <u>qui remporte un succès mérité</u>.

2 Le mode dans la subordonnée relative adjective

- Le verbe de la subordonnée relative adjective est en général à l'**indicatif**.

    J'aime beaucoup cet acteur, qui <u>est</u> tout en nuances.

- Il est au **subjonctif** lorsque l'antécédent comporte un superlatif relatif (*C'est le meilleur film qui <u>soit</u>*), ou *seul, premier, dernier*, ou lorsque l'existence de l'antécédent est niée ou seulement possible (*Je ne connais aucun acteur qui <u>soit</u> aussi drôle*).

3 Deux subordonnées relatives adjectives particulières

- La **relative attributive** a la fonction d'un attribut et peut difficilement être supprimée. Elle est introduite par le pronom *qui*. On la trouve notamment après des verbes de perception et le verbe *avoir*.

    *Je **vois** ton frère <u>qui arrive en courant</u>. J'**ai** les cheveux <u>qui sont tout emmêlés</u>.*

- La **relative à valeur concessive** a la fonction d'un complément circonstanciel de concession. Elle peut être introduite par *qui que, quoi que, quel que, où que, quelque… que, tout… que…*

    <u>Quoi que tu en dises</u>, il est formidable.

C La subordonnée relative substantive

- Elle est introduite par :
  – les pronoms relatifs *qui, quoi, où, quiconque* : *Nous irons <u>où tu voudras</u>.*
  – les locutions pronominales *celui qui, ce qui, ce que*… *<u>Ceux qui ont froid</u> peuvent rentrer.*

- Elle est l'équivalent d'un groupe nominal ou d'un groupe prépositionnel dans la phrase. On peut dire : *<u>Les frileux</u> peuvent rentrer.*

REPÉRER

1. Soulignez les propositions relatives et entourez l'antécédent du pronom relatif.

Les multiples start-ups qui développent l'économie numérique du partage sont à l'origine d'initiatives originales : sites de covoiturage, de troc, etc. Les jeunes, auxquels elles s'adressent en priorité, cherchent ainsi à redonner du sens à la consommation. Mais ils ne sont pas les seuls concernés. Les échanges de logements par Internet, que plébiscitent les quarantenaires, prouvent le contraire.

2. Relative adjective ou relative substantive ? Cochez la bonne réponse.

	Adjective	Substantive
1. J'ai retrouvé mon sac où je l'avais posé.	☐	☐
2. Le restaurant où nous avons dîné mérite ses étoiles.	☐	☐
3. Le premier qui la voit la prévient.	☐	☐
4. Quiconque veut visiter le Sénégal doit éviter la saison des pluies.	☐	☐
5. Nous avons été surpris par le départ de notre manager, qui a démissionné sans en informer quiconque.	☐	☐

ANALYSER

3. Quelle est la fonction de la relative en couleur : épithète (1), apposée (2), attributive (3), CC de concession (4) ?

1. Cette affaire, qui occupe la police depuis plusieurs mois, est obscure. – 2. Les policiers qui en ont été chargés n'ont pas encore de pistes. – 3. Quelle qu'en soit l'issue, elle aura marqué les esprits. – 4. J'ai vu les journalistes qui rôdaient sur les lieux du crime.

4. La relative en couleur est déterminative. Vrai ou faux ?

	Vrai	Faux
1. Je choisirai le métier qui me laissera le plus de temps libre.	☐	☐
2. C'est un très beau métier, qui réclame beaucoup de créativité.	☐	☐
3. Le dernier oral, qu'elle a passé sans trop y croire, a été décisif.	☐	☐
4. Le jury qui l'a reçue a été sensible à son parcours et à sa motivation.	☐	☐

👍 *Une relative déterminative n'est pas précédée d'une virgule et ne peut pas être supprimée sans que soit changé le sens de la phrase. Une relative explicative peut être, ou non, précédée d'une virgule et peut être supprimée.*

EMPLOYER

5. Transformez la deuxième proposition indépendante en proposition relative. Quelle est la fonction du pronom relatif ?

Matisse plaît beaucoup. La peinture de Matisse est colorée.
→ *Matisse, dont la peinture est colorée, plaît beaucoup.* **Dont** est complément du nom **peinture**.

1. L'œuvre de Chagall est onirique. L'œuvre de Chagall emprunte à la tradition juive.
2. Picasso a peint son premier tableau à 8 ans. On considère Picasso comme le père du cubisme.
3. Modigliani a rencontré Brancusi. Sous l'influence de Brancusi, il a d'abord été sculpteur.

👍 *Pour trouver la fonction du pronom relatif dans la relative, il suffit d'identifier la fonction du mot ou du groupe de mots qu'il remplace dans la proposition indépendante.*

6. Mettez les verbes entre parenthèses au bon mode.

1. Je cherche un ophtalmo qui (pouvoir) me recevoir avant 3 mois. – 2. Les généralistes qui (vouloir) bien s'installer à la campagne se font rares. – 3. C'est le seul dentiste de la région qui (recevoir) le samedi matin.

66 – La proposition subordonnée relative

67 La proposition subordonnée circonstancielle

Quand j'ai commencé mes études, j'ai vécu en colocation.
La subordonnée *quand j'ai commencé mes études* précise les circonstances (le moment) de l'action principale : c'est une subordonnée circonstancielle.

A Qu'est-ce qu'une subordonnée circonstancielle ?

• Une subordonnée circonstancielle peut généralement être supprimée ou déplacée.
On peut aussi dire : *J'ai vécu en colocation quand j'ai commencé mes études.*

• Elle a en général la même fonction qu'un groupe prépositionnel complément circonstanciel.
On pourrait dire : *À cette époque-là, j'ai vécu en colocation.*

B Les différents types de subordonnées circonstancielles

1 On distingue trois principaux types de subordonnées circonstancielles selon la construction.

• La **subordonnée circonstancielle conjonctive** est introduite par une conjonction de subordination ou une locution conjonctive.
  Nous déjeunons dehors dès qu'il fait beau.

• La **subordonnée circonstancielle conjonctive corrélative** est introduite par une conjonction de subordination indissociable d'un mot (adjectif, adverbe ou déterminant) qui se trouve dans la principale : c'est un système corrélatif.
  Il faisait si beau que nous avons déjeuné dehors.

• La **subordonnée participiale** se construit sans connecteur. Son verbe est un participe présent ou passé. Son « sujet » est toujours différent de celui du verbe de la principale.
  La météo s'y prêtant, nous avons déjeuné dehors.

2 On peut également classer les subordonnées circonstancielles selon le sens.

• Les subordonnées circonstancielles les plus courantes expriment le **temps**, la **cause**, la **conséquence**, le **but**, la **concession**, l'**opposition**, la **condition** et la **comparaison**.

> **À NOTER**
> Certaines subordonnées circonstancielles combinent deux conjonctions et deux sens.
> *Nous avons discuté comme si nous nous connaissions depuis toujours.*
> [*comme* marque la comparaison ; *si* marque la condition]

• La **subordonnée conjonctive corrélative** peut exprimer :
– le temps : *À peine m'a-t-il aperçu qu'il a couru vers moi.*
– la cause : *Il vient nous voir d'autant plus souvent qu'il habite tout près.*
– la conséquence : *Il est si spontané qu'il s'attire toutes les sympathies.*
– la comparaison : *Le voyage est moins long que je ne le craignais.*

• La **subordonnée participiale** peut exprimer :
– le temps : *Mon stage fini, je chercherai du travail.*
– la cause : *Les CDI se faisant rares, j'ai accepté un CDD.*
– la condition : *Ma candidature retenue, il me resterait à passer l'entretien.*

REPÉRER

1. Soulignez les propositions subordonnées circonstancielles.

Au Moyen Âge, parce qu'il possédait les terres, le seigneur avait tout pouvoir sur les paysans. Ces derniers, une fois qu'ils lui avaient versé de lourds impôts, avaient à peine de quoi vivre, d'autant que les récoltes étaient souvent mauvaises. Mais comme le seigneur souhaitait augmenter son domaine cultivé, il devait négocier avec les paysans pour que ceux-ci acceptent de s'installer sur de nouvelles terres défrichées, de sorte qu'ils obtenaient parfois une charte de franchise limitant les taxes et les corvées.

👍 *Parmi les subordonnées du texte se trouve une subordonnée relative, qu'il ne faut pas confondre avec les subordonnées circonstancielles.*

2. La phrase comporte une proposition subordonnée participiale. Vrai ou faux ?

	Vrai	Faux
1. Le départ du Vendée Globe étant prévu dimanche, tous les hôtels sont complets.	☐	☐
2. La route du Rhum, se faisant en solitaire, est une course particulièrement exigeante.	☐	☐
3. Les nouvelles technologies aidant, les voiliers sont de plus en plus légers.	☐	☐
4. La ligne d'arrivée franchie, le skipper a laissé exploser sa joie.	☐	☐

👍 *Repérez le participe et demandez-vous si son sujet est différent de celui du verbe conjugué.*

ANALYSER

3. Soulignez les subordonnées circonstancielles et rattachez-les au type qui convient.

1. La mode masculine a beaucoup évolué depuis que les créateurs s'y intéressent.
2. La couleur n'étant plus réservée aux femmes, tout est possible.
3. Dans l'entreprise, la norme a encore une telle importance que le costume sombre reste de rigueur.

- a. conjonctive
- b. corrélative
- c. participiale

4. Quelle est la fonction de la subordonnée participiale en couleur ? Cochez la bonne réponse.

1. <u>Le secrétariat étant fermé l'après-midi</u>, il vous faudra rappeler demain. ☐ temps ☐ cause
2. <u>Les invités partis</u>, ils purent enfin se parler seul à seul. ☐ temps ☐ condition
3. <u>Le mauvais temps se confirmant</u>, il nous faudrait renoncer à l'ascension. ☐ cause ☐ condition

EMPLOYER

5. Remplacez les subordonnées circonstancielles participiales de l'exercice 4 par des subordonnées circonstancielles conjonctives de sens équivalent.

6. Remplacez les subordonnées circonstancielles soulignées par un groupe prépositionnel complément circonstanciel de sens équivalent.

<u>Chaque fois qu'il nous rend visite</u>, nous le trouvons changé.
→ À chacune de ses visites, nous le trouvons changé.

1. <u>Parce qu'il est timide</u>, il passe souvent pour un homme froid et distant.
2. <u>Bien qu'il ait des difficultés financières</u>, il se montre toujours généreux.
3. Elle a tout fait <u>pour que vous réussissiez</u>.

67 – La proposition subordonnée circonstancielle   153

Les subordonnées circonstancielles conjonctives (1)

> *Quand je l'ai revu*, il avait *tellement* changé *que je ne l'ai pas reconnu*.
> La subordonnée conjonctive *quand je l'ai revu* indique le temps ;
> la subordonnée conjonctive *que je ne l'ai pas reconnu*, associée à *tellement*, indique la conséquence.

A La subordonnée circonstancielle conjonctive de temps

- Elle peut indiquer que l'action de la principale se passe :
- en même temps que l'action de la subordonnée (**simultanéité**) : *quand, lorsque, chaque fois que…*
    Chaque fois qu'il vient, nous regardons un bon film.
- après l'action de la subordonnée (**succession**) : *après que, dès que…*
    Dès que le film est terminé, nous allons manger italien.
- avant l'action de la subordonnée (**anticipation**) : *avant que, jusqu'à ce que…*
    Nous restons souvent à bavarder *jusqu'à ce que le restaurant ferme*.

- Le mode de la subordonnée circonstancielle de temps dépend de la chronologie des actions :
- suivant la règle générale, elle se met à l'**indicatif** lorsqu'elle exprime la **simultanéité** ou la **succession**.
    Appelle-moi *quand vous serez arrivés*.
- elle se met au **subjonctif** lorsqu'elle exprime l'**anticipation**.
    Contacte-le *avant qu'il ne soit trop tard*.

B La subordonnée circonstancielle conjonctive de cause

- Elle peut exprimer :
- la **cause** d'un fait (*parce que, puisque…*) ;
    Il est malade *parce qu'il a mangé trop de chocolat*.
- la **justification** d'un énoncé (*puisque, étant donné que, vu que…*) ;
    Il a mangé tous les chocolats, *puisque la boîte est vide*.
    [Le fait que la boîte soit vide n'explique pas pourquoi il a mangé tous les chocolats, mais autorise à affirmer qu'il l'a fait.]
- la **cause rejetée** (*non que…*).
    Je l'ai cru, *non que je sois naïve*, mais il était très convaincant.

- La subordonnée circonstancielle conjonctive de cause se met généralement à l'**indicatif**, sauf lorsque la cause est rejetée : *non que je sois naïve*.

C La subordonnée circonstancielle conjonctive de conséquence

- Elle peut être introduite :
- par une locution conjonctive (*si bien que, de telle sorte que, au point que…*) ;
    Il était débordé *si bien que j'ai proposé de l'aider*.
- par un système corrélatif (*tellement… que, tant… que, tel(les)… que, si… que, trop (de)… pour que, suffisamment… pour que…*).
    Il était *tellement* débordé *que j'ai proposé de l'aider*.

- La subordonnée circonstancielle de conséquence est généralement à l'**indicatif**. Mais elle peut être au **subjonctif** si la conséquence est niée ou seulement envisagée.
    Il est assez grand *pour que nous lui fassions confiance*.

REPÉRER

1. Surlignez en jaune la subordonnée circonstancielle de temps, en vert la subordonnée circonstancielle de cause, en bleu la subordonnée circonstancielle de conséquence.

1. « Mozart était tellement précoce qu'à 35 ans il était déjà mort. »
(Pierre Desproges)
2. « Quand j'étais petit, à la maison, le plus dur, c'était la fin du mois. Surtout les trente derniers jours. »
(Coluche)
3. « Il faut que le plaisir de gouverner soit bien grand, puisque tant de gens veulent s'en mêler. »
(Voltaire, *Dictionnaire philosophique*, 1764)

2. Soulignez le système corrélatif des subordonnées circonstancielles de conséquence.   **C**

1. Reste-t-il assez d'œufs pour que je fasse un flan ? - 2. Il a si bonne réputation que son cabinet ne désemplit pas. - 3. Elle a des difficultés financières telles qu'elle a dû faire un emprunt. - 4. J'ai tant de travail que je n'arrive plus à voir mes amis.

ANALYSER

3. Qu'indique la subordonnée circonstancielle de temps : la succession (1), l'anticipation (2), la simultanéité (3) ?   **A**

1. Les peuples adhèreront à l'Europe lorsqu'elle aura adopté un fonctionnement plus démocratique.
2. Chaque fois que la Banque centrale européenne (BCE) baisse ses taux, elle favorise les emprunts et stimule l'inflation.
3. Le traité de Maastricht a longtemps prévalu, jusqu'à ce que le traité de Lisbonne le remplace.

4. Quel est le sens de la subordonnée circonstancielle de cause : cause d'un fait (1) ou justification d'un énoncé (2) ?

1. La France a dû gagner puisqu'on entend un concert de klaxons. - 2. J'ai dû prendre un taxi, vu qu'il n'y avait plus de bus. - 3. Étant donné que je n'y connais rien, je ne donnerai pas mon avis. - 4. Ils sont partis en vacances puisque leurs volets sont fermés.

EMPLOYER

5. Verbe au subjonctif ou à l'indicatif ? Cochez la bonne case.

1. Je lis peu le journal, non que je n'en ❑ voie ❑ vois pas l'intérêt, mais je manque de temps.
2. Après qu'elle ❑ soit partie ❑ est partie, nous avons pu discuter plus librement.
3. Il a besoin d'activité physique de sorte qu'il ❑ court ❑ coure tous les matins avant d'aller au bureau.
4. Il a crié jusqu'à ce que la voisine ❑ accourt ❑ accoure, effrayée.

👍 *Attention !* Après que *marque la succession et entraîne donc l'indicatif. On dit :* Après qu'elle a exposé le problème, chacun a pu donner son avis *(comme on dit :* Une fois qu'elle a exposé le problème…*).*

6. Suivant le modèle, complétez les phrases à l'aide d'une subordonnée circonstancielle de conséquence introduite par un système corrélatif portant sur le mot en couleur.   **C**

Elle est *enthousiaste*. → Elle est <u>tellement</u> enthousiaste <u>qu'elle captive son auditoire</u>.

1. Il a des craintes.
2. Nous avons voyagé.
3. Ils se sont couchés tard.

69 Les subordonnées circons- tancielles conjonctives (2)

Bien qu'elle ait encore le temps, elle s'organise déjà pour que tout soit prêt le jour J.
La subordonnée conjonctive *Bien qu'elle ait encore le temps* indique la concession ; la subordonnée conjonctive *pour que tout soit prêt le jour J* indique le but.

A La subordonnée circonstancielle conjonctive de but

- La subordonnée circonstancielle de but peut exprimer :
– le but que l'on cherche à atteindre (*pour que, afin que*…) ;
  J'ai tout fait pour que cela reste une surprise.
– le but ou le résultat que l'on cherche à éviter (*de crainte que, de peur que*…).
  Je n'ai rien dit aux enfants de peur qu'ils ne vendent la mèche.

À NOTER
Ne pas confondre le but et la conséquence
La subordonnée circonstancielle de **but** indique un résultat qui est volontairement recherché.
Il fait son possible pour que tout le monde comprenne.
La subordonnée circonstancielle de **conséquence** indique un résultat qui arrive indépendamment de notre volonté. *Il parle trop vite pour que je le comprenne.*

- La subordonnée circonstancielle de but est toujours au **subjonctif**.
  Ils feront tout pour que tu te sentes comme chez toi.

B La subordonnée circonstancielle conjonctive de concession

- La subordonnée circonstancielle conjonctive de concession indique qu'un fait n'entraîne pas la conséquence attendue (*bien que, quoique, encore que*…).
  Bien que je lui aie envoyé plusieurs messages, je reste sans nouvelles.
  [Le fait que *je lui ai envoyé plusieurs messages* aurait dû l'inciter à me donner des nouvelles.]

- Ce type de subordonnée est toujours au **subjonctif**.

C La subordonnée circonstancielle conjonctive d'opposition

- La subordonnée circonstancielle d'opposition souligne le contraste entre deux faits (*alors que, au lieu que*…).
  Leur fils aîné les appelle régulièrement, alors que le cadet les laisse sans nouvelles.

- Le mode dépend de la locution conjonctive employée :
– *alors que* entraîne l'**indicatif** ;
  Alors qu'il s'attendait au pire, le meilleur est arrivé.
– *loin que* et *bien loin que* entraînent le **subjonctif** ;
  Loin que le pire se produise, tout s'est terminé le mieux du monde.
– *au lieu que* entraîne l'**indicatif** lorsqu'il s'agit d'une simple opposition et le **subjonctif** lorsque le locuteur rejette le fait exprimé dans la subordonnée.
  Nous l'avons cru perdu au lieu qu'il visitait tranquillement les environs.
  [La subordonnée oppose simplement la panique des uns à la tranquillité de l'autre.]
  La prochaine fois, au lieu que chacun prenne sa voiture, nous partirons tous ensemble.
  [La subordonnée oppose les deux solutions et indique que le locuteur rejette la première.]

REPÉRER

1 Surlignez en vert les subordonnées de but, en orange les subordonnées de conséquence.

1. Il est trop bavard pour que je lui confie cette information confidentielle. – 2. Ils l'ont payée pour qu'elle se taise. – 3. Tu le préviendras de notre arrivée de manière à ce qu'il chauffe la maison. – 4. Il a présenté cette mission d'une manière telle que personne n'a voulu s'en charger.

2 Surlignez en jaune les subordonnées d'opposition, en bleu les subordonnées de concession.

Certains salariés sont favorables à une sortie de crise, tandis que d'autres veulent poursuivre le bras de fer avec la direction. Alors que la CGT a quitté la table des négociations, la CFDT vient de proposer un accord. Bien qu'elle ne soit pas le syndicat majoritaire, elle entend jouer un rôle de premier plan.

ANALYSER

3 La locution conjonctive *alors que* construit-elle une subordonnée d'opposition ou une subordonnée de concession ? Reliez comme il convient.

1. Alors que le ciel menaçait, ils ont décidé de partir en pique-nique.
2. Alors qu'il a fait beau toute la semaine, le week-end sera pluvieux.
3. Alors que l'industrie licencie, le secteur tertiaire recrute.
4. Alors qu'ils venaient de finir les travaux, ils ont décidé de vendre leur maison.

- a. concession
- b. opposition

EMPLOYER

4 Conjuguez le verbe entre parenthèses.

1. Bien qu'il (être) mon plus vieil ami, je ne peux pas tout lui dire. – 2. Il est évident qu'il la soutient, encore qu'il ne (prendre) jamais ouvertement son parti. – 3. Les collections d'automne sont déjà en rayon, alors que l'été (finir) à peine. – 4. Nous nous retrouverons au restaurant au lieu qu'elle (faire) la cuisine pour nous tous.

 Faites attention au mode !

5 Complétez les phrases à l'aide de la subordonnée circonstancielle conjonctive demandée.

1. Ce village est devenu très touristique (subordonnée circonstancielle d'opposition).
2. Ce village est devenu très touristique (subordonnée circonstancielle de concession).
3. Il porte toujours une écharpe rouge (subordonnée circonstancielle de but).
4. Il porte toujours une écharpe rouge (subordonnée circonstancielle de conséquence).

6 Remplacez le groupe prépositionnel en couleur par une subordonnée circonstancielle conjonctive de même sens.

J'ai appelé son frère pour avoir son adresse.
→ *J'ai appelé son frère pour qu'il me donne son adresse.*

1. En dépit de son handicap, il fait beaucoup de sport.
2. Malgré la foule, nous avons profité de l'exposition.
3. Elle est très accueillante, contrairement à sa sœur.
4. Le système Erasmus a été créé afin de faciliter les échanges entre les universités européennes.

70 Les subordonnées circonstancielles conjonctives (3)

> *Si tu veux des places pour son concert*, réserve dès maintenant, *comme l'ont fait Paul et Léa*.
> La subordonnée conjonctive *si tu veux des places pour son concert* exprime la condition ; la subordonnée conjonctive *comme je te l'ai dit* exprime une comparaison.

A La subordonnée circonstancielle conjonctive de comparaison

- La subordonnée circonstancielle de comparaison peut exprimer :
- un rapport d'équivalence ou de conformité entre deux faits ;
    Ainsi qu'il s'y était engagé, le maire a créé des pistes cyclables.
- un rapport de supériorité, d'infériorité ou d'égalité entre deux faits.
    Il est *plus* sympathique *que je ne le croyais*.

- Elle peut se construire avec :
- une conjonction ou une locution conjonctive : *comme, ainsi que, de même que…*
- un système corrélatif formé d'un adverbe corrélatif (*plus, moins, autant*), d'un déterminant corrélatif (*plus de, moins de, autant de*) ou d'un adjectif (*tel(le)*) et de *que*.

À NOTER
La proposition corrélative est souvent elliptique : Il est *plus* fort *que son frère* (n'est fort).

- La subordonnée circonstancielle de comparaison est toujours à l'**indicatif**.

B La subordonnée circonstancielle conjonctive de condition

- La subordonnée circonstancielle de condition peut être introduite par la conjonction *si* ou par une locution conjonctive : *pourvu que, à moins que, à condition que, pour peu que, au cas où…*
- Elle est au **subjonctif** lorsqu'elle est introduite par une locution conjonctive qui comprend *que*.
    Nous pouvons l'embaucher *à condition qu'il ait* le permis.
- Elle est à l'**indicatif** dans les autres cas.
    Si tu veux, tu peux. Prends ton maillot *au cas où il ferait* très beau.

C Les systèmes hypothétiques

Lorsqu'on exprime une hypothèse avec une subordonnée circonstancielle de condition introduite par *si*, on utilise différents temps de l'indicatif, selon le degré de probabilité de l'hypothèse envisagée. On emploie :

- l'indicatif présent et le futur simple pour l'**éventuel** (hypothèse probable) ;
    S'il vient, la famille sera au complet.
- l'indicatif imparfait et le conditionnel présent pour le **potentiel** (hypothèse possible) ;
    S'il venait, la famille serait au complet.
- l'indicatif imparfait et le conditionnel présent pour l'**irréel du présent** (hypothèse contraire à l'état actuel des choses) ;
    S'il était là, la famille serait au complet.
- l'indicatif plus-que-parfait et le conditionnel passé pour l'**irréel du passé** (hypothèse qui s'est révélée fausse).
    S'il était venu, la famille aurait été au complet.

REPÉRER

1. Surlignez en jaune les subordonnées circonstancielles de condition, en bleu les subordonnées circonstancielles de comparaison.

1. Les résultats de l'élection sont plus incertains qu'on ne le dit.
2. Pour peu que l'abstention soit forte, tous les sondages pourraient être remis en cause.
3. De même qu'ils multiplient les meetings, les candidats doivent se manifester sur les réseaux sociaux s'ils entendent conquérir les jeunes électeurs.

2. Ces phrases comportent une subordonnée circonstancielle de comparaison. Vrai ou faux ?

	Vrai	Faux
1. « Les vertus devraient être sœurs, ainsi que les vices sont frères. » (Jean de La Fontaine, « Les Deux Chiens et l'Âne mort », *Fables*, 1668-1693)	☐	☐
2. « Comme une main à l'instant de la mort se crispe, mon cœur se serre. » (Robert Desnos, *Corps et biens*, 1930)	☐	☐
3. « C'est terrible comme quelqu'un qu'on aime est présent quand il n'est plus là. » (Marc Lévy, *L'Horizon à l'envers*, 2016)	☐	☐
4. « La sincérité est une ouverture de cœur qui nous montre tels que nous sommes. » (La Rochefoucauld, *Maximes et Réflexions diverses*, 1665)	☐	☐

ANALYSER

3. Entourez le corrélatif qui permet de construire la subordonnée de comparaison et donnez sa nature en reliant comme il convient.

1. Je mets moins de temps à venir de Rennes en TGV que tu n'en mets à rejoindre Paris en RER.
2. Sa maison est tout à fait telle que je l'imaginais.
3. Il est moins fragile que tu ne le penses.
4. Nous n'avons pas pu rester aussi longtemps que nous l'aurions voulu.

- a. adverbe
- b. adjectif
- c. déterminant

4. Éventuel (1), potentiel (2), irréel du présent (3) ou du passé (4) ? Dites comment l'hypothèse est envisagée dans les subordonnées circonstancielles de condition en couleur.

1. Si tu allais à Rome, je te donnerais les coordonnées de ma sœur. – 2. Si j'avais su, j'aurais choisi une autre compagnie aérienne. – 3. S'il te sait chez nous, il voudra te voir. – 4. Si tu connaissais New York, Paris te semblerait un village. – 5. Si tu étais plus sportive, nous ferions le tour de l'Irlande à vélo.

EMPLOYER

5. Conservez la proposition principale en couleur et imaginez une autre subordonnée circonstancielle de condition.

1. « Si tu peux rencontrer Triomphe après Défaite/et recevoir ces deux menteurs d'un même front/ […] tu seras un homme, mon fils. » (Rudyard Kipling, *Si*, 1895)
2. « Si je partais sans me retourner, je me perdrais bientôt de vue. » (Jean Tardieu, *L'Accent grave et l'accent aigu*, 1976-1983)
3. « Si le monde était à l'envers, je marcherais les pieds en l'air. » (Jean-Luc Moreau, *L'Arbre perché*, 1980)

Bilan 8 — Les propositions subordonnées

Maîtrisez-vous ces notions ?
Si ce n'est pas le cas, reportez-vous aux chapitres 63 à 70.

REPÉRER

1 **Surlignez en jaune les propositions indépendantes, en rose les propositions principales, en vert les propositions subordonnées.** *(0,5 point par réponse juste)* …/4

La société d'Ancien Régime est marquée par la domination de l'aristocratie, qui jouit d'importants privilèges. La croissance économique favorise l'essor de la bourgeoisie, mais la noblesse fait obstacle aux ambitions qu'elle nourrit. Le tiers état, quant à lui, n'est pas une classe homogène : alors que les négociants prônent le libéralisme économique, le peuple demeure attaché à l'économie dirigée.

2 **Surlignez en rose une subordonnée complétive, en vert deux subordonnées circonstancielles. Encadrez une subordonnée relative.**
(1 point par réponse juste) …/4

Ainsi donc, nous disons que tu vas peindre en plein hiver, assis sur la terre glacée, sans te soucier du froid. Cette nouvelle m'a charmé ; je dis charmé, non pas que je prenne plaisir à te voir risquer un gros rhume et plus ou moins d'engelures, mais parce que je déduis d'une telle constance ton amour des arts et l'acharnement que tu mets au travail.

■ Lettre d'Émile Zola à Paul Cézanne, 5 février 1861

👍 *Attention ! la relative se trouve à l'intérieur d'une subordonnée circonstancielle.*

3 **Encadrez en bleu les propositions infinitives et en rouge les propositions participiales.** *(1 point par réponse juste)* …/4

La pression des associations aidant, les programmes scolaires mettent en garde les jeunes contre toutes les formes de sexisme. Aujourd'hui, on n'entend plus personne affirmer la supériorité des garçons en mathématiques. Et les années passant, on voit un nombre croissant d'étudiantes choisir la carrière d'ingénieur.

ANALYSER

4 **Attribuez à chaque proposition en couleur le numéro qui convient :
(1) subordonnée circonstancielle, (2) subordonnée relative,
(3) subordonnée complétive.** *(0,5 point par réponse juste)* …/3

1. Elle a manifesté un tel enthousiasme qu'elle nous a convaincus.
2. L'enthousiasme qu'elle a manifesté a achevé de nous convaincre.
3. Quoique la saison ne s'y prête guère, ils ont décidé de camper.
4. Quoi qu'il arrive, nous serons là pour toi.
5. Comme il ne veut rien entendre, il se débrouillera sans moi !
6. Regarde comme il a changé !

5 **Dites si la subordonnée relative en couleur est adjective ou substantive et donnez sa fonction.** *(1 point par réponse juste)* …/3

1. Tous les parcs nationaux que nous avons visités aux États-Unis étaient gigantesques.
....

2. Qui veut vivre une expérience extraordinaire ne doit pas manquer d'en visiter un.
....
3. Le parc de Yellowstone, qui se situe dans le Wyoming, est célèbre pour ses geysers.
....

6 Quelle est la fonction de la subordonnée circonstancielle ? Cochez la bonne réponse. *(1 point par réponse juste)* …/3

1. Bien qu'elle ait toujours vécu en ville, elle s'est aussitôt sentie à sa place dans ce petit village.
   ❏ opposition   ❏ concession
2. Elle s'y est fait assez d'amis pour que les distractions de la ville ne lui manquent jamais.
   ❏ but   ❏ conséquence
3. La douceur de la vie à la campagne est telle qu'elle se l'était imaginée.
   ❏ comparaison   ❏ conséquence

EMPLOYER

7 Employez les six verbes proposés dans une phrase comportant les propositions demandées. *(1 point par réponse juste)* …/3

1. descendre, regarder (deux propositions indépendantes juxtaposées) – 2. suggérer, dessiner (proposition principale + proposition subordonnée complétive) – 3. danser, applaudir (proposition principale + proposition subordonnée circonstancielle).

8 Identifiez le système hypothétique et mettez le verbe de la subordonnée au temps voulu. *(1 point par réponse juste)* …/4

1. Si elle (passer) .... demain matin, je lui remettrais le dossier en main propre. – 2. Si tu (mettre) .... de la crème solaire avant de partir, tu n'aurais pas attrapé de coup de soleil. – 3. Si ma grand-mère (avoir) .... des roues, ce serait un autobus. (Proverbe yiddish) – 4. S'il (apprendre) .... la vérité, il sera furieux.

9 Transformez la deuxième proposition indépendante en subordonnée de conséquence. Employez un corrélatif différent dans chaque phrase et donnez sa nature. *(0,5 point par réponse juste)* …/3

1. Le cyclone a été d'une grande violence : il a ravagé toute l'île.
....
2. L'orage a duré longtemps : nous n'avons pas pu sortir.
....
3. Il y a eu beaucoup de vent : plusieurs arbres ont été arrachés.
....

10 Complétez les phrases avec la subordonnée demandée. *(1 point par réponse juste)* …/4

1. Je trouve singulier .... (complétive conjonctive) – 2. La situation est singulière .... (circonstancielle de conséquence) – 3. Il n'a prévenu personne .... (circonstancielle de cause) – 4. Tu préviendras .... (relative substantive)

Calculez votre score

Entre 35 et 30 points	Entre 30 et 20 points	Moins de 20 points
Bravo, vous maîtrisez les propositions subordonnées ! Passez aux chapitres suivants !	Pas mal. Mais des points vous posent encore problème. Les avez-vous identifiés ?	Vous hésitez encore. Révisez les leçons à tête reposée.

Bilan 8 – Les propositions subordonnées

71 De la phrase à l'énoncé

> « Vous chantiez ? j'en suis fort aise :
> Eh bien ! dansez maintenant. »
> ■ La Fontaine, « La Cigale et la Fourmi », *Fables*, 1668-1693)

Vous chantiez ? ou *J'en suis fort aise* ne sont pas seulement des phrases : ce sont aussi des énoncés adressés par la Fourmi à la Cigale dans la célèbre fable de La Fontaine.

A Qu'est-ce qu'un énoncé ?

1 La **phrase** est une notion grammaticale utilisée pour décrire la manière dont les mots s'organisent en groupes de mots : sujet, verbe, complément...

• L'**énoncé**, lui, est une phrase en usage, écrite ou orale, adressée par quelqu'un à quelqu'un d'autre dans une situation précise. Dans la fable de La Fontaine, *Vous chantiez ?* est un énoncé adressé par la Fourmi à la Cigale.

2 L'**énonciation** est le fait de produire un énoncé, et la **situation d'énonciation** est la situation concrète dans laquelle cet énoncé est produit.
Cette situation comprend :
– celui qui parle, appelé le **locuteur**, et celui à qui le locuteur parle, le **destinataire** ;
– le **moment** de l'énonciation ;
– le **lieu** de l'énonciation.

À NOTER
Les marques de l'énonciation
Un énoncé comporte souvent des expressions renvoyant à la situation d'énonciation dans laquelle il est produit. Pour l'étude des marques de l'énonciation → 74.

3 La **signification de la phrase** dépend de celle des mots utilisés et de la manière dont ils sont assemblés. Le **sens de l'énoncé**, lui, est souvent plus riche et plus complexe.

Eh bien ! dansez maintenant.
[La signification de la phrase est simple : la phrase donne l'ordre de danser. Le sens de l'énoncé est plus complexe : l'ordre est ironique, la Fourmi se moque de la Cigale.]

B Thème et propos

1 Un énoncé peut être considéré sous l'angle de l'information qu'il délivre.
On distingue : le **thème**, qui regroupe les données connues, et le **propos**, qui regroupe les données nouvelles.

2 Pour identifier le thème et le propos, on peut utiliser le test de l'interrogation.
Un énoncé tel que *Pierre a commandé une pizza* peut répondre à différentes questions.

Si l'énoncé répond à la question…	le thème est…	le propos est…
Qu'a fait Pierre ?	le sujet *Pierre*	le prédicat *a commandé une pizza*
Qu'a commandé Pierre ?	*Pierre a commandé*	le COD *une pizza*
Qui a commandé une pizza ?	le prédicat *a commandé une pizza*	le sujet *Pierre* (en général accentué à l'oral)

REPÉRER

1 Combien comptez-vous d'énoncés dans ce dialogue ?
Combien comptez-vous de locuteurs ?

– Je vais aller acheter des olives chez Gramigni, dit Daniel sans bouger.
– Tu peux prendre l'auto si tu es fatigué, dit Noémi.
– Qui est-ce, Gramigni, demanda Pouldu.
– L'épicier à côté, dit Agnès.
– Elles sont épatantes, ses olives, dit Daniel. Je n'en ai jamais mangé d'aussi bonnes. C'est Gramigni qui les fabrique lui-même ; il a une recette à lui.
– Vous savez toujours dégoter les bons endroits, dit Pouldu.
– Peuh, dit Daniel.

■ Raymond Queneau, *Les Enfants du limon* (1938)

2 Soulignez en bleu les énoncés effectivement produits par le duc d'Orléans.
Soulignez en vert toutes les expressions qui, dans le texte, précisent la situation d'énonciation de ces énoncés (temps, lieu, locuteur, destinataire).

À l'instant même de la mort du roi, Versailles bascula dans l'après-Louis XIV. […] Dès que le roi fut décédé, à huit heures un quart au matin du 1er septembre 1715, le duc d'Orléans quitta la chambre royale. Aussitôt, les princes et les princesses du sang le suivirent, avec les courtisans qui attendaient dans la galerie des Glaces en grand habit de cérémonie. Tous allèrent saluer leur nouveau souverain, Louis XV, devenu roi à l'instant même de la mort de son arrière-grand-père : « Sire, je viens rendre mes devoirs à Votre Majesté comme le premier de vos sujets, déclara le duc d'Orléans en s'inclinant devant le roi enfant. Voilà la principale noblesse qui vient assurer de sa fidélité. » En cet instant, des larmes coulèrent sur les joues de l'enfant que sa gouvernante, Mme de Ventadour, consolait.

■ Joël Cornette, *La Mort de Louis XIV* (2015)

ANALYSER

3 Surlignez le thème en bleu et le propos en vert, en tenant compte de la question posée entre parenthèses.

1. Stéphane a acheté hier les billets d'avion. (Qu'a fait Stéphane ?)
2. Stéphane a acheté hier les billets d'avion. (Qui a acheté hier les billets d'avion ?)
3. Stéphane a rencontré Benoît en faisant ses courses au supermarché. (Qui Stéphane a-t-il rencontré en faisant ses courses ?)
4. Stéphane a rencontré Benoît en faisant ses courses au supermarché. (Comment Stéphane a-t-il rencontré Benoît ?)
5. Benoît préfère la tarte aux fraises. (Quel genre de tarte Benoît préfère-t-il ?)
6. Le volcan vient de se réveiller ! (Que se passe-t-il ?)

EMPLOYER

4 La même phrase peut avoir des sens différents selon la situation d'énonciation.
Montrez-le en insérant chacune de ces quatre phrases dans deux textes de 3 ou 4 lignes.

1. Il a été très aimable avec moi !
2. Quel temps splendide !

71 – De la phrase à l'énoncé

72 L'anaphore

> *Les enfants sont bien arrivés en classe de neige.*
> *Tout va très bien, ils s'installent avant la veillée de ce soir.*
>
> Le pronom *ils* reprend le groupe nominal *les enfants* :
> il est anaphorique de ce groupe de mots.

A. Qu'est-ce qu'une anaphore ?

L'anaphore consiste à reprendre par un mot ou un groupe de mots un élément déjà mentionné dans le texte.

Les enfants sont bien arrivés en classe de neige. Ils s'installent avant la veillée de ce soir.

B. L'anaphore pronominale

Elle fait appel à des **pronoms représentants**. Elle est :
- **totale**, si le pronom désigne la même personne ou la même chose ;
  Les enfants sont bien arrivés. Ils s'installent ce soir.
- **partielle**, si le pronom renvoie à une partie de ce que désigne le groupe de mots remplacé ;
  Les enfants sont bien arrivés. Certains se sont déjà installés.
- **résomptive**, si le pronom résume une proposition, une phrase ou une partie de texte ;
  Les enfants sont bien arrivés. Le directeur de l'école l'a confirmé.
- **conceptuelle**, si le pronom renvoie uniquement au sens du nom qui n'est pas répété.
  Ce gâteau est bon, mais le tien est meilleur !

C. L'anaphore nominale

Elle fait appel à un GN construit avec un article défini ou un déterminant démonstratif. Elle est :
- **fidèle**, si le GN répète le nom : *Il y a un restaurant dans la rue. Ce restaurant est excellent.*
- **infidèle**, si le GN modifie le noyau du groupe nominal qu'il remplace :
  On attend Miles Davis… Enfin, le trompettiste arrive.
- **résomptive**, si le GN résume une proposition, une phrase ou une partie de texte :
  Il ne se présente pas à l'élection. Ce refus m'étonne.
- **associative**, si le GN désigne une personne ou une chose qu'on peut associer à ce qui a été mentionné : *Il y a du monde dans le métro. Les quais sont bondés.*

D. Les autres anaphores

Plus rarement, d'autres catégories peuvent être anaphoriques :
- l'**adverbe** (*ainsi, là*…) : *Il était à Fès en novembre. C'est là qu'il a acheté ces babouches.*
- l'**adjectif** (*précédent, pareil*…) : *… Mais c'est lors d'un précédent voyage qu'il a acheté ce pull.*
- le **verbe** (*[le] faire*) : *Est-ce que tu peux soulever ces haltères ? – Oui, je peux le faire.*

E. La cataphore

Parfois, le pronom (ou le groupe nominal, l'adverbe…) annonce un élément donné après.
On parle alors de cataphore : *Ils sont bien arrivés, les enfants.*

REPÉRER

1 Encadrez l'élément auquel renvoie l'expression en couleur : celle-ci est-elle anaphorique (A) ou cataphorique (C) ?

1. La forêt du Puy-de-Dôme représente environ 250 000 ha, soit 32 % de la surface totale du département. Cette forêt est composée à 55 % de peuplements résineux et à 45 % de peuplements feuillus (Internet).
2. Quand elle repense à ses vacances, Marie devient songeuse.
3. La Fontaine est né en 1621. Il est l'auteur de fables bien connues des écoliers.
4. Quel est le sens de ce mot : bradypepsie ?
5. Lequel de ces films préfères-tu aller voir ?

ANALYSER

2 Soulignez l'élément auquel renvoie le pronom en couleur. L'anaphore pronominale est-elle totale (1), partielle (2), résomptive (3), conceptuelle (4) ?

1. Son imprimante, Pierre l'a achetée sur Internet. – 2. Les supporters sont encore nombreux à fêter la victoire, même si la plupart se préparent déjà à partir. – 3. Ce manteau est un peu court. Un autre ferait peut-être l'affaire. – 4. Il annulé ses vacances ? Je n'arrive pas à y croire. – 5. Le spectacle pour lequel j'ai pris des billets est complet.

3 Encadrez l'élément auquel renvoie le groupe nominal en couleur. L'anaphore nominale est-elle fidèle (1), infidèle (2), résomptive (3), associative (4) ?

1. On raconte que le singe de Charles-Quint savait jouer aux échecs, et qu'un jour, cet animal lui ayant fait le coup du berger, l'empereur fut si piqué qu'il lui jeta l'échiquier à la tête.
2. Une alerte à la tempête est décrétée pour toute la côte. L'information nous a été confirmée.
3. « Un Loup n'avait que les os et la peau ;/Tant les Chiens faisaient bonne garde./Ce Loup rencontre un Dogue aussi puissant que beau,/Gras, poli, qui s'était fourvoyé par mégarde. » (Jean de La Fontaine, « Le Loup et le Chien », *Fables*, 1668-1693).
4. Cette voiture est complètement automatisée. Les portières s'ouvrent à distance sans difficulté.

4 Soulignez les expressions anaphoriques et indiquez leur nature (pronom, groupe nominal…).

1. Pierre persiste dans l'erreur. En agissant ainsi, il s'expose à de graves revers. – 2. Nous avons passé une semaine merveilleuse en Bretagne. Après de telles vacances, il n'est pas facile de reprendre le travail. – 3. As-tu installé tous les logiciels sur mon ordinateur ? – Non, je ne l'ai pas encore fait.

👍 *Attention ! Une phrase peut comporter plusieurs anaphores.*

5 Repérez deux anaphores résomptives dans les phrases de l'exercice 4.

EMPLOYER

6 Rédigez un court texte narratif ou descriptif en utilisant au moins une fois chacun de ces cinq mots en emploi anaphorique.

la tortue • l'animal • elle • qui • tel

72 – L'anaphore

73 Les connecteurs

Le Petit Poucet était le souffre-douleur de la maison, et on lui donnait toujours tort. Cependant, il était le plus fin, et le plus avisé de tous ses frères.
■ D'après Charles Perrault, « Le Petit Poucet », *Contes* (1697)

Les mots *et* et *cependant* relient ici des phrases : ce sont des connecteurs.

A Qu'est-ce qu'un connecteur ?

Un connecteur est un **mot de liaison** qui relie des propositions, des phrases ou des ensembles de phrases. Ce mot peut être :
– une **conjonction de coordination** : *mais, ou, et, or, ni, car* ;
– un **adverbe de liaison** : *cependant, donc, puis, enfin…* Un adverbe de liaison peut être un groupe prépositionnel figé en locution adverbiale : *par ailleurs, en outre…*

B Les différents types de connecteurs

1 Les **connecteurs temporels** précisent le déroulement chronologique (*et, alors, après, ensuite…*).

Ils se levèrent à l'aube. Puis ils prirent leurs affaires et ils partirent.

2 Les **connecteurs spatiaux** précisent ce qui est représenté par le texte (*à gauche, à droite…*).

En bas, on voyait le bois. Plus loin, c'étaient des champs à perte de vue. À gauche, une rivière serpentait.

3 Les **connecteurs logiques** indiquent une relation logique.

Relation logique	Connecteurs	Exemple
Opposition/ concession	*mais, cependant, pourtant…*	*Cependant, il était le plus fin, et le plus avisé de tous ses frères*
Concession	*certes, il est vrai…*	*Certes ma proposition surprend. Mais c'est pourtant la meilleure solution*
Justification	*car, en effet*	*Sa réaction est exagérée, car la remarque n'était pas blessante.*
Adjonction	*et, or, d'ailleurs, de plus…*	*Le Petit Poucet était le souffre-douleur de la maison, et on lui donnait toujours tort.*
Conséquence	*donc, ainsi, en conséquence…*	*Le Petit Poucet a laissé tomber des petits cailloux sur le chemin. Les enfants sont donc sauvés.*

4 Les **connecteurs de reformulation** :
– précisent le sens d'une expression ou soulignent le passage à une formulation plus appropriée (*en un mot, c'est-à-dire…*) ;

Cet artiste a, pour ainsi dire, révolutionné l'art pictural du XXe siècle.

– ou introduisent un court résumé, voire marquent la fin du texte (*en définitive, en résumé…*).

Son œuvre est incroyablement diverse… bref, c'est un génie !

À NOTER

• **Plusieurs emplois pour un seul connecteur**
• Beaucoup de connecteurs peuvent avoir plusieurs emplois. Le connecteur *alors*, par exemple, peut être temporel (*Il entre dans la maison. Il ouvre alors la porte…*) ou logique (*La situation est délicate. Alors je crois qu'il faut prendre le temps de la réflexion*).

REPÉRER

1. Encadrez les connecteurs dans les extraits de textes suivants.

1. Le piment d'Espelette, seule épice française protégée par une AOP, voit ses prix s'envoler. Car le piment connaît beaucoup de succès chez nous.
   ■ D'après « Le plein d'épices » par Esterelle Payani, *Télérama* (4 mars 2017)

2. Lapin a peur de sauter dans l'eau. Pourtant Lapin aimerait bien faire comme ses copains. D'ailleurs, ceux-ci, à tour de rôle, lui font la démonstration de plongeons plus extraordinaires les uns que les autres.
   ■ Résumé sur Internet de *La Piscine*, d'Audrey Poussier (2006)

3. En 2016, treize villages « Copain du Monde » en France et seize à l'étranger ont vu le jour. Les fédérations ont décidé de poursuivre cette dynamique. En outre, plusieurs associations partenaires à l'étranger ont progressé également sur cette voie. La Grèce et la Palestine, par exemple, se sont lancées dans l'aventure.
   ■ D'après la présentation sur Internet des villages « Copain du Monde »

ANALYSER

2. Soulignez les connecteurs temporels dans ce texte qui raconte le cérémonial d'une naissance en Afrique.

L'on rasa la petite touffe de cheveux du bébé, et les femmes renchérirent à l'envi sur la beauté du petit corps. Puis elles firent silence, car le djeliba commençait à frapper ses tambours. Ensuite, l'alimamo se retourna et pria au-dessus de l'enfant. Puis Omoro sortit du cercle des villageois. Se plaçant à côté de sa femme, il éleva l'enfant et il lui murmura trois fois dans l'oreille le nom qu'il avait choisi pour lui.
■ D'après Alex Haley, *Racines* (1978)

3. Surlignez les connecteurs spatiaux.

L'aire Saint-Mittre [de Plassans] est un carré long, d'une certaine étendue […]. D'un côté, à droite, une ruelle, qui va se terminer en cul-de-sac, la borde d'une rangée de masures ; à gauche et au fond, elle est close par deux pans de muraille rongés de mousse, au-dessus desquels on aperçoit les branches hautes des mûriers du Jas-Meiffren.
■ Émile Zola, *La Fortune des Rougon* (1870)

4. Conjonction de coordination ou adverbe de liaison ? Analysez le connecteur en couleur en indiquant sa nature et son sens (temps, opposition, reformulation…).

1. Je ne suis pas un expert, mais il me semble que vos calculs sont erronés.
2. J'ai vraiment du mal à le comprendre : tantôt il se plaint de ne pas être assez informé, tantôt il préfère rester à l'écart.
3. Le personnage incarné par Louis de Funès dans *L'Aile ou la Cuisse* souffre d'agueusie. Autrement dit, il a perdu le sens du goût.
4. Tu n'as pas encore pris tes billets ? Alors dépêche-toi !
5. L'hôtel est très bien tenu. Par ailleurs, la situation dans la ville est parfaite.

EMPLOYER

5. Ajoutez un connecteur temporel à chacune des phrases de ce paragraphe.

Serval est allé prendre la communication dans sa chambre. Il est revenu et a demandé à ses compagnons de jeu de continuer sans lui ou de faire une pause en l'attendant. Il a bien précisé qu'il n'en avait pas pour plus de dix minutes. Il est allé au garage et il a demandé au veilleur de nuit de lui sortir sa voiture.
■ D'après Georges Perec, *53 jours* (posth. 1989)

74 Les marques de l'énonciation

> *Est-ce que tu as pensé à prendre ma paire de skis ?*
> *Tu, ma* ne peuvent se comprendre que si l'on connaît la situation d'énonciation : ce sont des marques de l'énonciation.

A Les marques de l'énonciation : définition

1 Les **marques de l'énonciation** sont des expressions renvoyant à la situation d'énonciation.
tu, ma (paire de skis), hier…

2 On distingue :

• L'**énoncé ancré dans la situation d'énonciation,** qui comporte au moins une marque de l'énonciation.

Est-ce que tu as pensé à ma paire de skis ?

• L'**énoncé coupé de la situation d'énonciation,** qui ne comporte aucune marque de l'énonciation.

Le ski est un sport pratiqué par de nombreux Français.
[Cet énoncé se comprend indépendamment de la situation d'énonciation.]

B Les différentes marques de l'énonciation

1 Les **déictiques** désignent un élément de la situation d'énonciation. Ce sont :
– les pronoms personnels de première et de deuxième personne (*je, tu, nous, vous*) et les déterminants et pronoms possessifs associés à ces personnes (*ma paire de skis, la mienne*) ;
– des indications spatio-temporelles : *ici, aujourd'hui…*
– les déterminants et pronoms démonstratifs et l'article défini quand ils visent un objet présent dans la situation d'énonciation : *Passe-moi ce pull!*
– le temps du verbe, choisi par rapport au moment où parle le locuteur : *Tu skiais hier.*

2 Les **termes subjectifs** traduisent ce que pense ou ressent le locuteur.
Ces termes sont :
– des adjectifs : *honnête, abominable…*
– des adverbes : *honnêtement, joliment…*
– des verbes : *mériter, risquer (de)…*
– des interjections : *Ouf! Pouah!* …
Ces termes se distinguent des **termes objectifs** sur lesquels tout le monde est d'accord : *marié, triangulaire…*

3 Les **modalisateurs** indiquent le degré d'adhésion du locuteur à ce qu'il dit. Ce sont :
– des adverbes (*évidemment, peut-être*) : *Il est peut-être arrivé.*
– des tours appréciatifs (*il est évident, il est possible que*) : *Il est évident qu'il a menti.*
– des verbes (*prétendre, s'imaginer*) : *Il prétend qu'il ignorait la situation.*
– des propositions incidentes : *C'est, je crois, leur meilleur disque.*
– des temps de l'indicatif en emploi modal, c'est-à-dire présentant le fait comme une hypothèse :
Le suspect aurait été retrouvé par la police.

4 Le **type de phrase** employé est aussi une marque de l'énonciation.
Est-ce que tu as pensé à prendre ma paire de skis ?
[L'interrogation est adressée à un destinataire précis et dans un but déterminé.]

REPÉRER

1. Énoncé ancré dans la situation d'énonciation ou énoncé coupé de la situation d'énonciation ? Cochez la bonne réponse.

	Énoncé ancré	Énoncé coupé
1. L'eau bout à cent degrés.	☐	☐
2. Le concert prévu ce soir a été annulé.	☐	☐
3. Je voudrais que Saïs vienne m'expliquer tout de suite ce qui s'est passé.	☐	☐
4. La loutre est un animal amphibie et carnivore qui vit près des lacs et des cours d'eau.	☐	☐
5. L'inspecteur raccrocha le combiné téléphonique, avertit le commissaire et partit.	☐	☐
6. Avez-vous croisé quelqu'un quand vous avez quitté la maison ?	☐	☐

ANALYSER

2. Soulignez les déictiques, à l'exception du temps du verbe.

1. Je suis arrivé hier à Fès. – **2.** Puis-je vous demander votre nom ? – **3.** La réunion programmée lundi aura finalement lieu la semaine prochaine. – **4.** Combien coûte ce veston ? – **5.** Mes enfants sont en train de jouer là-bas. – **6.** Salut les amoureux ! – **7.** Les oranges sont bien meilleures ici.

👍 *Attention ! Une phrase peut comporter plusieurs mots déictiques.*

3. Surlignez les termes subjectifs.

1. Allez profiter de ce restaurant, un petit bijou de cuisine italienne ! – **2.** La technique de cette chanteuse est époustouflante, malgré un timbre abîmé. – **3.** Peux-tu parler doucement s'il te plaît ? J'ai un affreux mal de tête. – **4.** Ce menteur s'imagine-t-il que nous allons le croire ? – **5.** Ouh la la, tu as mis du piment dans la sauce ! – **6.** J'apprécie que vous ayez songé à moi.

👍 *Attention ! Une phrase peut comporter plusieurs termes subjectifs.*

4. Encadrez les modalisateurs.

1. Incontestablement, la décision prise par le directeur a eu un effet bénéfique sur les ventes. – **2.** Ce tableau a sans doute été peint dans les années 1670. – **3.** Je sais que je vous demande beaucoup d'efforts. – **4.** Le pauvre ! il croit qu'il va être élu ? – **5.** Tu as prévu d'aller, je suppose, à la brocante de dimanche ? – **6.** Le temps devrait s'améliorer en fin de semaine.

5. Trouvez l'intrus.

1. ☐ je ☐ nous ☐ elle ☐ tu
2. ☐ deux ☐ ma ☐ son ☐ plusieurs
3. ☐ heureusement ☐ circulaire ☐ remarquable ☐ vous
4. ☐ peintre ☐ talent ☐ pinceau ☐ toile
5. ☐ ovale ☐ incroyable ☐ arrogant ☐ abominable
6. ☐ demain ☐ hier ☐ après-demain ☐ la veille

EMPLOYER

6. Ajoutez un modalisateur dans chaque phrase.

1. Elle a raté son train.
2. Les vacances te feront beaucoup de bien.
3. Vermeer n'a jamais quitté la ville de Delft.
4. C'est vous qui avez téléphoné hier ?
5. Le chantier ne commencera pas avant la fin de l'année.

74 – Les marques de l'énonciation

75 Le discours rapporté : discours direct et indirect

> *Le réalisateur a dit à l'actrice : « J'aimerais que tu joues le personnage. »* Il a même ajouté qu'il avait écrit le rôle pour elle.
>
> Ce court texte rapporte des paroles prononcées par le réalisateur : ce sont des discours rapportés.

A Le discours direct (DD)

- Le DD cite les paroles d'un locuteur sans les modifier. Il est encadré par des guillemets ou, dans le dialogue, signalé par des tirets.

   Le réalisateur a dit à l'actrice : « J'aimerais que tu joues le personnage. »

- Le DD est introduit par un verbe de communication (ou de pensée). Si ce verbe n'est pas placé avant le DD, il figure dans une proposition incise (le sujet est inversé) :

   « J'aimerais que tu joues le personnage », lui a dit le réalisateur.

B Le discours indirect (DI)

- Le DI modifie les paroles d'un locuteur pour les intégrer dans :
- – une proposition subordonnée : *Il a même ajouté qu'il avait écrit le rôle pour elle.*
- – ou une construction infinitive : *Je vous demande de vous taire.*
- La modification des paroles provoque souvent des **transpositions**.

Transpositions	Discours direct	Discours indirect
Les personnes je, tu, nous, vous → il(s), elle(s) tu, vous → je (le locuteur est le destinataire du DD)	Il a dit : « Je pars. » Il m'a dit : « Tu es invité. »	Il a dit qu'il partait. Il m'a dit que j'étais invité.
Le temps et le lieu hier → la veille ; aujourd'hui → ce jour-là… ici… → là, y…	Il avait dit : « Je partirai demain. »	Il avait dit qu'il partirait le lendemain.
Les temps verbaux quand le verbe principal est au passé : – passé composé → plus-que-parfait – présent → imparfait – futur → conditionnel	Il a répondu : « Je suis déjà venu. » « Je suis à Lyon. » « Je viendrai à Lyon. »	Il a répondu qu'il était déjà venu. qu'il était à Lyon. qu'il viendrait à Lyon.

- Certaines transpositions n'ont pas lieu. Par exemple :
- – quand le locuteur rapporte ses propres paroles ;

   J'ai répondu : « Je refuse ce procédé. » → *J'ai répondu que je refusais ce procédé.*
   [*je* est conservé]

- – quand le temps ou le lieu sont les mêmes.

   Elle vient de me dire : « Je pars demain. » → *Elle vient de me dire qu'elle part demain.*

À NOTER

Les autres discours rapportés

Le DD et le DI sont les deux types de discours rapporté les plus fréquents. Il existe aussi le **discours indirect libre**, le **discours direct libre** et le **discours narrativisé**.
Sur ces discours rapportés, voir le *Bescherelle Grammaire*.

REPÉRER

1. Soulignez les discours directs en bleu et les discours indirects en rouge.

1. Le directeur a affirmé péremptoirement que la situation était sous contrôle. – 2. Elle lui a recommandé de manger un peu moins de viande. – 3. L'inspectrice répondit alors : « Apparemment, le suspect vous connaît. » – 4. Luc croyait que la Belgique était une région française ! – 5. « Incroyable ! s'est-il exclamé. Je n'arrive pas à le croire ! » – 6. Le producteur nous a dit que l'émission était un grand succès. Il a précisé : « Nous augmenterons le temps d'antenne à la rentrée. »

ANALYSER

2. Soulignez les discours indirects en rouge.
Réécrivez-les en discours directs : quelles sont les transformations ?

1. Il confirme que les documents demandés doivent être envoyés avant le 24 février. – 2. Emma avait pourtant dit à Agathe qu'elle l'inviterait à son anniversaire ! – 3. Son amie nous a dit de ne pas acheter cet appartement. – 4. Je lui ai demandé s'il avait fait bon voyage.

EMPLOYER

3. Ajoutez les guillemets et un verbe de communication pour introduire le discours direct.

1. Il entra dans le salon. Baisse un peu le son de la radio, on ne s'entend pas ici.
2. Julien paraissait rêveur. Je partirais bien cet été en Italie.
3. Le professeur de mathématiques vient à peine d'arriver. Aujourd'hui, contrôle.
4. J'ai pris mon téléphone portable. Voulez-vous que nous apportions le dessert ?
5. Luc est en train de préparer le petit déjeuner. Aïe ! je me suis brûlé la main avec le four.

4. Ajoutez au discours direct une proposition incise formée à partir des éléments figurant entre parenthèses.

1. (Elle protesta) « Je me suis pourtant connectée au moment de l'ouverture de la vente ». – 2. (Il se vante) « J'ai un nombre incalculable d'amis sur ma page personnelle. » – 3. (Il corrige énergiquement) « Non, il n'a jamais été question de faire voter cette loi en catimini. » – 4. (Le maire s'agace) « Nous n'avons pas les fonds nécessaires, nous ne pouvons pas agrandir le stade. » – 5. (Il demande) « Quand le restaurant ouvre-t-il ? » – 6. (Le griot poursuit) « Alors Ziad alla avec l'animal jusque dans la ville. »

👍 *N'oubliez pas l'inversion du sujet !*

5. Transformez les discours directs en discours indirects.

1. Le vendeur lui a répondu : « Le disque n'est plus en stock. »
2. Le candidat a promis : « Les frais de lunettes seront mieux remboursés. »
3. « Je suis bien étonné de ne pas l'avoir vu hier », pensa-t-il en lui-même.
4. Le journaliste demanda encore au candidat à l'élection :
   « Est-ce que vous appelez aussi à manifester demain ? »
5. « Vous terminerez le premier exercice pour demain », a ordonné le professeur.
6. Elle lui a demandé : « Qu'est-ce que tu as prévu pour les enfants ? »

👍 *Faites bien attention aux transpositions !*

6. Même exercice.

1. J'ai alors répondu au collègue : « Je ne ferai pas le travail à ta place ! » – 2. Il t'avait pourtant dit : « Vous aurez du mal à trouver une place. » – 3. Elle m'a écrit : « Je te souhaite un bel anniversaire. » – 4. « C'est sans doute l'orage, m'a expliqué l'expert, qui a brisé la vitre. » – 5. Tu lui avais dit, si je me souviens bien : « Il ne faut pas compter sur moi. »

Bilan 9 — Texte et discours

Maîtrisez-vous ces notions ?
Si ce n'est pas le cas, reportez-vous aux chapitres 71 à 75.

REPÉRER

1. Encadrez l'élément auquel renvoie chacune des expressions anaphoriques en couleur. *(0,5 point par réponse juste)* …/4

Il était une fois une veuve qui avait deux filles ; l'aînée lui ressemblait si fort et d'humeur et de visage que celui qui la voyait voyait la mère. Elles étaient toutes deux si désagréables et si orgueilleuses qu'on ne pouvait vivre avec elles. La cadette, qui était le vrai portrait de son père pour la douceur et pour l'honnêteté, était avec cela une des plus belles filles qu'on eût su voir. Comme on aime naturellement son semblable, cette mère était folle de sa fille aînée, et en même temps avait une aversion effroyable pour la cadette. Elle la faisait manger à la cuisine et travailler sans cesse.

■ D'après Charles Perrault, *Les Fées* (1697)

2. Les expressions soulignées sont-elles anaphoriques (1) ou déictiques (2) ?
(1 point par réponse juste) …/6

1. Cette ville que vous voyez là-bas, c'est Naxos.
2. Pierre a encore oublié de ranger sa chambre. Il est vraiment négligent.
3. La galerie a organisé un vernissage pour l'exposition de sculptures. L'événement a attiré beaucoup de monde.
4. Je vous souhaite une excellente année !
5. Il a pris l'avion le 17. Un témoin, la veille, l'a vu sortir de son hôtel.
6. Jacques, peux-tu m'apporter le livre qui est sur la table ?

ANALYSER

3. Lisez ces deux extraits d'un ouvrage consacré à l'histoire du quartier Montparnasse, à Paris, au début du XXᵉ siècle, puis répondez aux questions.
a. Soulignez les connecteurs en indiquant leur sens (addition, justification…).
b. Encadrez l'élément auquel renvoie chaque groupe nominal en couleur.
L'anaphore nominale est-elle fidèle (1), infidèle (2), résomptive (3) ou associative (4) ?
(1 point par réponse juste) …/6

1. Sur le VIᵉ arrondissement, Montparnasse était surtout bourgeois, sur le XIVᵉ plus campagnard. On reste incrédule en écoutant les anciens témoins parler de champs de blé et de luzerne, de vergers, de vignobles et de fermes. Pourtant Jean Cocteau, peu avant sa mort, confirmait ces récits. Bien mieux, de nombreuses fermes étaient dispersées entre le boulevard du Montparnasse et les fortifications.
2. À l'aube de la grande époque de Montparnasse se trouve *La Closerie des Lilas*. Tout est parti de ce café modeste, sans lumières éclatantes, ni cuivres, ni bar étincelant. Pas de lilas, d'ailleurs… le nom du café ayant été repris d'un ancien bal champêtre. Les consommateurs étaient isolés des passants par des fusains en caisses.

■ D'après Jean-Paul Crespelle, *La Vie quotidienne à Montparnasse à la grande époque*, 1905-1930.

4. Lisez le texte, puis répondez aux questions.
(0,5 point par réponse juste, sauf pour b : 1 point) ... /7

a. Encadrez huit expressions déictiques dans la première réplique de la mère. **b.** Combien comptez-vous de locuteurs ? **c.** Soulignez les verbes de communication qui introduisent le discours direct. **d.** Relevez deux propositions incises.

> – Il n'y a rien pour le dîner, ce soir… Ce matin, Tricotet n'avait pas encore tué… Il devait tuer à midi. Je vais moi-même à la boucherie, comme je suis. Quel ennui ! Ah ! pourquoi mange-t-on ? Qu'allons-nous manger ce soir ?
> Ma mère est debout, découragée, devant la fenêtre. […] Elle nous regarde, tour à tour, sans espoir. Elle sait qu'aucun de nous ne lui donnera un avis utile. Consulté, papa répondra :
> – Des tomates crues avec beaucoup de poivre.
> – Des choux rouges au vinaigre, dit Achille, l'aîné de mes frères, que sa thèse de doctorat retient à Paris.
> – Un grand bol de chocolat ! postulera Léo, le second.
> Et je réclamerai, en sautant en l'air parce que j'oublie souvent que j'ai quinze ans passés :
> – Des pommes de terre frites ! Des pommes de terre frites ! Et des noix avec du fromage !
>
> ■ Colette, *La Maison de Claudine* (1922)

EMPLOYER

5. Le texte est incomplet. Les passages manquants sont numérotés ci-dessous. Remplacez les lettres [A], [B], [C], [D], [E], [F] par le passage qui convient.
(1 point par réponse juste) ... /6

> D'Artagnan jeta un coup d'œil autour de lui. La petite chambre était charmante de goût et de propreté ; mais, malgré lui, ses yeux se fixèrent sur cette porte que Ketty lui avait dit conduire à la chambre de Milady.
> Ketty devina ce qui se passait dans l'âme du jeune homme, et poussa un soupir.
> – [A] ....
> – Oh ! plus que je ne puis dire ! J'en suis fou. [B] ....
> – Hélas, Monsieur, [C] ...., c'est bien dommage !
> – Et que diable vois-tu là de si fâcheux ? [D] ....
> – [E] ....
> – Hein ! [F] ...., t'aurait-elle chargée de me le dire ?
> – Oh ! non pas, Monsieur ! mais c'est moi qui, par intérêt pour vous, ai pris la résolution de vous en prévenir.
> – Merci, ma bonne Ketty, mais de l'attention seulement, car la confidence, tu en conviendras, n'est point agréable.
>
> ■ D'après Alexandre Dumas, *Les Trois Mousquetaires* (1844)

1. Ketty poussa un second soupir.
2. dit-elle
3. demanda d'Artagnan
4. fit d'Artagnan
5. Vous aimez donc bien ma maîtresse, Monsieur le chevalier ! dit-elle.
6. C'est que, Monsieur, reprit Ketty, ma maîtresse ne vous aime pas du tout.

Calculez votre score

Entre 29 et 24 points	Entre 24 et 18 points	Moins de 18 points
Bravo, vous maîtrisez le texte et le discours ! Passez aux chapitres suivants !	Pas mal. Mais des points vous posent encore problème. Les avez-vous identifiés ?	Vous hésitez encore. Révisez les leçons à tête reposée.

Corrigés

Fiches 01 à 75

01 La phrase (page 7)

① Quatre.

② Bien des légendes courent sur la violence et la férocité des gorilles. En fait, ce sont de pacifiques herbivores. Les chimpanzés tuent parfois des faons pour les manger, mais les gorilles ne sont pas considérés comme des carnivores. Les gorilles vivent habituellement en groupes dont les chefs sont des mâles adultes. Le groupe se compose de plusieurs femelles et de jeunes de tous âges.

③ 1. d. • 2. c. • 3. b. • 4. a.

④ 1. Cette couronne appartient à la reine d'Angleterre. • 2. Tous les soirs, le restaurant vous accueille pour une cuisine gourmande et inventive. • 3. Nous aurions préféré que le projet ne soit pas voté en l'état. [dans la proposition « que le projet ne soit pas voté en l'état » : le projet ne soit pas voté en l'état.] • 4. L'année dernière, grâce à l'intervention du directeur de l'école, les classes de CM2 ont pu bénéficier de cours d'allemand.

⑤ Relativement préservée du tourisme de masse, la plus orientale des Cyclades offre des paysages austères et spectaculaires. Les amoureux de nature sauvage tomberont sous le charme d'une île rendue célèbre par *Le Grand Bleu*, de Luc Besson. Amorgos compte peu de plages, principalement des criques de galets accessibles en bateau.

⑥ 1. un chef-d'œuvre • 2. Incroyable • 3. quelle réussite • 4. du jamais vu depuis 10 ans.

02 Mots et groupes de mots dans la phrase (page 9)

① 1. La musique est un peu trop forte. • 2. Cette semaine, le musée ouvrira à midi. • 3. Les enfants aiment bien cuisiner avec leurs parents. • 4. Cette île, l'été, est bondée.

② 1. L'architecte • 2. au cinéma • 4. tous les jeudis.

③ 1. une cour • 2. efficacement • 3. perceptibles • 4. jouent.

④ 1. Ils • 2. en (as acheté) • 3. partirent • 4. rapidement.

⑤ 1. et une salade de fruits. • 2. et le syndic ont téléphoné • 3. et a présenté le rapport d'activité. • 4. et pendant l'été. • 5. et le soir.

⑥ 1. le dernier jour • 2. le soir – après être rentrée • 3. dans une ruelle de la médina de Fès • 4. depuis leur vaisseau spatial.

⑦ 1. bicyclette *bleue* • 2. spectacle *d'hier* • 3. de manger *des bonbons* • 4. pas utile *pour organiser son voyage* • 5. quelque chose *d'intéressant*.

03 Nature et fonction (page 11)

① **Natures** : b. – c. – e. – f. – h. – i. **Fonctions** : a. – d. – g. – j.

② 1. d. • 2. a. • 3. b. • 4. c.

③ 1. *Il* • 2. *lui* • 3. *le* (rencontrèrent). Le GN n'a pas la même fonction dans ces trois phrases, ce que marquent les variations du pronom personnel, qui change selon la fonction.

④ 1. c. • 2. d. • 3. a. • 4. b.

⑤ 1. Le toit • 2. seulement • 3. et • 4. À Marrakech • 5. Allô.

⑥ 1. a. Le canari de Zoé *s'est enfui.* b. *On a retrouvé* le canari de Zoé. • 2. a. *Toute la journée* sera ensoleillée. b. Il a travaillé *toute la journée.* • 3. a. Le pape a rencontré *la reine d'Angleterre.* b. Élisabeth II est *la reine d'Angleterre.*

04 Le sujet (page 13)

① 1. un pigeon perché sur une branche • 2. on. • 3. mon permis.

② 1. Vivre à New York est son rêve depuis toujours. • 2. Vous pouvez revenir au menu principal en appuyant sur la touche étoile. • 3. Excursions, visites culturelles et découvertes gastronomiques sont au menu de ce séjour. • 4. Le prix qu'elle annonce est exorbitant. 5. Qu'il t'appelle pour te prévenir serait la moindre des choses.

③ 1. chacun (e) • 2. changer d'opérateur mobile (c) • 3. Faute avouée (a) • 4. Qui voyage sans tickt (d) • 5. Voyager (b).

④ le bateau à vapeur (GN) • chacun (pronom) • tout le monde (GN) • tout le monde (GN) • ma pauvreté (GN) • j' (pronom) • j' (pronom) • qui (pronom).

⑤ 1. Paul • 2. Obtenir son accord • 3. Chacun d'entre nous • 4. Qui veut éviter les déconvenues • 5. Qu'il puisse être aussi naïf.

05 Le sujet inversé (page 15)

① 1. sa peine • 2. la côte • 3. tu • 4. la journaliste.

② 1. b • 2. a • 3. c • 4. b • 5. b.

③ la Seine • il • la nuit • l'heure • Des éternels regards l'onde si lasse.

④ 1. *Peut-être*, en tête de phrase. • 2. *Étrange*, attribut du sujet en tête de phrase. • 3. Interrogation directe. • 4. *Reste*, en tête de phrase.

⑤ aurait-elle pu • l'aurait-elle fait • est-ce qu'elle jamais • ne vous surprend-elle pas • vous attendiez-vous • a-t-elle jamais failli • vous faut-il.

⑥ Au loin se dessinaient *les premières lueurs de l'aube.* Il se sentait parfaitement reposé. Aussi décida-t-*il* de reprendre la route sans attendre. Au creux de la vallée serpentait *une rivière.* « En fin d'après-midi, je pourrai m'y baigner », pensa-t-*il.* Ainsi commença *la plus belle journée de son voyage.*

06 Le groupe verbal (page 17)

① 1. Anaïs espère réussir le concours de la magistrature. 2. Les étudiants inscrits en master 1 devront choisir trois séminaires de spécialité. 3. Ceux qui sont sautent en parachute ont le cœur bien accroché. 4. Cet été, nous ferons un stage de voile.

② influence le monde animal • modifient le comportement de nombreuses espèces • peut être directe • a une incidence sur le rapport des prédateurs et de leur proie • peut être indirecte • a de nombreuses conséquences sur la reproduction des animaux marins • n'expliquent pas ces phénomènes.

174

③ 1. **a.** (vrai) - **b.** (faux) • 2. **a.** (faux) - **b.** (vrai) • 3. **a.** (vrai) - **b.** (faux) • 4. **a.** (vrai) - **b.** (vrai).

④ 1. b. • 2. a. • 3. c. • 4. b. • 5. d.

⑤ 1. ta lettre. • 2. très original. • 3. à la propriétaire. • 4. méprisante.

⑥ 1. **a.** Un enfant *pleure*. **b.** Il *pleure* ses jeunes années. • 2. **a.** Depuis plusieurs années, il écrit. **b.** Il écrit ses mémoires. • 3. **a.** Silence, je *travaille* ! **b.** Il *travaille* son anglais.

07 Les constructions du verbe (page 19)

① 1. ai vu • 2. recourt • 3. reste • 4. gravissent • 5. est sorti.

② 1. TD • 2. TI • 3. DT • 4. DT.

③ continue (I) • contraindre (DT) • attaque (TD) • contourner (TD) • imposent (DT) • attaque (transitif en emploi absolu).

④ 1. **a.** I (obtenir le succès) - **b.** TD (découvrir) • 2. **a.** DT (dérober) - **b.** I (planer) • 3 **a.** DT (verser) - **b.** TI (être utile).

⑤ 1. Ma gelée de mûres a pris. • 2. Cette plante pousse dans le désert. • 3. Ils ont rompu après deux ans de relation.

⑥ **a.** Nous *mangeons* du poisson. - **b.** Nous *mangerons* à 20 h. • **a.** Il *joue* au tennis. - **b.** Cette saison, il ne *jouera* pas • **a.** Il *a composé* une sonate. - **b.** À ses heures perdues, il *compose*.

08 Les compléments essentiels du verbe : COD, COI, COS (page 21)

① 1. COI • 2. COD • 3. COD • 4. COI • 5. COS • 6. COS.

② du temps • des affaires • me • tout • en … encore plus • tout • que ceux qui retrouvent…. tout parfaitement.

③ 1. b. • 2. f. • 3. c. • 4. a. • 5. e. • 6. d.

④ 1. GN, COD • 2. pronom, COD • 3. groupe prépositionnel (préposition + nom), COI • 4. GN, COD • 5. conjonctive, COD • 6. groupe prépositionnel (préposition + groupe infinitif), COI.

⑤ 1. Elle parle *de partir seule*. • 2. J'ai posé *toutes mes questions* au vendeur. • 3. Il m'a encouragée *à m'inscrire pour le prochain tournoi*. • 4. J'ignore *quand il se décidera à s'installer*.

⑥ 1. que c'est une formidable opportunité • 2. à quel point elle est sensible • 3. quels sont ses véritables sentiments • 4. trouver rapidement un emploi.

09 L'attribut du sujet (page 23)

① 1. sérieux • 2. comme la meilleure joueuse de sa génération • 3. sains et saufs • 4. très drôle • 5. de ne pas abandonner au milieu de la course.

② 1. d. • 2. b. • 3. b. • 4. a. • 5. c.

③ adjectif • GN • subordonnée conjonctive • groupe pronominal • GN.

④ Tu m'as menti, Wang-Fô, vieil imposteur : le monde n'est qu'un amas de taches confuses, jetées sur le vide par un peintre insensé, sans cesse effacées par nos larmes (GN) et je ne suis pas l'Empereur (GN). Le seul empire sur lequel il vaille la peine de régner est celui où tu pénètres, vieux Wang, par le chemin des Milles Courbes et des Dix Mille Couleurs (groupe pronominal).

⑤ 1. Son mari *semble* très engagé. • 2. Pour lui, la politique *demeure* le seul vrai moyen d'agir. • 3. Il *reste* persuadé que le monde peut *devenir* meilleur. • 4. Il *paraît* naïf à certains, il *est considéré* comme un homme de conviction par d'autres.

⑥ 1. médecin • 2. ingénieures • 3. cause de retards • 4. de véritables aventurières • 5. le gardien du temple.

10 L'attribut du COD (page 25)

① insuffisantes difficiles comme représentant du personnel haut et capable de faire face à la direction.

② 1. b. • 2. a. • 3. c. • 4. a.

③ 1. groupe prépositionnel • 2. subordonnée relative • 3. groupe adjectival • 4. GN.

④ 1. (faux) – Je *l'*ai trouvé. • 2. (vrai) – Je *l'*ai trouvé particulièrement confortable. • 3. (faux) – On *l'*a nommé. • 4. (vrai) – On *l'*a nommée DRH. • 5. (vrai) – Il *le* juge hors de portée. • 6. (vrai) – Elle ne *le* croit pas capable de réussir un tel concours.

⑤ Giton a le teint frais, le visage plein et les joues pendantes, l'œil fixe et assuré, les épaules larges, l'estomac haut, la démarche ferme et délibérée […] Il est enjoué, grand rieur, impatient, présomptueux, colère, libertin, politique, mystérieux sur les affaires du temps […] Il est riche. Phédon a les yeux creux, le teint échauffé, le corps sec et le visage maigre ; il dort peu, et d'un sommeil fort léger ; il est abstrait, rêveur, et il a avec de l'esprit l'air d'un stupide. […] Il est pauvre.

⑥ 1. qui tremblent • 2. comme sa pire ennemie • 3. particulièrement lumineux.

11 Les autres compléments essentiels du verbe (page 27)

① 1. environ 1 200 € presque aussi cher • 2. 35 ans • 3. deux blanches deux croches • 4. plus longtemps que prévu.

② du bureau de son patron – aux États-Unis – en province – Dans une entreprise comme la sienne – autour de la machine à café.

③ 1. b. • 2. a. • 3. c. • 4. d.

④ Ma valise est pesée par l'hôtesse ; COD • impossible ; complément de mesure • Une aventure incroyable a été vécue par Léo ; COD • impossible ; complément de mesure.

⑤ 1. longtemps • 2. 92 ans • 3. que • 4. trop lourd.

⑥ 1. Un tel bonheur ne peut pas durer *la vie entière*. • 2. Chacun doit vivre *sa vie*. • 3. Je ne suis jamais allée *à La Rochelle*. • 4. *À La Rochelle*, tu n'oublieras pas de visiter l'aquarium.

12 Les compléments circonstanciels de temps et de lieu (page 29)

① 1. (vrai) • 2. (faux) • 3. (vrai) • 4. (faux).

② Dans un délai d'un mois – dès que vous aurez déclaré votre changement d'adresse – aussitôt – dans les plus brefs délais – alors que vous n'avez pas déclaré votre changement d'adresse dans les délais – dans les délais.

Corrigés 175

Corrigés

3 1. date • 2. durée • 3. date • 4. date.

4 1. a. • 2. a. • 3. c. • 4. b.

5 1. ce jour-là sur la plage • 2. devant ses camarades au moment de prendre la parole • 3. devant le serveur lorsque celui-ci lui a apporté un steak beaucoup trop cuit.

6 1. dans la voiture • 2. la semaine prochaine • 3. en allant chercher ta sœur • 4. là-bas quand tu devras en changer.

13 Les CC de manière, de moyen, d'accompagnement et de comparaison (page 31)

1 1. a. CCA – b. CCMo • 2. a. CCMo – b. CCMa • 3. a. CCMa – b. CCMa.

2 1. d. • 2. c. • 3. b. • 4. a.

3 1. comme une orange ; groupe prépositionnel • 2. comme il pleut sur la ville ; subordonnée conjonctive • 3. comme un visage défiguré par quelque maladie ; groupe prépositionnel • 4. Comme les mendiants nourrissent leur vermine ; subordonnée conjonctive • 5. comme un grand lys ; groupe prépositionnel.

4 1. *Grâce à* tes économies – *en compagnie* de tes amis • 2. *moyennant* une participation aux frais • 3. *à l'aide* d'une pompe à vélo • 4. *En train*.

5 1. Il est entré dans la maison *comme un ouragan*. • 2. Il s'approcha d'elle sans un bruit, *à la manière d'un félin*. • 3. Le Canada est un pays merveilleux, *comme je l'iimaginais*.

14 Les CC de cause, de conséquence et de but (page 33)

1 1. cause • 2. but • 3. conséquence.

2 1. c. • 2. b. • 3. a.

3 1. CC de cause ; on attendrait « parce qu'ils ne s'acceptent pas », la cause semble absurde. • 2. CC de but ; on attendrait « afin d'être parfaitement reposé », le but révèle une misanthropie poussée à l'extrême. • 3. CC de conséquence ; on attendrait « si bien que nous ne prenons aucune décision », la conséquence est paradoxale.

4 1. Les taux d'intérêt ont baissé de sorte que la croissance a connu un léger rebond. • 2. Le niveau de la mer augmente tellement que les falaises reculent. • 3. Il y a eu de nouveaux attentats si bien que le processus de paix est interrompu.

5 *en vue d*'améliorer le quotidien des salariés – *en raison de* leur fort potentiel – *afin de* choisir – De *manière à* les attirer

15 Les CC de concession, d'opposition et de condition (page 35)

1 1. opposition • 2. concession • 3. concession • 4. opposition.

2 1. gérondif • 2. subordonnée conjonctive • 3. groupe prépositionnel • 4. groupe prépositionnel.

3 1. groupe prépositionnel, CC de condition • 2. Subordonnée conjonctive, CC de concession • 3. groupe prépositionnel, CC de condition • 4. Subordonnée conjonctive, CC d'opposition.

4 1. CC de concession ; *malgré les mauvaises prévisions* • 2. CC de condition ; *à condition de rentrer en taxi* • 3. CC de concession ; *en dépit de la qualité de votre dossier* • 4. CC d'opposition ; *contrairement au théâtre de Ionesco, qui est daté*.

5 *Bien que* les protestations des riverains *aient été* nombreuses, le permis de construire a finalement été délivré. Les travaux ont commencé dès le mois de décembre, *au moment où* les conditions météorologiques étaient très défavorables. *Quoique* le chantier *ait pris* un peu de retard, l'architecte reste confiant et prévoit la fin des travaux au début de l'été. Il a tenu ses promesses et n'a pas endommagé les arbres de l'allée, *quand bien même* certains gênaient le passage des plus gros engins.

Bilan 1 Le sujet et le groupe verbal (pages 36-37)

1 1. la destination préférée des Français • 2. Qui sème le vent • 3. chacun • 4. vendre du cannabis.

2 1. faux • 2. vrai • 3. faux • 4. vrai.

3 Je me souviens : transitif indirect • qui s'appelait : attributif • qui rit : intransitif • lui a fait un procès : doublement transitif que prit : transitif direct • fut : attributif.

4 1. Il a demandé son chemin à un passant. • 2. Quelle réputation tu as ! • 3. Nous luttons contre les idées reçues. • 4. Vous a-t-il dit qu'il était reçu premier ?

5 attributs du COD : banales ; commun   attribut du sujet : des symptômes très courants.

6 1. b • 2. d • 3. a • 4. c.

7 À quoi qu'elle joue ? dit-il – à quoi ça rime ? dit-il – fourrée jusqu'aux nénés – dans le pissenlit – grossier personnage – ça signifie quoi ? dit-il – c'est censé signifier quoi ? – et patati – et patata – toutes les bêtises – habituelles – tu m'entends ? dit-il – hélas, dit-elle – comment hélas ? dit-il – qu'est-ce que ça signifie hélas ? (Elle s'arrête de limer, lève la tête, regarde devant elle.) Et toi ? dit-elle. Toi tu rimes à quoi, tu es censé signifier quoi ?

a. dans les propositions incises. • **b.** dans les interrogations directes.

8 1. très alléchante • 2. prendre le métro aux heures de pointe • 3. pourquoi il refuse de parler de son enfance • 4. qu'elle continue de te faire confiance.

9 chauve et couturé de cicatrices – proéminente – rougi par de petites lésions – parfaitement saine – plus séduisant encore.

Réécriture. Le crâne de Dark Vador est *chauve et couturé de cicatrices*. • Le contour des yeux de l'effroyable fillette de *L'Exorciste* semble *rougi par de petites lésions*. • Indiana Jones paraît *plus séduisant encore* avec ses petites cicatrices.

16 Le GN (page 39)

1 1. Ariane devrait penser à lui envoyer un petit cadeau. • 2. Nous avons eu un temps épouvantable aujourd'hui.

3. La station doit accueillir ce week-end une grande compétition sportive. • 4. Quel jeu vidéo a-t-elle choisi ? 5. Lundi dernier, j'ai pu interviewer Eddy, un organiste exceptionnel [« un organiste exceptionnel » est apposé à « Eddy » : « Eddy, un organiste exceptionnel » constitue aussi un GN].

2 1. Le plus souvent, le courrier est distribué avant 9 heures. 2. La sœur d'Ariane est devenue la meilleure guitariste de sa génération. • 3. Cette nouvelle application est souvent téléchargée par les internautes. • 4. Des travaux sont prévus pendant tout l'été.

3 a. **GN minimaux** : Ariane (phrase 1) • la station, ce week-end (phrase 3) • quel jeu vidéo (phrase 4) • b. **GN étendus** : un petit cadeau (phrase 1) • un temps épouvantable (phrase 2) • une grande compétition sportive (phrase 3) • lundi dernier; Eddy, un organiste exceptionnel (phrase 5).

4 1. c. • 2. b. • 3. d. • 4. e. et a.

5 1. Les écharpes en soie • 2. tous les jours • 3. le soliste de l'orchestre • 4. le bruit.

6 1.a. *L'année dernière* a été la plus chaude depuis 1960. b. Ils se sont rencontrés *l'année dernière*. • 2. a. J'ai enfin trouvé *un billet de train*. b. Voilà *un billet de train*. • 3. a. *Un excellent joueur* peut changer le cours d'un match. b. Son frère est *un excellent joueur*. • 4. a. Ce film fait revivre *une épouvantable catastrophe*. b. Il est arrivé *une épouvantable catastrophe*.

17 Les déterminants du nom (1) : l'article
(page 41)

1 1. Des vestiges • le site • la grotte • 2. de la compote • les pommes • 3. des tomates • des olives • du céleri • de la tapenade • 4. Les randonneurs • un chemin • la route • les hauteurs • la ville.

2 1. article défini ; l'interlocuteur peut identifier le film grâce à la subordonnée relative • 2. article indéfini ; l'interlocuteur ne connaît pas le film • 3. article indéfini qui introduit un attribut ; le film est classé dans la catégorie des films exceptionnels • 4. article défini ; emploi générique qui renvoie à un ensemble de films envisagés virtuellement • 5. article défini, qui renvoie à un ensemble de films précis qu'on peut identifier grâce à la subordonnée relative.

3 1. article défini contracté • 2. article partitif • 3. article indéfini • 4. article défini contracté • 5. article partitif, article indéfini.

4 1. *L'* : défini, élidé – *du* (village) : défini contracté avec la préposition « de » – *les* : défini – *du* (pain frais) : partitif – *des* : indéfini pluriel • 2. *Un* : indéfini – *des* : défini contracté avec la préposition « de » – *de* : indéfini pluriel (= « des » devant l'adjectif) • 3. *d'*(œuf) : indéfini (= « un » dans une phrase négative) – *une* : indéfini • 4. *le* : défini – *la* : défini – *de* (matériaux), *de* (produits) : indéfini (= « des » dans une phrase négative) – *de l'* : partitif • 5. *L'* : défini – *au* : défini contracté avec la préposition « à » – *l'* : défini.

5 *un* grand cabinet – *aux* murailles – *un* feu – *la* fin *du* mois – *la* cheminée – *un* homme – *la* mine – *aux* yeux – *au* front – *la* figure – *une* royale – *une* paire – *la* mine – *un* homme.

18 Les déterminants du nom (2) : les déterminants possessifs et démonstratifs
(page 43)

1 **Possessifs** : *son* bec – *votre* ramage – *votre* plumage – *sa* voix – *sa* proie [+ *mon* dans Monsieur] • **Démonstratifs** : *ce* langage – *ces* bois – *ces* mots.

2 1. *ma* : fém. sing., 1re pers. du sing. ; exprime la possession – *mes* : masc. plur., 1re pers. du sing. ; exprime la possession • 2. *son* : masc. sing., 3e pers. du sing. ; Pierre est celui qui fait l'action de partir • 3. *Mon* : masc. sing., 1re pers. du sing. ; le déterminant renvoie à ceux qui ont, non pas possédé, mais « pris » (consommé) leur petit-déjeuner – *nos* : masc. plur., 1re pers. du plur. ; exprime la possession • 4. *Mon* : masc. sing., 1re pers. du sing. ; renvoie à une relation professionnelle – *votre* : fém. sing., 2e pers. du plur. (personne de politesse) ; le destinataire de l'énoncé est celui qui a fait l'action de réserver. 5. *leurs* : masc. plur., 3e pers. du plur. ; exprime la filiation – *son* : masc. sing., 3e pers. du sing. ; renvoie à une relation professionnelle.

3 1. *ma*, *mes* : déictiques (renvoient à la locutrice) • 2. *son* : représentant (de « Pierre ») • 3. *notre*, *nos* : déictique (renvoie au locuteur) et représentant (renvoie à « Ariane » • 4. *Mon* : déictique (locuteur)– *votre* : déictique (renvoie au destinataire) • 5. *leurs* : représentant (de « Les enfants ») – *son* : représentant (de « la directrice »).

4 1. *ce* : masc. sing., déictique – *cette* : fém. sing., déictique • 2. *cette*…*-là* : forme composée, fém. sing., représentant • 3. *ce* : masc. sing., représentant • 4. *cette*…*-ci* : forme composée, fém. sing., déictique.

5 1. cet • 2. Mon – vos • 3. Ces – leurs • 4. Ces – sa.

19 Les déterminants du nom (3) : les déterminants indéfinis
(page 45)

1 1. toutes : quantité totale (prédéterminant) • 2. certaines : supérieure à 1 • 3. un grand nombre de : supérieure à 1 • 4. aucun : nulle.

2 1. simple (mais « toutes » est prédéterminant, il fonctionne avec un autre déterminant, l'article défini « les ») • 2. simple • 3. composée • 4. simple.

3 1. adjectif (« analyses » est déjà déterminé par « les ») • 2. déterminant indéfini • 3. déterminant indéfini • 4. adjectif (l'adjectif est le noyau de l'attribut du sujet « ce spectacle »).

4 1. quelques • 2. quelque • 3. quelque (adverbe) • 4. quelques.

5 1. a visité • 2. est produite / sont produites • 3. seront envoyés • 4. est [pas d'accord au pluriel en raison de l'adjectif attribut « conforme », qui est au singulier].

6 1. plusieurs – aucune • 2. divers • 3. tous, chaque • 4. une grande quantité de.

20 Les autres déterminants du nom et l'absence de déterminant
(page 47)

1 **Déterminant numéral** : phrase 1 : deux (packs) – trois (bouteilles) • phrase 2 : cinq (minutes).
Déterminant interrogatif : phrase 2 : quelle (rue) – phrase 3 : combien d'(heures).
Déterminant exclamatif : phrase 4 : quelle (mise en scène).

Corrigés **177**

Corrigés

2 1. Luc et Sylvia, Lisbonne : noms propres • 2. « déterminant » : le nom se désigne lui-même • 3. Chers collègues : apostrophe • 4. médecin : apposition • prendre rendez-vous : locution verbale • 5. ordinateur, tablette et téléphone portable : désignation d'un ensemble exhaustif.

3 trente-six mille – sept cent soixante-douze – deux cent trente – deux cent cinquante – deux cent trente-neuf – quatre-vingt deux mille – quarante-huit – mille – dix mille. [Selon la réforme de 1990 : trente-six-mille, sept-cent-soixante-douze, etc.]

4 1. Ils ont contracté un prêt de *500 000* euros pour payer l'appartement. • 2. La ville compte désormais *24 312* habitants. • 3. *3 000* spectateurs sont venus soutenir l'équipe. • 4. Le film est diffusé dans *92* cinémas. • 5. *Une seule* semaine de vacances, ce n'est pas beaucoup !

5 1. *Combien de* manifestants ont défilé aujourd'hui… ? • 2. *Combien de* romans d'Émile Zola Julien a-t-il lus ? • 3. À *combien d'*organismes différents a-t-il adressé sa demande ? • 4. Dans *quels* manuels de grammaire a-t-il trouvé une excellente technique ?

21 Les expansions du nom et du groupe nominal (page 49)

1 1. un merveilleux concert • 2. le plan de Marseille • 3. l'auteur de ce pamphlet • incitation à la violence • 4. l'assurance que vous avez trouvé le financement.

2 1. Le syndicat, majoritaire dans la branche • 2. Arrivés à l'aéroport avec beaucoup de retard, les touristes • 3. une lettre anonyme, deux pages injurieuses • 4. son rêve d'enfant : composer et vivre de sa musique.

3 1. adjectif, épithète du nom « concert » ; expansion descriptive • 2. groupe prépositionnel, complément du nom « plan » ; expansion restrictive • 3. groupes prépositionnels, compléments des noms « auteur » et « incitation » ; expansions restrictives • 4. subordonnée complétive conjonctive, complément du nom « assurance » ; expansion restrictive.

4 1. groupe adjectival • 2. groupe participial • 3. GN • 4. infinitifs (ou groupes infinitifs).

5 Bâtie sur le plateau qui domine la Viorne : groupe adjectival, apposé à la ville • adossée au nord contre les collines des Garrigues, une des dernières ramifications des Alpes : même analyse • la route de Nice, qui descend à l'est, et la route de Lyon, qui monte à l'ouest : deux GN apposés à « deux routes » • placée sur la rive droite du petit torrent : groupe adjectival, apposé à la gare • dont les jardins forment terrasse : subordonnée relative, apposée à les premières maisons de Plassans.

6 1. du nord – haute • 2. figurant sur le document – des responsables • 3. Ayant bien skié toute la journée • 4. qui s'est pris les pieds dans le tapis.

22 Le nom propre (page 51)

1 Saint-Clément-des-Baleines, Île de Ré, Jazz au Phare, Roberto Fonseca, Michael Jones, etc. • 2. Charles Baudelaire, *Les Fleurs du mal*, *Mon cœur mis à nu*, Hatier, coll. « Classiques & Cie » • 3. OSS 117, Rio • 4. Toyota.

2 **Sans déterminant** : Jean-Jacques Rousseau – Genève (phrase 1) • Rome (phrase 3) • Léonard de Vinci – Amboise – François Ier (phrase 4) • Lyon (phrase 5).
Avec déterminant : La France – l'Euro 2016 (phrase 2) • la Renaissance (phrase 3) • la Joconde (phrase 4) • du (= de + le) Creusot (phrase 5).

3 1. *Jean-Jacques Rousseau* : sujet du verbe « est né » – *Genève* : complément de la préposition « à », le groupe prépositionnel étant CC de lieu du verbe « est né » • 2. *La France* : sujet du verbe « a perdu » – *l'Euro 2016* : complément de la préposition « de », le groupe prépositionnel étant complément du nom « finale » • 3. *la Renaissance* : complément de la préposition « de », le groupe prépositionnel étant complément du nom « spécialiste » – *Rome* : complément de la préposition « à », le groupe prépositionnel étant CC de lieu du verbe « donnera » • 4. *Léonard de Vinci* : sujet du verbe « emporta » – *la Joconde* : COD du verbe « emporte » – *Amboise* : complément de la préposition « à », le groupe prépositionnel étant complément essentiel de lieu de « emporta » – *(le roi) François Ier* : sujet du verbe « avait invité ». • 5. *Lyon* : complément de la préposition « de », le groupe prépositionnel étant complément essentiel de lieu de « parti » – *(le) Creusot* : complément de la préposition « de », le groupe prépositionnel étant complément du nom « gare ».

4 1. un nouveau Bill Gates = un nouveau génie de l'informatique • 2. tous mes Balzac = tous mes exemplaires des textes écrits par Balzac • 3. deux Julien = deux individus qui s'appellent Julien • 4. le Yves Saint-Laurent de la pâtisserie = un pâtissier aussi inventif que le fut Saint-Laurent • 5. le Zlatan des meilleurs jours = une image de la personne, un aspect de sa personnalité • 6. la Renault = la voiture produite par Renault.

5 1. *Picasso* a peint ce tableau. – Il sera *le Picasso* du chocolat ! • 2. *Léo* fête son anniversaire dans deux jours. – On fête bientôt *les Léo*. • 3. Ils passent leurs vacances *en Bourgogne*. – Ils ont acheté *un bon bourgogne*. • 4. Il fait chaud à New York cet été. – Comment imaginez-vous *le New York* du futur ?

23 Le genre des noms (page 53)

1 1. son amie • 2. une championne, une grande athlète • 3. Les enquêteuses • 4. une femme médecin américaine.

2 *Athlète* et *volontaire* restent inchangés au masculin et au féminin.

3 1. b. • 2. d. • 3. c. • 4. a.

4 1. menacé/menacée • 2. arrivée • 3. devenue • 4. le nouveau.

5 veuve • Espagnole • cliente • bergère • martyre • princesse • interrogatrice • hôtesse • payeuse • sportive.

6 1. cette généticienne renommée • 2. une grande parolière • 3. sa rédactrice en chef • 4. cette riche propriétaire • 5. aucune poétesse • 6. la meilleure spécialiste • 7. cette espionne russe • 8. une industrielle allemande • 9. une fermière ruinée.

7 Il est devenu *un merveilleux acrobate*. – *L'acrobate* est tombée de la poutre. • *Le chimiste* a transmis les résultats de l'analyse. – *Quelle chimiste française* est particulièrement célèbre ? • *Le clown* a bien fait rire les enfants. – Allez voir le spectacle de *cette clown chanteuse* ! • *Le juge* vient de rendre son verdict. – Il a été convoqué par *la juge* d'instruction.

8 1. Marie-José, l'héroïne de ces aventures. Petite guerrière à l'esprit malin… • 2. Jeannie est l'inséparable amie de Marie-José. Livreuse de menhirs de son état, grand amateur (plutôt que « amatrice ») de sangliers… • 3. Laure, la druidesse vénérable du village…

24 Le pluriel des noms (page 55)

1 1. Un médecin – ce médicament • 2. ma chaussure • 3. la porte – (le) four • 5. votre manuel • 6. L'assistante (de direction) – son erreur.

2 1. c. • 2. a. • 3. a. • 4. c. • 5. b. • 6. a. • 7. b. • 8. d.

3 1. taupe ou taupes (l'usage hésite : le piège est destiné à une taupe, il permet de se débarrasser des taupes) • 2. chemise (une seule chemise) • 3. coque (une seule coque) • 4. carreaux (plusieurs carreaux) • 5. café (du café dans la tasse) • 6. lentilles (il y a beaucoup de lentilles) • 7. peinture (il y a de la peinture) • 8. recettes (plusieurs recettes) • 9. bienfaisance (le nom abstrait reste au singulier) • 10. marron ou marrons (l'usage hésite : on considère le type de fruit ou les marrons) • 11. fleurs (le marchand vend plusieurs fleurs) • 12. légumes (il consomme plusieurs légumes).

4 les villes • des travaux bien rémunérés • les cous • des gouvernails • des cheveux blancs • des landaus prêtés par des amis • les maximums (ou maxima) autorisés • ses manteaux troués • de vrais petits filous • des centraux téléphoniques • des petits pois verts • de simples détails • de bons sandwich(e)s • des changements de circulation.

5 1. (Ce sont) des lieux de vacances idéaux ! • 2. ses récitals • 3. des sketch(e)s très drôles • 4. les tuyaux bleus • 5. ces églises • de merveilleux vitraux gothiques • 6. (quand ont été postées) les lettres ? • 7. Ces matériaux (doivent être manipulés) • 8. ces étals de fruits et légumes.

6 1. Deux *shampoings* sont parfois nécessaires pour bien laver les *cheveux*. • 2. Vous pouvez suivre les *prix* des *métaux* sur notre site. • 3. D'ici, on voit bien les *ruisseaux* qui zèbrent la vallée, et les *croix* des églises. • 4. Prends un bon appareil pour bien photographier tous les *détails* des *coraux*. • 5. Les manœuvres sur les *parkings* sont plus faciles avec ces *pneus*. • 6. Ces *peintres* ont dessiné de beaux *vitraux*.

25 Les noms composés (page 57)

1 chou-fleur • expert-comptable • réveille-matin • rince-doigts • porte-savon • porte-serviettes • arrière-pensée.

2 chemin de fer • pied de biche • pot-au-feu • point de vue • main d'œuvre • arc-en-ciel • vol-au-vent.

3 1. après-midi • 2. auteur-compositeur-interprète • 3. tire-bouchon • 4. arrière-grand-père • 5. fer à repasser.

4 1. verbe + nom • 2. nom + nom • 3. nom + participe passé • 4. préposition + infinitif • 5. adjectif + nom • 6. verbe + nom • 7. nom + nom • 8. verbe + GN • 9. nom + groupe prépositionnel • 10. verbe + nom • 11. adjectif + nom (mais le nom vient de « long cours », où l'adjectif qualifie « cours ») • 12. adjectif + nom (mais l'origine du nom composé pose problème).

5 1. des après-midi (ou après-midis) • 2. des auteurs-compositeurs-interprètes • 3. des tire-bouchons • 4. des arrière-grands-pères • 5. des fers à repasser.

6 1. machines à laver • 2. pied-à-terre • 3. chefs-lieux • 4. bébés éprouvette(s) • 5. des bons à rien • 6. tables rondes • 7. aides-jardiniers • 8. avant-scènes • 9. des m'as-tu-vu • 10. des points de vue.

7 (par exemple…) *réveille-pensée* : idée qui réveille la pensée • *savon-fleur* : savon qui ressemble à une fleur…

Bilan 2 Les déterminants du nom (pages 58-59)

1 quel : déterminant interrogatif (nom déterminé : « âge ») • vingt-six, vingt-sept : déterminant numéral (« ans ») • mon : déterminant possessif (« art ») • quatre-vingt-dix : déterminant numéral (« ans ») • ma : déterminant possessif (« capacité ») • des : article indéfini (« malades ») • les : article défini (« secrets ») • ce : déterminant démonstratif (« fatras ») • ces : déterminant démonstratif (« vapeurs ») • de : article indéfini (« fièvres ») • au : article défini contracté avec la préposition « à » (« cerveau »).

2 quelques : déterminant indéfini • beaucoup d' : déterminant indéfini composé • 100 : déterminant numéral.

3 a. La valeur des articles définis en couleur est générique. Cette valeur est importante dans le texte car Montesquieu, à travers le Persan, décrit le mécanisme de la mode : la satire vise les Français en général. b. « une quantité prodigieuse de » (« mouches ») • c. « de la » (« taille »).

4 a. « potirons et autres cucurbitacées » : désignation d'un tout exhaustif – « gloire » : après préposition (« de gloire » fonctionne comme un adjectif = glorieuse) – Halloween : nom propre. b. « son (heure de gloire) » : anaphorique de « la citrouille » – « leur (diversité) » : anaphorique de « ces légumes ». c. « ces (légumes) » : le GN est anaphorique des GN désignant des légumes (« potirons et autres cucurbitacées », « la citrouille », « la jack-o'lantern »).

5 une • la • du • Son • Tout • un • ce • Certaines • des • chaque • son • plusieurs.

Bilan 3 Le groupe nominal (pages 60-61)

1 1. Non • 2. Oui : un grand cuisinier • 3. Oui : cette aventure qui vient de lui arriver • 4. Oui : notre voisin plombier • 5. Oui : les prix de ce restaurant • 6. Non.

2 1. deux (dét.) gâteaux • 2. le (dét.) sommet enneigé (expansion) • 3. l' (dét.) abominable (expansion) homme des neiges (expansion) • 4. de (dét.) longs (expansion) cils • 5. son (dét.) discours improvisé (expansion) qui n'a pas convaincu (expansion).

3 1. le grand trompettiste qui a révolutionné le jazz dépend de « Miles Davis » • 2. Épuisés par une si longue marche dépend de « les randonneurs » • 3. tout reprendre depuis le début dépend de « une solution ».

4 1. Les bons comptes font les bons amis. • 2. Venez admirer les grandes richesses de la réserve naturelle ! • 3. Promotion exceptionnelle ce week-end sur les sèche-linge.

5 1. GN étendu comportant une expansion • 2. GN étendu comportant deux expansions + GN comportant un nom composé • 3. GN étendu comportant une expansion + GN

Corrigés

comportant un nom propre • **4.** GN étendu comportant une expansion • **5.** GN étendu comportant deux expansions + GN comportant un nom propre • **6.** GN minimal.

6 **3.** *le Michel-Ange de la pizza* : antonomase de nom propre (= un excellent pizzaiolo) • **5.** *le nouveau Disney de Noël* : emploi métonymique (= un film produit par Disney).

7 **1.** une chanteuse particulièrement inspirée • **2.** la première responsable • **3.** la meilleure boulangère • **4.** une inspectrice très autoritaire • **5.** cette écrivaine • **6.** un labrador femelle • **7.** une ânesse de deux mois.

8 **1.** ces mauvaises habitudes • **2.** quels tableaux anciens ? • **3.** des porte-bougies en métal • **4.** des chaînes haute-fidélité • **5.** ces bonshommes verts • **6.** de beaux dessous de plat(s) • **7.** d'autres sous-traitants.

9 **1.** la fatigue du coureur • **2.** le retard du plombier • **3.** la mauvaise impression des billets • **4.** sa parfaite connaissance des dossiers • **5.** l'arrivée de la police sur les lieux • **6.** la proposition d'ouverture de la bibliothèque le dimanche.

10 En 1792, Léopold inaugura les tournées par un premier séjour à Munich […]. À cette époque, Mozart composait déjà des morceaux. Puis la famille se mit en route pour Vienne.

11 **1.** Le gâteau à la vanille préparé par son père • **2.** les commentaires négatifs qui ont été postés sur le site • **3.** La précédente élection, organisée en octobre dernier.

26 L'adjectif (page 63)

1 troisième • excellent • singulier • quarante-troisième.

2 **1.** Heureux d'avoir terminé son travail à temps • **2.** la plus commerçante de la ville • **3.** indépendante de tout parti politique.

3 troisième • quarante-troisième.

4 mort • écrasant • retentissant.

5 **1.** *grande* : qualificatif • **2.** *communal* : relationnel • **3.** *électrique* : relationnel • **4.** *insouciant* : qualificatif • **5.** *publique* : relationnel • **6.** *dentaire* : relationnel.

6 **1.** a. • **2.** d. • **3.** c. • **4.** b.

7 **1.** frissonnant (adjectif verbal) • **2.** épanoui (formé à partir d'un participe passé) • **3.** unique (ce n'est pas un numéral ordinal) • **4.** abdominal (adjectif relationnel).

8 Il n'aime pas la viande *saignante*. • Il faut subventionner le spectacle *vivant*. • Cette boisson est bien *rafraîchissante*. • Cette personne *fuyante* ne paraît pas très honnête.

27 Les fonctions de l'adjectif (page 65)

1 **1.** Un vêtement léger • **2.** Les nuisances sonores • **3.** l'abominable homme des neiges • **4.** un long voyage dans un hôtel tranquille et charmant • **5.** ce délicieux gâteau breton ! • **6.** Au quatrième top.

2 **1.** Souriant et détendu, le candidat a répondu… • **2.** La rue, très étroite, débouche sur l'avenue de la République, particulièrement passante. • **3.** Sensible à ce problème, le président a convoqué… • **4.** Enthousiastes, honnêtes et efficaces, nos conseillers créent…

3 **1.** lorsque l'eau est froide que la refroidir lorsque l'eau devient trop chaude. • **2.** J'ai trouvé le roman un peu trop long. • **3.** Le colis que j'ai commandé est arrivé abîmé.

4 **1.** attribut du COD « le » • **2.** apposition au GN « L'homme » • **3.** Tout le groupe adjectival est en apposition au nom propre « Gabrielle » – épithète du nom « tour du monde » • **4.** attribut du sujet « il » – épithète du nom « question » • **5.** attribut du sujet « Cette technique ».

5 **1.** épithète de « parcours » • **2.** attribut du COD « son équipe » • **3.** épithète de « plage » • **4.** attribut du COD « ces démarches » • **5.** attribut du COD « une partie de ses travaux ».

6 **1.** content (att. sujet « il »). • **2.** très heureux (att. COD « le »). • **3.** seul (att. sujet « Il »). • **4.** bouillant (att. COD « son café »).

7 **1.** Il lui a jeté un regard *furieux*. – *Furieux*, il a préféré partir • **2.** Venez profiter de nos plages *très ensoleillées* toute la journée. – Ces plages sont *très ensoleillées*. • **3.** *Très curieuse*, sa fille pose toujours mille questions. – Sa fille est *très curieuse* et pose toujours mille questions. • **4.** Cet insecte est *inoffensif*. – Je le crois *inoffensif*.

28 Le féminin et le pluriel de l'adjectif (page 67)

1 **1.** deux belles soles – carottes émincées, tomates fraîches et oignons nouveaux • **2.** 2 jeunes lapereaux – moutarde forte – des pommes de terre savoyardes.

2 **1.** nouvelle • dorée • ~~disponible~~ • suspecte • persane • **2.** suivante • ~~ancienne~~ • parfaite • tremblante • petite • **3.** vengeresse • douce • oblongue • fictive • ~~étonnée~~ • **4.** première • dernière • printanière • fraîche • ~~écossaise~~ • **5.** bleue • noire • ~~bleu ciel~~ • orangée • blanche.

3 **1.** sucrés • modérés • doubles • importants (*intrus* : nouveaux, par exemple) • **2.** frais • gris • dangereux • las (*intrus* : blancs) • **3.** matinaux • jumeaux • cérébraux • royaux (*intrus* : verts) • **4.** fatals • jeunes • légers • loyaux – (*intrus* : gris).

4 **1.** f., d. • **2.** b., g. • **3.** a., e. • **4.** a., g. • **5.** c., d.

5 **1.** voisine • **2.** potentielles • **3.** vieille • **4.** jeune, vive • **5.** vocaux • **6.** belles, neuves, confortables, spacieuses • **7.** intelligents • **8.** fausses • **9.** cerise (inv.) • **10.** folle • **11.** individuelles • **12.** molle.

6 **1.** pure, vierge • **2.** meilleures, bretonnes • **3.** dévastatrice • **4.** nationaux, prochaine • **5.** naïve • **6.** légère • **7.** médicaux, nécessaires • **8.** aberrant • **9.** vert bouteille (inv.) • **10.** idiote • **11.** rouges, gris clair (inv.) • **12.** grave, mystérieuse.

29 Les degrés de signification de l'adjectif (page 69)

1 **1.** plus • **2.** assez • (des) meilleurs • **3.** moins… que - (beaucoup) plus • **4.** hyper- – hyper • **5.** les plus.

2 **1.** le plus qualifié (supériorité) • **2.** aussi capable que vous (égalité) • **3.** les moins pertinentes (infériorité) • **4.** moins grand (infériorité) – plus proche (supériorité) • **5.** les pires (supériorité).

③ 1. à peine : adverbe (locution adverbiale) • 2. littéralement : adverbe • 3. rouge comme une tomate : expression figée • 4. bête, bête, bête : répétition du mot • 5. archi- : préfixe (et la répétition) • 6. -issime : suffixe • 7. relativement : adverbe • 8. si : adverbe.

④ 1. aussi inspiré • 2. très lumineux • 3. extrêmement ridicule • 4. richissime (seul suffixe).

⑤ 1. les pires • 2. plus dangereux • 3. trop cuit • 4. moins précises • 5. les moins chers • 6. plutôt content.

⑥ 1. Le chantier va être très bruyant pendant la phase de démolition. • 2. Le gâteau sera meilleur avec du chocolat à 70 %. • 3. Vous trouverez sur notre site les vols les moins chers pour le monde entier. • 4. Les touristes sont aussi nombreux que l'année dernière. • 5. Ses remarques n'ont pas été extrêmement agréables.

Bilan 4 — L'adjectif (pages 70-71)

① vaste, unique, contemporain, temporaires, permanente, deuxième, nombreux, artistiques, vivant, agréable.

② 1. très attentif aux problèmes de l'environnement • 2. Toujours disponibles • 3. si décevant • 4. les plus prestigieux.

③ arctique, important, climatique, solaire, sombre, plus grande, thermique.

④ Phrase 1 : aux problèmes de l'environnement (complément de l'adjectif « attentif »).

⑤ arctique • climatique • solaire • thermique.

⑥ 1. b. • 2. a. • 3. f. • 4. c. • 5. d. • 6. e.

⑦ 1. la circulation sanguine (« sanguine », adjectif relationnel) • 2. plus rapide (seul adjectif qui ne provienne pas d'un participe passé) • 3. un bel été (les autres adjectifs prennent part à des groupes adjectivaux comportant au moins deux mots) • 4. un jeune loup (l'adjectif « jeune » est placé avant le nom) • 5. une route poussiéreuse (les autres adjectifs ne marquent pas le féminin).

⑧ grande et grosse : épithètes de « gaillarde » • carrée : épithète de « face » • masculine : épithète de « ampleur » • rares et terriblement longs : épithètes de « poils » • toute petite : épithète de « voix » • mince et claire : deux appositions à « une voix d'enfant » • terrible : épithète de « air » • douce comme un mouton : attribut du sujet « elle » • très courageuse à la besogne : apposition à « elle ».

⑨ 1. particulière – grande • 2. méprisant ou timide • 3. nouveau – merveilleuses • 4. vieille • 5. petite – précédente.

⑩ le jeune Tom Holland • le fameux justaucorps • une fraîcheur étonnante • le superhéros rouge et bleu • le résultat, drôle et vif, • un grand divertissement populaire.

30 Pronoms représentants et pronoms nominaux (page 73)

① 1. Je ne trouve plus mon smartphone. Il était sur la table • 2. Quelqu'un a essayé de me joindre. • 3. Léa t'a envoyé un texto. L'as-tu reçu ? • 4. Paul n'a pas ton adresse, mais tu as la sienne.

② 1. A ; des mesures • 2. A ; la ministre • 3. C ; le décret d'application n'est pas encore sorti • 4. A ; cette loi • 5. C ; il réformera le régime des retraites.

③ 1. je, nous • 2. te, tu • 3. nous • 4. vous.

④ 1. c. • 2. a. • 3. b. • 4. a.

⑤ 1. partielle ; vaut deux hommes avertis • 2. totale : la femme vient de monter • 3. partielle ; certains animaux sont plus égaux que d'autres.

⑥ Les psychiatres utilisent de plus en plus les jeux vidéo. Ils sont persuadés que ceux-ci ont d'importantes vertus thérapeutiques. Ils permettent par exemple aux patients atteints de troubles cognitifs de s'exercer à compter, classer, raisonner à travers des exercices ludiques, auxquels ils adhèrent facilement.

31 Qu'est-ce qu'un pronom personnel ? (page 75)

① 1. Es-tu allé au cinéma cette semaine ? • 2. Ce film est formidable. Tu devrais aller le voir. • 3. Peux-tu m'acheter le journal, s'il te plaît ? • 4. Appelle Théo, vous partirez ensemble.

② 1. d. • 2. a. • 3. b. • 4. c.

③ 1. nous de modestie ; le lecteur • 2. vous de politesse ; madame la directrice • 3. nous de sympathie ; eh bien.

④ a. La répétition des pronoms il et elle confère une véritable intensité à la rencontre de l'homme et de la femme, qui semblent alors seuls au monde. • b. Vous de politesse.

⑤ 1. contraint • 2. contraints • 3. reçus • 4. reçu.

⑥ 1. a. Nous avons gagné la coupe, bravo à vous tous ! b. Ta mère et moi, nous avons gagné un voyage en Martinique. • 2. a. Les enfants, vous prendrez un taxi pour rentrer. b. Toi et ta sœur, vous prendrez un taxi pour rentrer. • 3. a. « Nous avons de grands projets ! », disaient les jeunes mariés. b. Mes amis et moi, nous avons de grands projets.

32 Les formes du pronom personnel (page 77)

① 1. lui • 2. Moi • 3. toi, dis-le.

② 1. réfléchi • 2. réfléchi • 3. non réfléchi • 4. réfléchi.

③ 1. COD, COS • 2. COS, cc de lieu • 3. COD, complément de préposition (le GP « contre lui » est COI de « ai dû jouer »).

④ 1. b. • 2. d. • 3. a. (ou c.) • 4 b. • 5. c.

⑤ 1. Je ne le retrouve plus. • 2. Tu dois la leur présenter. • 3. Appelle-le. Dis-le-lui. • 4. J'y vais.

⑥ 1. Tu l'espères. • 2. J'en ai envie. • 3. Paul et Émile se voient souvent. • 4. Il faut être soi-même.

33 Les pronoms possessifs, démonstratifs et numéraux (page 79)

① Trente-deux – ce – Ceux – ce – les siens.

② 1. a. • 2. c. • 3. a. • 4. a. et c. • 5. b.

③ 1. masc. sing., 3e pers. du plur. • 2. fém. plur., 3e pers. du sing. • 3. masc. plur., 2e pers. du sing.

④ 1. (F) ; l'assistante qui t'aide • 2. (F) ; la génération à laquelle tu appartiens • 3. (V) ; le cheval que tu possèdes.

⑤ 1. Ceux – Ce • 2. Ceux-ci – ceux-là • 3. celle-ci.

⑥ 1. Je n'ai jamais rencontré sa femme. • 2. Ton plan est bien meilleur. • 3. Nos joueurs l'emporteront !

Corrigés

34 Les pronoms indéfinis, interrogatifs et relatifs (page 81)

1 1. qui • 2. Qui • 3. qui – qui • 4. Rien • 5. qui • 6. dont – rien.

2 1. b – 2. b – 3. a – 4. a – 5. b et b – 6. a.

3 1. COI. 2. compl. du nom. 3. COD.

4 1. auquel 2. laquelle 3. desquelles 4. duquel.

5 1. Je suis sûre que certains préféreront venir en voiture.
2. Nous avons trouvé le même dans une boutique à Tokyo.
3. Il a compris que tout était une question de patience.

Bilan 5 Les pronoms (pages 82-83)

1 1. Je vous vois venir. • 2. C'est plus facile à dire qu'à faire. • 3. Il va falloir s'y mettre. • 4. Chacun protège les siens.

2 1. *Qui* • 2. *L'autre qu'* • 3. *Rien*. • 4. *qui* • 5. *Qui - quoi* • 6. *quoi* • 7. *qui - dont*.

3 1. d • 2. c • 3. a • 4. c • 5. b • 6. d • 7. c.

4 La phrase 4.

5 1. toi (2) ; nous (1) et (3) • 2. vous (2) – il (3) • 3. se (3) – je (1) – lui (3) • 4. nous (1) et (2).

6 a. pronoms personnels de forme disjointe : *toi* (phrase 1); *moi* (phrase 5) – pronoms personnels réfléchis : *se* (phrase 3) ; *nous* (phrase 5). • b. C'est un *vous* de politesse.

7 1. COI • 2. complément de l'adjectif • 3. sujet • 4. COS.

8 1. *Les miens* ne *le* sont pas du tout. • 2. *Ce* serait une grande chance ! • 3. *Aucun* n'a abandonné la course. • 4. *Lequel* remportera le tournoi ?

9 1. lesquels • 2. lequel • 3. auxquelles • 4. desquels.

10 1. Il ne faut pas accepter que *chacun* n'en fasse qu'à sa tête. • 2. Il est évident que *personne* ne viendra plus. • 3. Dans ce cas, je préfère qu'*un autre* s'en charge.

35 Le verbe (page 85)

1 Vendredi à Bratislava, vingt-sept présidents et premiers ministres vont sonner […] La perspective du Brexit fait disparaître un droit de véto britannique vieux de 43 ans. Elle libère, un peu partout […] Au sommet de Bratislava, « l'Europe qui protège » doit passer du leitmotiv à l'action. Le rythme est dicté par l'urgence.

2 1. découvrir (3e groupe) • 2. préférer (1er groupe) • 3. accueillir (3e groupe) • 4. aller (3e groupe) • 5. choisir (2e groupe) • 6. prédire (3e groupe) • 7. haïr (2e groupe) • 8. se taire (3e groupe).

3 1. (vrai) • 2. (vrai) • 3. (faux).

4 1. a. • 2. b. • 3. c. • 4. d. • 5. b. • 6. d.

5 Les pupitres avaient déjà été installés par les musiciens. • Le hautbois donne le la au premier violon. • La salle Pleyel sera bientôt rénovée.

36 L'infinitif (page 87)

1 Comment circuler à Londres ? Prendre un taxi est onéreux. Le mieux reste d'investir dans une Oyster Card pour prendre le bus ou le métro. Elle se commande en ligne, mais sur place, on trouve également de nombreux endroits où l'acheter. Ne pas oublier de la recharger régulièrement !

2 1. *Tricher*: sujet du verbe « être »; *jouer*: attribut du sujet « tricher ». • 2. *sans frapper*: complément de la préposition « sans », le GP étant CC de manière • 3. *dire*: complément de l'adjectif « facile ».

3 1. d • 2. c • 3. b • 4. a.

4 1. c. ; Platon, Aristote • 2. b. Il ne sait plus qu' • 3. a. ; sur lequel • 4. b. ; j'ignore où.

5 1. Comme toujours, il prétendra *avoir obtenu* le meilleur score. • 2. Nous espérons *avoir* du beau temps durant notre séjour. • 3. Elle prétendait le *connaître* depuis plus d'un an.

6 1. Il faudrait qu'il songe à voler de ses propres ailes. • 2. Des témoins ont vu le suspect s'engouffrer dans une station de métro. • 3. Il cherche comment étonner son public.

37 Le participe (page 89)

1 ayant duré – pris – fréquentée – permettant – achevés.

2 1. verbe. • 2. verbe. • 3. adjectif. • 4. verbe.

3 1. attribut du sujet « elle » • 2. apposé au pronom « ils » • 3. apposé au GN « le brouillard » • 4. attribut du COD « ses doutes »

4 Les activités *proposées* • ont *rencontré* • a *recrutés* • *Expérimentés* et *remplis* • ont *initié* • a *investi* • largement *rentabilisés*.

5 1. Il quitta la pièce *sans avoir prononcé un mot*. • 2. *Comme elle était décidée à se montrer conciliante*, elle accepta sa proposition. • 3. *Elle oublia sa peur* et elle s'élança sur la piste noire. • 4. Il écoute attentivement le guide *qui donne les consignes de sécurité*.

38 Les formes associées au participe présent (page 91)

1 1. participe présent • 2. adjectif verbal • 3. adjectif verbal • 4. participe présent • 5. adjectif verbal • 6. participe présent.

2 1. menaçante • 2. somnolant – frappant doucement – frappant à la porte • 3. En se réveillant.

3 1. b. • 2. a. • 3. e. • 4. c. • 5. d.

4 1. suffocante • 2. provoquant • 3. Négligeant • 4. fatigant.

5 a. Homme *marchant* seul, sur un chemin enneigé. • b. *Inquiétante* promenade dans la solitude d'une forêt enneigée. • c. Lutter *en avançant* seul sous la neige.

39 L'indicatif (page 93)

1 avez quitté – avez envoyé – avais faite – êtes – avez surpassé – avoue – flatte – ai pu – allez – évalue – appréciais – est – est – ai remporté – est – est – aimiez – aimez – aimez – amusais – avez sacrifiée.

2 1. valeur temporelle • 2. valeur stylistique • 3. valeur modale • 4. valeur stylistique • 5. valeur temporelle.

3 nous avons cherché • il devinait • tu auras inventé • ils trouvèrent • j'aurais répondu.

4 1. s'il *avait remporté* le match • **2.** Quand elle *aura choisi* la couleur • **3.** Dès que les retardataires nous *eurent rejoints* • **4.** si tu *as travaillé* sérieusement ta partition.

5 1. Nous *lancerons* le projet • **2.** il ne *redonnait* plus sa confiance • **3.** J'*ignore* • **4.** les langues *se délièrent*.

40 Le présent de l'indicatif (page 95)

1 Cet animal concentre à peu près tous les défauts. Il est affreusement laid […], il sent mauvais […], son appétit est sans limites.

2 1. (2) • **2.** (1) • **3.** (3) • **4.** (1).

3 1. futur proche • **2.** passé proche • **3.** présent de l'énonciation • **4.** présent gnomique.

4 Présent de narration. Le récit est ainsi rendu plus vivant.

5 une éolienne *produit* • elle *transforme* • laquelle *fournit* • si l'on *entend* • il *faut* • qu'elle *reste*.

6 1. La porte *claque* sans arrêt ! • **2.** Ferme la fenêtre, la porte *claque* ! • **3.** Si le réveil *sonne* longtemps, tu finiras par l'entendre. • **4.** Inutile de te recoucher, le réveil *sonne dans cinq minutes*.

41 L'imparfait et le passé simple de l'indicatif (page 97)

1 feuilletait – dessinait – faisait – rejeta – dit – glissa – eut – se ravisa – murmura.

2 1. imparfait itératif • **2.** irréel du présent • **3.** imparfait de concordance • **4.** imparfait pittoresque.

3 J'*attendais* – vis – dévisageait – détournai – cherchait – s'impatientait – reconnus.

4 *grimper* : 1er groupe, il grimpa • *comprendre* : 3e groupe, elles comprirent • *choisir* : 2e groupe, tu choisis • *croire* : 3e groupe, je crus.

5 1. un jeune homme *cria « au feu ! »* • **2.** le chanteur *reparut sur scène* • **3.** la lumière *s'éteignit*.

6 Les Portugais *commencèrent* • alors qu'il *recherchait* une nouvelle voie • *découvrit* l'Amérique • parce qu'il *fallait* éviter • *se partagèrent* alors le monde.

42 Les autres temps de l'indicatif (page 99)

1 rendrez – aurez visité – ferez – visiterez – aurez choisi – partirez.

2 1. valeur modale • **2.** valeur stylistique • **3.** valeur modale • **4.** valeur temporelle.

3 1. (1) • **2.** (4) • **3.** (3) • **4.** (2).

4 1. valeur temporelle. 2. Le futur fait de l'accession à la propriété un événement qui doit nécessairement se produire. La Société générale apparaît ainsi comme une banque fiable. 3. « Avec Nouvelles Frontières, vous vivrez l'improbable ! »

5 1. Vénus *regardera* – vous *nouerez* • **2.** Mercure vous *sera* – vous *connaîtrez*.

6 1. Quand tu *avais fait* une longue expédition en montagne, tu venais te reposer quelques jours à la maison. • **2.** Elle *passera* vous voir trois fois par semaine. • **3.** Si nous *avions voulu* partir à l'étranger, nous aurions pu le faire l'an dernier.

43 Le conditionnel (page 101)

1 1. recommencerais • **2.** aurais fait – me serais contenté • **3.** s'rais.

2 1. valeur temporelle • **2.** valeur modale • **3.** valeur temporelle • **4.** valeur modale.

3 1. (3) • **2.** (1) • **3.** (4) • **4.** (2).

4 1. ils *seraient partis* ensemble • **2.** dès qu'elle *passerait* – il lui *offrirait*. • **3.** je *ferais* • **4.** ils *se seraient disputés*.

5 Un voyageur *aurait signalé* un colis suspect à la Défense. Le métro et le RER *auraient été évacués*. L'équipe de déminage *serait arrivée* rapidement sur place. Elle n'*aurait rien trouvé*. Il *s'agirait* d'une fausse alerte. Les autorités *rechercheraient* encore le mauvais farceur.
Le conditionnel souligne l'incertitude de ces informations.

44 Le subjonctif : formes et valeurs (page 103)

1 Qu'il y ait aujourd'hui – Qu'il soit nécessaire – puisse être appliqué – soit respecté partout.

2 1. vrai • **2.** faux • **3.** vrai • **4.** vrai.

3 1. b. • **2.** d. • **3.** a. • **4.** c.

4 soyez – ait Cosette – épouse le matin, qu'il y ait autour de vous – soit une belle pelouse – remplissent – que je meure. Ce sont des subjonctifs de souhait. Tous les souhaits de Jean Valjean concernent les autres personnages ; à lui-même, il ne souhaite que la mort ; cet emploi du subjonctif souligne son renoncement.

5 1. que tu *parviennes* • **2.** subjonctif imparfait • **3.** subjonctif passé • **4.** que nous *eussions compris*.

6 1. Il fera froid : qu'il emporte des gants et un bonnet ! • **2.** Qu'elle achète la maison de ses rêves et qu'elle y soit enfin heureuse ! • **3.** Qu'ils ne décident surtout pas à ma place !

45 Le subjonctif dans les subordonnées (page 105)

1 1. subjonctif • **2.** subjonctif • **3.** indicatif • **4.** subjonctif.

2 1. eût vu • **2.** se trouvassent – fût.

3 1. (1) • **2.** (2) • **3.** (3).

4 afin que • non que • ils craignent que.

5 Il faut absolument que tu *ailles* • Chaque fois qu'il *apparaît* • avant qu'il ne *devienne* • après que tu *auras vu* • pour que tu *puisses*.

6 1. un petit poisson *s'accrochât* • **2.** sans qu'ils *s'en aperçussent* • **3.** qu'on *osât*.

46 Les formes pronominales (page 107)

1 1. Elle s'est absentée • **2.** Ils se retrouvent • **3.** Il se protège • **4.** Le président s'est recueilli • **5.** Nous ne nous attarderons pas.

2 1. oui • **2.** non • **3.** non • **4.** non • **5.** oui.

3 1. b. • **2.** c. • **3.** a. • **4.** a. • **5.** c.

4 *se* donner (2) • *s'est* cassé (3) • *se* sont employés (1) • *s'est* hissé (1) • *s'agrippant* (4).

Corrigés

5 1. a. Nous nous *sommes trompés* de route. b. Elle *trompe* son mari depuis des années. 2. a. Je *m'aperçois* que tu as beaucoup progressé en anglais. b. Nous *apercevons* la mer depuis notre terrasse.

47 L'accord du verbe avec un sujet unique (page 109)

1 1. nous |avons loué| • 2. Les enfants |sont ravis|, parce qu'ils |pourront| • 3. je |prévois| • 4. Nous |espérons| que toi et ton mari |pourrez|.

2 1. les sports qui • 2. les entraîneurs les plus médiatisés • 3. Peu de sportifs • 4. La plupart • 5. Beaucoup.

3 1. La moitié • 2. du budget • 3. Karim • 4. La majorité – peu d'heures.

4 Les études *sont* • les individus qui *se rendent* • *perdent* en moyenne • mais en *gagnent* • Le quart des urbains *se dit* prêt • les municipalités *aménagent* • le peu de pistes déjà ouvertes *est* souvent dissuasif • la plupart des habitants des grandes villes *sont* favorables • un aménagement des voies qui *offre* • Ce *sont* souvent les financements qui *font* défaut.

5 Plus tard, beaucoup plus tard, *vous vous êtes réveillée* plusieurs fois peut-être, *rassoupie* plusieurs fois, *vous vous êtes tournée* du côté droit, du côté gauche, *vous vous êtes mise* sur le dos, sur le ventre, peut-être *avez-vous* même *allumé* la lumière, peut-être *avez-vous fumé* une cigarette, plus tard, beaucoup plus tard, le sommeil devient une cible, ou plutôt non, au contraire, *vous devenez* la cible du sommeil. C'est un foyer irradiant, intermittent.

48 L'accord du verbe avec plusieurs sujets (page 111)

1 1. Ni le chef d'orchestre ni la soprane ne |sont arrivés| • 2. Le premier violon et le violoncelle |accordent| • 3. La clarinette ainsi que le hautbois |font| • 4. Lui et moi |avons préféré|.

2 1. a. et c. • 2. c. • 3. a. et c. • 4. b.

3 1. *ou* est exclusif. • 2. *comme* n'est pas l'équivalent de *et*. • 3. Les sujets énumérés désignent en réalité la même chose.

4 *décident* • *ont* • *pénètrent* • *arrêta* / *arrêtèrent*.

5 1. Lui et moi *sommes passés* • 2. Toi et moi *avons pédalé – accompagné(e)s* • 3. Lui et moi *nous sommes sentis libres*.

49 L'accord du participe passé (page 113)

1 1. prononcées – apaisé • 2. pris • 3. arrivées – achetés • 4. perdue • 5. demandés.

2 1. paroles • 3. les deux amies – billets • 4. qu' / la voix • 5. les éléments.

3 1. déjà *fait* • 2. des sauvegardes sont *faites* • 3. il l'a *faite* • 4. que tu auras *faits* • 5. qu'il a *fait* faire • 6. sont *faits*.

4 1. *volés* (accord avec « téléphones ») • 2. *marché* (auxiliaire « avoir » : pas d'accord avec le sujet ; pas de COD) – *endormie* (accord avec « ville ») • 3. *Mis / Mise* à part (accord ou non avec « la vue magnifique » ; l'invariabilité fait de « mis à part » une vraie préposition) • *paru* (auxiliaire « avoir » : pas d'accord avec le sujet ; pas de COD) • *vu* (invariabilité : « vu » est traité comme une préposition) • 5. *arrivés* (auxiliaire « être » ; accord avec le sujet). • 6. *élue* (accord avec « la maire ») – *oublié* – *faite* (accord avec le COD placé avant).

5 1. *ci-annexé / ci-annexés* (accord ou non) – *signés* (accord avec « exemplaires ») • 2. *piraté* (auxiliaire « avoir » : pas d'accord avec le sujet) • 3. *achetés* (accord avec le COD placé avant, « qu' » qui reprend « les disques ») – *plu* (auxiliaire « avoir » : pas d'accord avec le sujet) • 4. *Étant donné* (mais accord possible : étant donnée) • 5. *pesé* (« qu' » n'est pas COD mais complément de mesure : aucun accord). • 6. *ouverte* (accord avec le COD placé avant) – *assisté* – *organisée* (accord avec « cérémonie »).

6 1. *réussi* (le COD est COD de « organiser ») • 2. *invités* (le COD est bien COD de « a invités » = elle les a invités à dîner) • 3. *proposé* (auxiliaire « avoir » ; « lui » n'est pas COD mais COS) • 4. *laissée* (ou *laissé* selon la nouvelle orthographe) • 5. *pu* (le COD « qu' » est COD de « a pu accepter », qui est une périphrase verbale, et non de « a pu » seul) – *repartis* (auxiliaire « être » ; accord avec le sujet). • 6. *refusé* (le COD est COD de « donner »).

7 1. a. Ce témoignage a *bouleversé* les auditeurs. b. Ce témoignage nous a *bouleversés*. • 2. a. Les archéologues ont *découvert* un nouveau site. b. Les statues qu'ils ont *découvertes* ne sont pas visibles. • 3. a. Elle a *mangé* un délicieux couscous à Fès. b. Les bonbons, il les a *mangés*. • 4. a. As-tu *revu* ton texte ? b. Quels sont les films que tu as *revus* ?

50 L'accord du participe passé d'une forme pronominale (page 115)

1 1. se sont emparés • 3. se sont revues • 5. me suis préparée.

2 1. *s'emparer* : *s'*est inanalysable (verbe essentiellement pronominal) ; accord avec le sujet • 2. *nous* est COI : pas d'accord • 3. accord avec le COD *se* • 4. *se* est COI : pas d'accord • 5. *me* est COI mais le COD (*que* représentant « la petite crème au chocolat ») est placé avant : accord avec lui.

3 1. *étalées* : *se* est inanalysable ; accord avec le sujet • 2. *nommée* : accord avec *s'* qui est COD • 3. *parlé* : *se* est COI • 4. *approchés* : *s'*est inanalysable • 5. *fracturé* : *s'* n'est pas COD mais un datif partitif et le COD, « le pied gauche », est placé après (au masculin singulier qui plus est…).

4 1. *retrouvés* : *se* est COD – *achetée* : *s'*est COS mais le COD (*qu'* représentant « la villa ») est placé avant : accord avec ce COD • 2. *distribué* : *se* est COS et le COD, « les tâches à accomplir », est placé après • 3. *équilibrés* : *se* est inanalysable (construction passive) • 4. *accordées* : *se* est COS mais le COD *qu'* représentant « les indemnités » est placé avant : accord avec ce COD • 5. *déplu* : *se* est COI • 6. *méfiés* : *se* est inanalysable (verbe essentiellement pronominal).

5 1. les conditions de vie • 2. la télévision • 3. Les membres du jury • 4. La trésorière et la directrice technique • 5. les deux copropriétaires. 6. Marie.

6 1. Ils analysent les informations importantes *qu'*ils se sont procurées. • 2. Les mots *qu'*elles se sont dits ont été violents. • 3. Nous pouvons garder encore un peu les disques *que* nous nous sommes prêtés. • **4.** Il veut garder la mèche de cheveux *qu'*elle s'est coupée.

7 **1.** *La Terre* s'est réchauffée… • **2.** *Les joueuses* se sont douchées… • **3.** *Les habitants* se sont violemment insurgés… • **4.** *Les deux amies* se sont fait confiance. **5.** *Hélène et Jean* se sont épousés.

Bilan 6 — Le verbe (pages 116-117)

1 **1.** a loué – puissions • **2.** aime – c'est • **3.** travaillera – n'aura pas trouvé. • **4.** est – ait pratiqué • **5.** réclame – obtient.

2 sont transmises – être relayées – sont soumis – rendent – divulguer – aura vérifié – rendra – aura été confirmée.

3 **1.** s'étaient-ils rencontrés • **2.** se demanda • **3.** se ressemblent • **4.** se blottir.

4 **1.** Voix passive ; indicatif ; présent. • **2.** Voix active ; indicatif ; passé composé. • **3.** Voix passive ; subjonctif ; présent. • **4.** Voix active ; subjonctif ; passé.

5 **1.** (3) • **2.** (4) • **3.** (1) • **4.** (2).

6 **1.** valeur modale • **2.** valeur temporelle • **3.** valeur modale.

7 **1.** Bien que • **2.** Il est bon que • **3.** le seul.

8 **a.** irréel du passé • **b.** irréel du présent • **c.** La richesse, qui est d'abord présentée comme leur ayant été refusée, est ensuite présentée comme leur étant refusée pour l'instant : la réalisation du rêve cesse d'être exclue.

9 obtiennent • Ce sont • qui attirent • suscitent.

10 avons organisée – a été – avons contacté – se sont réparti – ont aidé(e)s – se sont occupés.

11 **1.** Nous t'encouragerons chaque fois que tu en auras besoin. • **2.** Le soleil se couchait lorsque nous aperçûmes une étrange lueur clignoter à l'horizon. • **3.** Elle se marie en 1883 et devient alors comtesse du Yorkshire.

51 L'adverbe (page 119)

1 beaucoup – régulièrement – bien sûr – cependant – souvent – à l'avance.

2 **1.** adverbe de temps • **2.** adverbe de degré • **3.** adverbe de manière • **4.** adverbe de lieu.

3 **1.** (2) • **2.** (3) • **3.** (4) • **4.** (1).

4 **1.** (F) • **2.** (V) • **3.** (F) • **4.** (F) • **5.** (V).

5 **1.** veut • **2.** quand on ne l'est pas • **3.** rien – rendre.

6 **1.** La publicité a récemment changé de supports. • **2.** Les agences de publicité n'ont plus recours uniquement à l'affichage publicitaire. • **3.** Elles financent souvent le voyage de blogueurs qui, à leur tour, vanteront généreusement les beautés du pays qu'ils ont découvert. • **4.** C'est très efficace et beaucoup moins coûteux.

52 Les conjonctions (page 121)

1 **1.** pronom relatif • **2.** conjonction de subordination • **3.** pronom relatif • **4.** et **5.** conjonction de subordination.

2 et – Mais quand – Alors – et.

3 Nous avons fait nos études ensemble. ✗ Je le connais donc parfaitement. ✗ Je ne m'attendais cependant pas à ce qu'il me demande de lui prêter de l'argent. Néanmoins j'ai ✗ accepté, car il avait l'air tout à fait démuni. ✗ Il m'a alors

chaleureusement remercié et a promis de me rembourser au plus vite. Mais je ne l'ai jamais revu.

4 **1.** Nous avons fêté nos dix ans de mariage et mes quarante ans. (COD) • **2.** Elle dit qu'il est revenu épuisé, mais qu'elle ne l'a jamais vu aussi heureux. (COD) • **3.** Quand tu viendras voir tes parents ou quand tu passeras chez ta sœur, fais-moi signe. (CC de temps).

5 **1.** Bien que les jeunes vivent entourés d'écrans, leur besoin de socialisation reste le même. • **2.** Si un enfant veut utiliser les réseaux sociaux, ses parents doivent lui rappeler la limite d'âge fixée par la loi. • **3.** Les enfants d'aujourd'hui sont nés avec le numérique, si bien qu'ils sont souvent plus doués que leurs parents.

53 La préposition (page 123)

1 des – de – du – en – pour – lors d' – aux – sur – à – aux – au.

2 **1.** adverbe • **2.** groupe infinitif • **3.** GN • **4.** pronom.

3 **1.** de s'entraîner; complément du nom • **2.** de voir son nouvel appartement; complément de l'adjectif • **3.** en face du marché; complément essentiel de lieu • **4.** pour un doux rêveur; attribut du sujet.

4 Le premier *en* introduit un complément essentiel de lieu (j'irai vivre *en* théorie = dans un pays qui s'appelle « théorie »). Le second *en* introduit un CC de manière ou d'énonciation (*en* théorie, tout se passe bien = selon la théorie).

5 **1.** consistait en une magnifique pièce montée • **2.** croire en lui et en ses capacités • **3.** Je me rappelle notre premier voyage (pas de préposition) • **4.** ressortit à une autre juridiction • **5.** pallie l'absence de cadre juridique clair.

6 **1.** D'après *ta sœur* • **2.** Sauf à *paniquer au dernier moment* • **3.** Avec *lui*.

54 Les types de phrases : vue d'ensemble (page 125)

1 **1.** déclarative • **2.** exclamative • **3.** interrogative • **4.** injonctive • **5.** injonctive • **6.** exclamative • **7.** déclarative • **8.** interrogative.

2 *A-t-il pris le train de 8 h 57 ?* : point d'interrogation – sujet inversé – phrase interrogative • *Quel train a-t-il pris ?* : point d'interrogation - sujet inversé - mot interrogatif « quel » (déterminant interrogatif) – phrase interrogative • *N'arrive pas en retard !* : point d'exclamation – absence de sujet – mode impératif – phrase injonctive • *Il a encore cassé une assiette !* : point d'exclamation • phrase exclamative.

3 **1.** interrogative (inversion du sujet, point d'interrogation) • **2.** exclamative (adverbe exclamatif « comme », point d'exclamation) • **3.** interrogative (inversion du sujet, point d'interrogation) • **4.** injonctive (absence de sujet, mode impératif) • **5.** déclarative (sujet avant le verbe, mode indicatif, point).

4 **1.** demande d'information • **2.** expression de l'exaspération • **3.** acte de langage indirect : demande polie (ordre atténué) • **4.** ordre • **5.** communication d'une information (qui peut signifier indirectement : « pressez-vous, les enfants ! »).

5 **1.** Peux-tu accompagner…? – Accompagne ta petite sœur… • **2.** Quand Samuel viendra-t-il me voir? – Que Samuel vienne me voir… • **3.** Tu peux acheter une délicieuse… – Achète une délicieuse … • **4.** Pourrait-il enfin arrêter de se plaindre? – Il n'arrête pas de se plaindre !

Corrigés 185

Corrigés

55 La phrase interrogative (page 127)

1 1. totale • 2. partielle • 3. partielle • 4. partielle • 5. totale • 6. partielle.

2 1. inversion simple • 2. inversion simple • 3. inversion complexe • 4. pas d'inversion • 5. pas d'inversion • 6. pas d'inversion • 7. inversion simple • 8. pas d'inversion.

3 1. quelles : déterminant • 2. quoi : pronom • 3. Qu'est-ce que : locution pronominale (forme renforcée) • 4. Quand : adverbe • 5. Quelles : adjectif • 6. lesquelles : pronom.

4 1. demande d'information • 2. demande polie • 3. reproche voire injonction • 4. expression d'un contenu évident.

5 1. Avez-vous trouvé… – Est-ce que vous avez trouvé… • 2. L'épidémie de grippe est-elle terminée ? – Est-ce que l'épidémie de grippe est terminée ? • 3. Faut-il toujours faire des efforts ? – Est-ce qu'il faut toujours faire des efforts ? • 4. Ceux qui remettront leur dossier en retard seront-ils pénalisés ? – Est-ce que ceux qui remettront leur dossier en retard seront pénalisés ?

6 1. *Qui* a réservé la chambre à partir de samedi ? • 2. *Comment* le président s'est-il rendu à Rome ? • 3. *Quel* est le prix de ce médicament ? • 4. *Qu'est-ce qui* s'est produit dans une zone montagneuse ? • 5. *Avec qui* sa fille part-elle en randonnée ? • 6. *Combien* vont coûter les réparations ?

56 La phrase injonctive (page 129)

1 Phrases injonctives : 1, 2, 5.

2 1. impératif • 2. subjonctif • 3. impératif • 4. infinitif • 5. impératif • 6. subjonctif (= que le diable m'emporte…).

3 1. mode infinitif, point • 2. impératif, point • 3. impératif, point • 4. subjonctif, point d'exclamation (phrase figée) • 5. « que » béquille du subjonctif, subjonctif • 6. subjonctif, point d'exclamation.

4 Ordre : 2-1, 2-2, 2-3, 3-1, 3-3, 3-5 • Conseil : 3-2 • Suggestion : 2-6 • Prière : 3-6.

5 1. Pour votre santé, évitez de manger trop gras et trop sucré. • 2. Que sa sœur la laisse tranquille ! • 3. Télécharge l'application gratuite. • 4. Faire mijoter le plat pendant deux bonnes heures. • 5. N'allons pas sur ce lac gelé. • 6. Que chacun s'occupe de ses affaires !

6 1. Dis-moi qui a cassé le vase du salon. – Peux-tu me dire qui a cassé le vase du salon ? • 2. Ouvrez votre manuel à la page 150. – Pouvez-vous ouvrir votre manuel à la page 150 ? • 3. Entrez. – Pouvez-vous entrer ? • 4. Réservez-moi une table. – Pouvez-vous me réserver une table ?

7 1. Nous avons déjeuné ce midi dans un excellent restaurant. – Déjeunons ensemble la semaine prochaine ! • 2. Vous transmettrez les documents à la mairie. – Transmettez les documents à la mairie ! • 3. Il a oublié de régler la taxe d'habitation. – Qu'il n'oublie pas de régler la taxe d'habitation !

57 La phrase exclamative (page 131)

1 Phrases exclamatives : 1, 4, 5, 7.

2 1. exclamative • 2. exclamative • 3. injonctive • 4. injonctive • 5. exclamative • 6. exclamative • 7. injonctive.

3 1. Ziad a obtenu la note de 20/20 ! • 2. Qu'est-ce qu'il nous a fait rire avec ses blagues ! • 3. Quelle chaleur ici ! • 4. Il faut reprendre tout le dossier depuis le début ! • 5. Quelle ne fut pas sa colère quand il comprit qu'on lui avait menti ! • 6. Comme il aurait préféré partir en vacances plutôt que de rester travailler en ville !

4 L'exclamation exprime diverses réactions : 1. l'admiration, la satisfaction, le soulagement… • 2. la joie • 3. le malaise • 4. l'exaspération, l'irritation • 5. et 6. expriment l'intensité de la colère, de la tristesse…

5 1. Qu'elle a bien joué ce soir ! • 2. Comme / Qu'est-ce qu'il est agréable d'arriver… • 3. Quelle mise en scène réussie ! • 4. Quel grand honneur vous me faites, Messieurs !

6 1. Que cette promenade est agréable / Qu'il est agréable de faire du vélo ! • 2. Sont-ils drôles avec leurs chapeaux ronds ! • 3. Quelles merveilleuses semaines !

58 La forme négative (page 133)

1 1. n'… pas • 2. n'… personne • 3. Rien ne • 4. n'… que • 5. n'… jamais… aucun.

2 1. partielle • 2. totale • 3. partielle (porte sur « trop ») • 4. partielle • 5. partielle.

3 1. adverbe – déterminant indéfini • 2. adverbe – adverbe • 3. adverbe – adverbe • 4. pronom indéfini – adverbe • 5. adverbe – adverbe.

4 1. *ne… que* restrictif • 2. *ne* explétif • 3. *ne* seul • 4. *ne* seul • 5. *ne… que* restrictif • 6. *ne* explétif.

5 1. personne • 2. pas • 3. ne • 4. que • 5. ne pas • 6. non.

6 1. Les insurgés ne se sont pas rendus. • 2. Le restaurant n'est pas ouvert le mardi (mais il l'est les autres jours). • 3. Elle n'aime partir en vacances que dans les grandes villes. • 4. Il n'a osé le contredire. • 5. Dépêche-toi d'aller faire les courses avant que les invités n'arrivent !

59 La forme passive (page 135)

1 1. active • 2. passive • 3. active (forme pronominale) • 4. active • 5. passive • 6. passive • 7. passive.

2 1. passé composé • 2. présent passif • 3. passé simple passif • 4. passé simple • 5. passé antérieur • 6. passé antérieur passif • 7. subjonctif passé • 8. subjonctif passé passif • 9. futur simple passif • 10. conditionnel passé passif.

3 1. a découvert • 2. est emmené • 3. est exercé • 4. acquérir (seul verbe pouvant être mis à la voix passive).

4 1. par la présidente • 2. de ses musiciens habituels • 3. (pas de complément d'agent) • 4. de fatigue • 5. par le responsable • 6. (pas de complément d'agent).

5 1. La municipalité a prévenu les habitants bien trop tard. • 2. On a attribué une troisième étoile au restaurant. • 3. Un commentaire très utile suit le texte dans cette édition. • 4. Tous les utilisateurs doivent supprimer ce logiciel malveillant dans les plus brefs délais. • 5. Quelle fleur l'association a-t-elle choisie comme symbole ? • 6. On va mettre la boxe à l'honneur ce week-end. • 7. On n'a réservé aucune chambre à mon nom !

6 1. Les mines d'or et d'argent sont exploitées par les habitants de l'île depuis très longtemps. • 2. Ce document devra être rempli par tous les candidats. • 3. Ce tableau a été prêté à un musée à l'occasion d'une exposition temporaire. • 4. Sur quel disque les données pourront-elles être sauvegardées ? • 5. Ce modèle d'ordinateur était souvent choisi par les étudiants.

60 La forme impersonnelle (page 137)

1 1. b. • 2. a. • 3. a. • 4. a. • 5. a.

2 1. verbe impersonnel (présentatif) • 2. verbe impersonnel • 3. construction impersonnelle • 4. construction impersonnelle • 5. verbe impersonnel (présentatif) • 6. construction impersonnelle • 7. verbe impersonnel • 8. verbe impersonnel.

3 1. Il y a une araignée • 2. Il fait un temps splendide. • 3. Il est arrivé un colis. • 4. Il vous sera attribué une place de parking. • 5. Il est dix-neuf heures. • 6. Il est recommandé de manger cinq fruits et légumes par jour. • 7. Il est temps que nous passions à autre chose. • 8. Il a tonné tout à l'heure. [pas de complément].

4 1. Une idée me vient. • 2. Ici, une relation de confiance s'établit facilement. • 3. Beaucoup d'emplois seront créés dans la région. • 4. Un bus passe toutes les heures. • 5. Poser des carreaux dans une salle de bains est relativement facile. • 6. Qu'il ait finalement reconnu sa faute importe peu.

5 1. Il court des bruits à son sujet dans l'entreprise. • 2. Il me paraît plus raisonnable de reporter la décision. • 3. Il n'est pas douteux qu'il ait dit la vérité. • 4. Il a été décidé de nouvelles sanctions. • 5. Il a été découvert une nouvelle grotte sur la côte. • 6. Il vous a été réservé un billet sur ce vol.

6 1. Le coût global du crédit s'élève à 29 000 euros. – Il s'élève une clameur dans tout le stade. • 2. Son fils entre à Polytechnique. – Il entre dans vos obligations de travailler un dimanche sur deux. • 3. Il lui a dit de venir. – Il ne sera pas dit que j'accepterai ses conditions. • 4. Les laitues se vendent cher. – Il se vend chaque été des millions de crèmes anti-moustiques. • 5. L'exposition leur a bien plu. – Il lui plaît de penser qu'il est le plus beau. • 6. Quinze euros devraient suffire pour son argent de poche – Il lui suffit d'apparaître pour que tout le monde se taise.

61 La forme emphatique et les présentatifs (page 139)

1 1. c. • 2. a. • 3. c. • 4. c.

2 1. C'est cette histoire d'abominable homme des neiges qui • 2. Ce n'est pas moi qui • 3. C'est quand on s'y attend le moins que • 4. Il n'y a qu'avec lui qu' • 5. Voilà bien trois heures qu'.

3 1. Julien, tu peux lui faire confiance. • 2. Franchement, réagir ainsi, c'est inadmissible. • 3. Qu'il soit fatigué, je veux bien l'admettre. • 4. Je l'ai acheté, ce billet, sur Internet.

4 1. nom propre • 2. groupe infinitif • 3. subordonnée complétive conjonctive • 4. GN.

5 1. C'est l'électricien. • 2. Nous voilà ! • 3. Il y avait, au bord de la route, un joli petit chalet. • 4. Voilà qu'il refuse encore de répondre. • 5. Il n'y a malheureusement plus de billet.

6 1. C'est une glace à la fraise que Paul a commandée. • 2. C'est tous les jours qu'il lui écrit. • 3. C'est au sommet de cette montagne qu'on jouit d'un point de vue magnifique. • 4. C'est pour profiter de l'essor du tourisme que les habitants sont revenus au pays. • 5. C'est le maire qui a pris la décision de créer des voies piétonnes.

7 1. Nos voisins, ils partent au Japon. • 2. Comment pourrai-je la trouver, la voiture, sur le parking ? • 3. Ils l'ont repeinte cet été, leur chambre. • 4. Attendre encore, ce n'est pas la bonne solution. • 5. Que la machine soit déjà en panne, cela m'étonne beaucoup.

62 La phrase nominale et autres cas particuliers (page 141)

1 Zut ! interjection • Une auréole, phrase nominale. • S'il téléphonait à miss Wilson pour savoir de quoi il retournait ? phrase tronquée (mais structure courante) • Le mémo britannique ? Un savon verbal du S.S.G. avant l'envoi officiel de la réprimande ou même du blâme ? phrases nominales.

2 1. Quatre et quatre, huit. • 2. Ce sourire ! • 3. Très confortable, cet avion ! • 4. Ah, se promener tôt sur la plage, un vrai bonheur ! • 5. Absolument charmant ! • 6. Impossible d'être plus rapide !

3 1. oui (« non » sert à nier) • 2. non (« oui » confirme et renforce la phrase qui suit) • 3. non (« non » renforce la phrase).

4 1. Tiens (renforce le conseil, la suggestion) • 2. dommage (expression du regret) • 3. Eh bien (invitation plus ou moins pressante) • 4. hein (renforce l'appel au destinataire) • 5. Bon sang (expression de la surprise, de la colère…).

5 1. J'arrive. • 2. Euh… • 3. Ah bon ?

6 1. Très réussis, ces nouveaux immeubles. • 2. Au bout du couloir, une belle terrasse. • 3. Interdit de traverser les pelouses du jardin. • 4. Garçon, un café, s'il vous plaît !

7 1. Cet achat est une pure folie. • 2. Le soleil revient le 29. • 3. Il est étonnant qu'il ne se soit pas encore manifesté. • 4. Demain, tout le monde prend une douche !

8 1. Chut ! • 2. Crac ! • 3. ouste ! • 4. Euh…

Bilan 7 Types et formes de phrases (pages 142-143)

1 1. interrogative • 2. exclamative • 3. interrogative • 4. injonctive • 5. déclarative • 6. injonctive.

2 a. Des jumeaux ! Deux garçons ! Les dieux nous ont comblés ! • b. Des jumeaux ! Deux garçons ! • c. Celui-ci, nous l'appellerons Iphiklès.

3 1. passive • 2. phrase avec extraction • 3. passive • 4. impersonnelle • 5. négative • 6. dislocation.

4

	Type de phrase	Forme de phrase
Par qui le candidat a-t-il été évalué ?	interrogative	passive
Qu'elle prenne ses responsabilités !	injonctive	
Non, je ne peux pas attendre demain.	déclarative	négative
Pierre, le matin, il lui faut beaucoup de temps pour se réveiller !	exclamative	dislocation
C'est cette cravate que tu lui as achetée ?	interrogative	extraction
Il sera plus pratique de réserver la voiture sur place.	déclarative	impersonnelle

Corrigés

5 1. forme négative + extraction • 2. forme impersonnelle + forme passive • 3. dislocation + forme passive • 4. forme négative + forme passive • 5. extraction + forme négative.

6 Ah ! fâcheuses nouvelles pour un cœur amoureux : phrase nominale, avec interjection *Ah !* • *Oui* : mot-phrase • *Qu'il arrive ce matin même ?* : phrase tronquée • *Et tu tiens ces nouvelles de mon oncle ?* : phrase « ordinaire ».

7 1. Voilà un petit cadeau du Portugal ! • 2. N'hésitez pas à nous laisser un message. • 3. C'est toi qui iras au marché ce matin. • 4. Vous est-il arrivé parfois de faire ce rêve ?

63 La phrase complexe : vue d'ensemble (page 145)

1 1. 1 proposition • 2. 2 propositions • 3. 2 propositions.

2 Les investissements chinois en Europe, qui ont augmenté de 77 % l'an dernier, défraient régulièrement la chronique. Dans le sens inverse, les emplettes des investisseurs européens en Chine, sans doute parce qu'ils ne suscitent pas d'inquiétude, font moins de bruit. […] Les cibles des acquisitions étrangères dans l'empire du Milieu sont en train de changer. Près de la moitié des transactions, en 2017, concernent les secteurs de la distribution et de la grande consommation, précise Reuters.

3 1. Pas de conjonction ; propositions indépendantes juxtaposées. • 2. en effet ; propositions indépendantes coordonnées. • 3. mais ; propositions indépendantes coordonnées.

4 1. Appelle-la demain parce qu'elle attend notre réponse. • 2. Alors que j'ai passé la commande il y a 8 jours, je n'ai toujours rien reçu. • 3. J'ai été absent si bien que les commandes ont pris du retard.

5 1. La piscine, *en raison d'une fréquentation grandissante*, doit absolument être modernisée. Proposition subordonnée circonstancielle. • 2. Le conseil municipal a décidé *la rénovation de la piscine*. Proposition subordonnée complétive. • 3. L'architecte, *très expérimenté*, propose d'en repenser totalement l'organisation. Proposition relative.

64 La subordonnée complétive conjonctive (page 147)

1 que je dois cesser de vous considérer comme mon père • que j'étais un fils dénaturé • que je ne suis pas votre fils du tout • que je vous dois la reconnaissance pour avoir été traité par vous comme un de vos enfants • que c'était par horreur du scandale.

2 1. relative • 2. conjonctive • 3. conjonctive • 4. relative.

3 1. J'*en* doute. COI • 2. Il *l'*a reconnu ; COD • 3. Il s'*en* est aperçu ; COI • 4. Tu *l'*admettras ; COD.

4 1. (2) • 2. (1) • 3. (5) • 4. (3) • 5. (4).

5 1. les travaux ont bien avancé • 2. vous puissiez nous rendre visite au mois d'août • 3. l'avenir lui donnera raison • 4. le gouvernement prenne des mesures.

65 Les autres subordonnées complétives (page 149)

1 comment ils étaient habillés cet été – comment ils le seront cet hiver – combien il en coûte à un mari pour mettre sa femme à la mode.
Que me servirait de te faire une description exacte de leur habillement et de leurs parures ?

2 1. 1. vrai • 2. faux • 3. faux • 4. vrai.

3 se demander pourquoi il choisit ; adverbe • identifier ce qu'il admire ; locution pronominale • ce qui le fascine ; locution pronominale • ce qui le révolte ; locution pronominale • chercher qui a déjà écrit ; pronom • à quelle époque et dans quel contexte il l'a fait ; déterminants • si les biographies existantes ; conjonction.

4 1. Elle lui demande ce qu'il/elle veut faire dimanche. • 2. Elle m'a demandé si nous étions disponibles samedi prochain. • 3. Il ignore quelle serait l'heure la plus commode pour eux/nous. • 4. Elle ignorait quand ils arriveraient.

5 1. Vers cinq heures, j'ai vu *un inconnu sortir de l'immeuble*. • 2. Je l'ai entendu *jouer de la clarinette toute la soirée*. • 3. Nous avons senti une légère brise *passer dans nos cheveux*. • 4. J'ai aperçu *un contrôleur arrêter deux fraudeurs*.

66 La proposition subordonnée relative (page 151)

1 Les multiples start-up qui développent l'économie numérique du partage – Les jeunes auxquels elles s'adressent en priorité – Les échanges de logements par Internet, que plébiscitent les quarantenaires.

2 1. substantive • 2. adjective • 3. adjective • 4. substantive • 5. adjective.

3 1. (2) • 2. (1) • 3. (4) • 4. (3).

4 1. vrai • 2. faux • 3. faux • 4. vrai.

5 1. L'œuvre de Chagall, *qui emprunte à la tradition juive*, est onirique. Qui est sujet du verbe *emprunte*. • 2. Picasso, *que l'on considère comme le père du cubisme*, a peint son premier tableau à 8 ans. Que est COD du verbe *considère*. • 3. Modigliani a rencontré Brancusi, *sous l'influence duquel / de qui il a d'abord été sculpteur*. Duquel / de qui est complément du nom *influence*.

6 1. qui *puisse* (subjonctif) • 2. qui *veulent* bien (indicatif) • 3. qui *reçoive*. (subjonctif).

67 La proposition subordonnée circonstancielle (page 153)

1 parce qu'il possédait les terres – une fois qu'ils lui avaient versé de lourds impôts – d'autant que les récoltes étaient souvent mauvaises – comme le seigneur souhaitait augmenter son domaine cultivé – pour que ceux-ci acceptent de s'installer sur de nouvelles terres défrichées, de sorte qu'ils obtenaient parfois une charte de franchise limitant les taxes et les corvées.

2 1. vrai • 2. faux • 3. vrai • 4. vrai.

3 1. depuis que les créateurs s'y intéressent ; a. • 2. La couleur n'étant plus réservée aux femmes ; c. • **3.** (telle importance)que le costume sombre reste de rigueur ; b.

4 **1.** cause • **2.** temps • **3.** condition.

5 **1.** Il vous faudra rappeler demain, *parce que le secrétariat est fermé l'après-midi*. • **2.** *Lorsque les invités furent partis*, ils purent enfin se parler seul à seul. • **3.** *Si le mauvais temps se confirmait*, il nous faudrait renoncer à l'ascension.

6 **1.** En raison de sa timidité • **2.** Malgré ses difficultés financières • **3.** pour votre réussite.

68 Les subordonnées circonstancielles conjonctives (1) (page 155)

1 **1.** « Mozart était tellement précoce qu'à 35 ans il était déjà mort. » • **2.** « Quand j'étais petit, à la maison, le plus dur, c'était la fin du mois. Surtout les trente derniers jours. » • **3.** « Il faut que le plaisir de gouverner soit bien grand, puisque tant de gens veulent s'en mêler. »

2 **1.** assez … pour que • **2.** si … que • **3.** telles que • **4.** tant de … que.

3 **1.** (1) • **2.** (3) • **3.** (2).

4 **1.** (2) • **2.** (1) • **3.** (1) • **4.** (2).

5 **1.** non que je n'en *voie* pas l'intérêt • **2.** Après qu'elle *est* partie • **3.** de sorte qu'il *court* tous les matins • **4.** jusqu'à ce que la voisine *accoure*.

6 **1.** Il a de *telles* craintes *qu*'il n'ose pas se promener seul le soir. • **2.** Nous avons *tant* voyagé *que* nous apprécions désormais les vacances sédentaires. • **3.** Ils se sont couchés *si* tard *qu*'ils ne se lèveront pas avant midi.

69 Les subordonnées circonstancielles conjonctives (2) (page 157)

1 **1.** Il est trop bavard pour que je lui confie cette information confidentielle. • **2.** Ils l'ont payée pour qu'elle se taise. • **3.** Tu le préviendras de notre arrivée de manière à ce qu'il chauffe la maison. • **4.** Il a présenté cette mission d'une manière telle que personne n'a voulu s'en charger.

2 Certains salariés sont favorables à une sortie de crise, tandis que d'autres veulent poursuivre le bras de fer avec la direction. Alors que la CGT a quitté la table des négociations, la CFDT vient de proposer un accord. Bien qu'elle ne soit pas le syndicat majoritaire, elle entend jouer un rôle de premier plan.

3 **1.** a. • **2.** b. • **3.** b. • **4.** a.

4 **1.** Bien qu'il *soit* mon plus vieil ami (subjonctif) • **2.** encore qu'il ne *prenne* jamais ouvertement son parti (subjonctif) • **3.** alors que l'été *finit* à peine (indicatif) • **4.** au lieu qu'elle *fasse* la cuisine pour nous tous (subjonctif).

5 **1.** Ce village est devenu très touristique, *alors que le village voisin a été totalement déserté*. • **2.** Ce village est devenu très touristique, *bien qu'il ne présente aucun intérêt architectural particulier*. • **3.** Il porte toujours une écharpe rouge *de manière à ce qu'on le reconnaisse facilement sur les photos*. • **4.** Il porte toujours une écharpe rouge, *de sorte qu'on le repère même dans la foule*.

6 **1.** Quoiqu'il soit handicapé • **2.** Bien qu'il y ait foule • **3.** alors que sa sœur ne l'est pas du tout. • **4.** pour que les échanges entre les universités européennes soient facilités.

70 Les subordonnées circonstancielles conjonctives (3) (page 159)

1 **1.** Les résultats de l'élection sont plus incertains qu'on ne le dit. • **2.** Pour peu que l'abstention soit forte, tous les sondages pourraient être remis en cause. • **3.** De même qu'ils multiplient les meetings, les candidats doivent se manifester sur les réseaux sociaux s'ils entendent conquérir les jeunes électeurs.

2 **1.** vrai • **2.** vrai • **3.** faux • **4.** vrai.

3 **1.** moins de ; c. • **2.** telle ; b. • **3.** moins ; a • **4.** aussi ; a.

4 **1.** potentiel • **2.** irréel du passé • **3.** éventuel • **4.** irréel du présent • **5.** irréel du présent.

5 **1.** *Si tu peux voyager seul, dans un pays inconnu dont tu ne parles pas la langue*, tu seras un homme mon fils. • **2.** *Si je devais vivre à jamais en collectivité*, je me perdrais bientôt de vue. • **3.** *Si j'étais acrobate*, je marcherais les pieds en l'air.

Bilan 8 Les propositions subordonnées (pages 160-161)

1 La société d'Ancien Régime est marquée par la domination de l'aristocratie, qui jouit d'importants privilèges. La croissance économique favorise l'essor de la bourgeoisie, mais la noblesse fait obstacle aux ambitions qu'elle nourrit. Le tiers état, quant à lui, n'est pas une classe homogène : alors que les négociants prônent le libéralisme économique, le peuple demeure attaché à l'économie dirigée.

2 Ainsi donc, nous disons que tu vas peindre en plein hiver, assis sur la terre glacée, sans te soucier du froid. Cette nouvelle m'a charmé ; je dis charmé, non pas que je prenne plaisir à te voir risquer un gros rhume et plus ou moins d'engelures, mais parce que je déduis d'une telle constance ton amour des arts et l'acharnement que tu mets au travail.

3 La pression des associations aidant, les programmes scolaires mettent en garde les jeunes contre toutes les formes de sexisme. Aujourd'hui, on n'entend plus personne affirmer la supériorité des garçons en mathématiques. Et les années passant, on voit un nombre croissant d'étudiantes choisir la carrière d'ingénieur.

4 **1.** (1) • **2.** (2) • **3.** (1) • **4.** (1) et (2) [il s'agit ici d'une relative à valeur concessive] • **5.** (1) • **6.** (3).

5 **1.** adjective ; épithète • **2.** substantive ; sujet • **3.** adjective ; apposée.

6 **1.** concession • **2.** conséquence • **3.** comparaison.

7 **1.** Elle *est descendue* dans le jardin, elle *a regardé* le soleil se coucher. • **2.** Je *suggère* que tu *dessines* toi-même la couverture du livre. • **3.** Il *dansa* si bien ce soir-là que le public l'*applaudit* à tout rompre.

8 **1.** Si elle *passait* demain matin → potentiel • **2.** Si tu *avais mis* de la crème solaire → irréel du passé • **3.** Si ma grand-mère *avait* des roues → irréel du présent • **4.** S'il *apprend* la vérité → éventuel.

9 **1.** Le cyclone a été d'une *telle* violence qu'il a ravagé toute l'île. → adjectif. • **2.** L'orage a duré *si* longtemps que nous n'avons pas pu sortir. → adverbe. • **3.** Il y a eu *tant de* vent que plusieurs arbres ont été arrachés. → déterminant.

10 **1.** Je trouve singulier qu'il ne parte jamais en vacances.

Corrigés

• **2.** La situation est *tellement* singulière *que nous ne pouvons pas appliquer les règles habituelles*. • **3.** Il n'a prévenu personne *parce qu'il veut leur faire la surprise*. • **4.** Tu préviendras *qui tu pourras*.

71 De la phrase à l'énoncé (page 163)

1 Il y a 7 énoncés (ou 9-10 si l'on considère qu'un énoncé ne va pas au-delà de la phrase) mais 4 locuteurs.

2 Temps : À l'instant même de la mort du roi – Dès que le roi fut décédé, à huit heures un quart au matin du 1er septembre 1715 • Lieu : Versailles • Locuteur : déclara le duc d'Orléans • Destinataire : leur nouveau souverain, Louis XV, devenu roi à l'instant même de la mort de son arrière-grand-père.

3 1. Stéphane a acheté hier les billets d'avion. • 2. Stéphane a acheté hier les billets d'avion. • 3. Stéphane a rencontré Benoît en faisant ses courses au supermarché. • 4. Stéphane a rencontré Benoît en faisant ses courses au supermarché. • 5. Benoît préfère la tarte aux fraises. • 6. Le volcan vient de se réveiller ! (la phrase entière relève du propos).

4 1. Il a été très aimable avec moi : il a même accepté de passer dans l'après-midi pour régler le problème. – En me parlant de cette manière, ah, on peut dire qu'il a été très aimable avec moi ! • 2. Quel soleil, quel temps splendide ! – Tu as vu cette pluie ? Quel temps splendide pour la promenade…

72 L'anaphore (page 165)

1 1. La forêt du Puy-de-Dôme (anaphore) • 2. Marie (cataphore) • 3. La Fontaine (anaphore) • 4. bradypepsie (cataphore) • 5. ces films (cataphore).

2 1. Son imprimante (1) • 2. Les supporters (2) • 3. Ce manteau (4) • 4. Il a annulé ses vacances (3) • 5. Le spectacle (1).

3 1. le singe de Charles-Quint (2) – Charles-Quint (2) • 2. Une alerte à la tempête est décrétée pour toute la côte (3) • 3. Un Loup (2) • 4. Cette voiture (4).

4 1. *ainsi* (adverbe) – *il, s'* (pronoms personnels) • 2. *telles* (adjectif) • 3. *non* (adverbe) – *l'ai… fait* (verbe *faire* associé au pronom personnel neutre *l'*).

5 Numéros 1 et 3.

6 Ils ont acheté une tortue et des poissons rouges. Ils ont installé la tortue dans la chambre de Marie, qui s'amuse beaucoup avec elle. L'animal mange des pissenlits, du trèfle, quelques morceaux de fruits… Mais il faut aussi s'occuper des poissons rouges : avec un tel emploi du temps, Marie ne risque pas de s'ennuyer !

73 Les connecteurs (page 167)

1 1. car • 2. pourtant – d'ailleurs • 3. En outre – par exemple.

2 et (les femmes renchérirent) • Puis • Ensuite • et • Puis • et.

3 D'un côté • à droite • à gauche • au fond.

4 1. conjonction de coordination ; opposition/concession ; *mais* s'oppose à la conclusion qu'on peut tirer de la première proposition (= « je ne peux pas évaluer vos calculs »). • 2. *tantôt … tantôt* (temps, répétition, succession) • 3. *Autrement dit* (reformulation) • 4. *Alors* (conséquence) • 5. *Par ailleurs*, adjonction (ajout d'un argument).

5 Serval est allé prendre la communication dans sa chambre. Il est ensuite revenu et a demandé à ses compagnons de jeu de continuer sans lui ou de faire une pause en l'attendant. Il a alors bien précisé qu'il n'en avait pas pour plus de dix minutes. Puis il est allé au garage et il a demandé au veilleur de nuit de lui sortir sa voiture.

74 Les marques de l'énonciation (page 169)

1 1. coupé • 2. ancré • 3. ancré • 4. coupé • 5. coupé • 6. ancré.

2 1. Je, hier • 2. je, vous, votre • 3. lundi, prochaine • 4. ce • 5. mes, là-bas • 6. les • 7. ici.

3 1. petit bijou • 2. époustouflante, abîmé • 3. doucement – affreux • 4. menteur • 5. Ouh la la • 6. apprécie.

4 1. Incontestablement • 2. sans doute • 3. Je sais que • 4. il croit que • 5. je suppose • 6. devrait.

5 1. elle • 2. ma • 3. circulaire • 4. talent • 5. ovale • 6. la veille.

6 1. Elle a *peut-être* raté son train. • 2. Les vacances te feront *sûrement* beaucoup de bien. • 3. Vermeer n'a, *semble-t-il*, jamais quitté la ville de Delft. • 4. C'est *vraiment* vous qui avez téléphoné hier ? • 5. Le chantier ne commencera *sans doute* pas avant la fin de l'année.

75 Le discours rapporté : discours direct et indirect (page 171)

1 1. Le directeur a affirmé péremptoirement que la situation était sous contrôle. • 2. Elle lui a recommandé de manger un peu moins de viande. • 3. L'inspectrice répondit alors : « Apparemment, le suspect vous connaît. » • 4. Luc croyait que la Belgique était une région française ! • 5. « Incroyable ! s'est-il exclamé. Je n'arrive pas à le croire ! » - 6. Le producteur nous a dit que l'émission était un grand succès. Il a précisé : « Nous augmenterons le temps d'antenne à la rentrée. »

2 1. Il confirme que les documents demandés doivent être envoyés avant le 24 février. → Il confirme : « Les documents demandés doivent être envoyés avant le 24 février. » (guillemets ; pas de *que*) • 2. Emma avait pourtant dit à Agathe qu'elle l'inviterait à son anniversaire → Emma avait pourtant dit à Agathe : « Je t'inviterai à mon anniversaire. » (guillemets ; pas de *que* ; modification des personnes : *je, t', mon* ; emploi du futur : *inviterai*) • 3. Son amie nous a dit de ne pas acheter cet appartement. → Son amie nous a dit : « N'achetez pas cet appartement ! » (guillemets ; point d'exclamation éventuel ; impératif à la place de l'infinitif ; disparition de *de* ; changement dans la place des adverbes de négation *ne* et *pas*). • 4. Je lui ai demandé s'il avait fait bon voyage. → Je lui ai demandé : « As-tu/Avez-vous fait bon voyage ? » (guillemets ; point d'interrogation ; disparition de *si* ; modification de la personne : *il* → *t* ; passé composé à la place du plus-que-parfait ; sujet inversé).

3 1. Il entra dans le salon. Il lança : « Baisse un peu le son de la radio, on ne s'entend pas ici. » • **2.** Julien paraissait rêveur. Il se disait : « Je partirais bien cet été en Italie. » • **3.** Le professeur de mathématiques vient à peine d'arriver. Il annonce : « Aujourd'hui, contrôle. » • **4.** J'ai pris mon téléphone portable. J'ai demandé : « Voulez-vous que nous apportions le dessert ? » • **5.** Luc est en train de préparer le petit déjeuner. « Aïe ! s'écrie-t-il, je me suis brûlé la main avec le four. »

4 1. « Je me suis pourtant connectée au moment de l'ouverture de la vente », protesta-t-elle. • **2.** « J'ai un nombre incalculable d'amis sur ma page personnelle. », se vante-t-il. • **3.** « Non, corrige-t-il énergiquement, il n'a jamais été question de faire voter cette loi en catimini. » • **4.** « Nous n'avons pas les fonds nécessaires, s'agace le maire, nous ne pouvons pas agrandir le stade. » • **5.** « Quand le restaurant ouvre-t-il ? », demande-t-il. • **6.** « Alors Ziad, poursuit le griot, alla avec l'animal jusque dans la ville. »

5 1. Le vendeur lui a répondu que le disque n'était plus en stock. • **2.** Le candidat a promis de mieux rembourser les frais de lunettes. • **3.** Il pensa en lui-même qu'il était bien étonné de ne pas l'avoir vu la veille. • **4.** Le journaliste demanda encore au candidat à l'élection s'il appelait aussi à manifester le lendemain. • **5.** Le professeur a ordonné de terminer le premier exercice pour le lendemain. • **6.** Elle lui a demandé ce qu'il avait prévu pour les enfants.

6 1. J'ai alors répondu au collègue que je ne ferais pas le travail à sa place. • **2.** Il t'avait pourtant dit que tu aurais du mal à trouver une place. • **3.** Elle m'a écrit qu'elle me souhaitait un bel anniversaire. • **4.** L'expert m'a expliqué que c'était sans doute l'orage qui avait brisé la vitre. • **5.** Tu lui avais dit, si je me souviens bien, qu'il ne fallait pas compter sur toi.

Bilan 9 — Texte et discours (pages 172-173)

1 qui : une veuve • lui : une veuve (qui avait deux filles) • la : l'aînée • Elles, toutes deux : l'aînée + la mère • qui : la cadette • cela : qui était le vrai portrait de son père pour la douceur et pour l'honnêteté • cette mère : la mère • la : la cadette.

2 1. déictique • 2. anaphorique • 3. anaphorique • 4. déictique 5. anaphorique • 6. déictique.

3 a. 1. pourtant (→ opposition, concession) – bien mieux (→ adjonction à valeur de renforcement) ; 2. d'ailleurs (→ adjonction à valeur de correction) • b. 1. ces récits : les anciens témoins parler de champs de blé et de luzerne, de vergers, de vignobles et de fermes (→ anaphore résomptive) ; 2. ce café modeste, sans lumières éclatantes, ni cuivres, ni bar étincelant : La Closerie des Lilas (→ anaphore infidèle) – Les consommateurs : La Closerie des Lilas / ce café modeste, sans lumières éclatantes, ni cuivres, ni bar étincelant (→ anaphore associative).

4 a. Il n'y a rien pour le dîner, ce soir… Ce matin, Tricotet n'avait pas encore tué… Il devait tuer à midi. Je vais moi-même à la boucherie, comme je suis. Quel ennui ! Ah ! pourquoi mange-t-on ? Qu'allons-nous manger ce soir ? [+ le choix des temps verbaux, qui est aussi de nature déictique] • b. Il y a 5 locuteurs. • c. répondre, dire, postuler, réclamer • d. « dit Achille, l'aîné de mes frères », « postulera Léo, le second ».

5 [A] 5 • [B] 1 • [C] 2 • [D] 3 • [E] 6 • [F] 4.

Table des illustrations

Les dessins
Ils ont été réalisés par Stéphane Mattern.

Les documents

13-1	© Roy Andersson Filmproduktion AB/DR – Coll. Prod DB
13-2	ph © Rue des Archives/PVDE
13-3	© www.securite-routiere.gouv.fr
21	Le Chat © Philippe Geluck
36	© Xavier Gorce
51-1	© Jazz au Phare Île de Ré
51-2	© Éditions Hatier, coll. « Classiques & Cie lycée »
51-3	© Mandarin Films/DR – Coll. Prod DB
51-4	Coll. NB/Kharbine-Tapabor
58-g	© Produzioni Europee Associati/DR – Coll. Prod DB
58-m	© Pathé Renn Productions - Hirsch/DR – Coll. Prod DB
58-d	© Uranium Films/TF1 Films Production ph © Rue des Archives/RDA
91	ph © Elena Belozorova/Fotolia
99	ph © Rue des Archives/PVDE
123	© Mademoiselle Smoothie © Éditions Eyrolles
142	Extrait de *La Mythologie en BD. Les douze travaux d'Héraclès*, de Béatrice Bottet et Émilie Harel © Casterman

Table des textes

7	Patrick Modiano et Sempé, *Catherine Certitude*, © Éditions Gallimard, 1988
	D'après le *Guide Vert, Athènes*, 2017, Michelin
19	*Le Monde*, 30 avril 2016
23	Marguerite Yourcenar, « Comment Wang-Fô fut sauvé », in *Nouvelles orientales*, 1938, © Éditions Gallimard
37	Samuel Beckett, *Oh les beaux jours*, 1963, © Les Éditions de Minuit
47	D'après Le Figaro.fr, 7 janvier 2016, DR
53	ASTERIX®-OBELIX®-IDEFIX® / © 2017 LES ÉDITIONS ALBERT RENÉ/GOSCINNY - UDERZO
61	*Le dictionnaire de la musique*, Éditions Larousse, 1996
63	Marcel Aymé, *Le Passe-muraille*, 1943, © Éditions Gallimard
67	D'après Georges Perec, *81 fiches à l'usage des débutants*, Penser/Classer (posth. 1985), © Éditions du Seuil
70	*Le Monde*, 30 décembre 2016
75	Marguerite Duras, *L'Amant*, 1984, © Les Éditions de Minuit
83	Marguerite Yourcenar, *Mémoires d'Hadrien*, 1951, © Éditions Gallimard
85	*Le Figaro*, 14 septembre 2016, DR
95	*Le Monde*, 7 septembre 2016
97	Joseph Kessel, *La Tour du malheur I, La Fontaine Médicis*, 1950, © Éditions Gallimard
101	*Fernand*, auteur : Jacques Brel ; compositeurs : Jacques Brel et Gérard Jouannest, © Éditions Jacques Brel, Bruxelles, 1965
109	Georges Perec, *Un homme qui dort*, 1967, © Éditions Denoël
117	Georges Perec, *Les Choses*, © Éditions Julliard, coll. « Lettres nouvelles »
123	Le Monde.fr, 23 février 2017
141	Albert Cohen, *Belle du Seigneur*, 1968, © Éditions Gallimard
145	*Le Figaro*, 21 février 2017, DR
147	André Gide, *Les Faux-Monnayeurs*, 1925, © Éditions Gallimard
163	Raymond Queneau, *Les Enfants du limon*, 1938, © Éditions Gallimard
	Joël Cornette, *La Mort de Louis XIV*, 2015, © Éditions Gallimard
167	D'après Alex Haley, *Racines*, 1978, trad. fr. Maud Sissung, © JC Lattès, 1993
	D'après Georges Perec, *53 jours* (posth. 1989), © Éditions P.O.L.
172	D'après Jean-Paul Crespelle, *La Vie quotidienne à Montparnasse à la grande époque, 1905-1930*, DR
173	Colette, *La Maison de Claudine*, © Librairie Arthème Fayard, 2004